Michael M. Rind / Menschenopfer

Michael M. Rind

Menschenopfer

Vom Kult der Grausamkeit

Universitätsverlag Regensburg

Die Deutsche Bibliothek – CIP-Einheitsaufnahme

Rind, Michael M.:
Menschenopfer : vom Kult der Grausamkeit / Michael M. Rind –
Regensburg : Univ.-Verl. Regensburg, 1996
ISBN 3-930480-64-6

Gedruckt mit freundlicher Unterstützung

des Archäologischen Museums der Stadt Kelheim,

der Gesellschaft für Archäologie in Bayern e.V.,

der Gruppe Geschichte der Weltenburger Akademie,

des Trägervereins Donautal e.V.,

des Landkreises Kelheim.

Michael M. Rind
Menschenopfer. Vom Kult der Grausamkeit.
© Universitätsverlag Regensburg GmbH 1996
Umschlag: Hans Bauer, Regensburg
Satz: Vollnhals Fotosatz, Mühlhausen
Herstellung: Druckzentrum der Mittelbayerischen Zeitung Regensburg

ISBN 3-930480-64-6

Vorwort

Immer wieder trägt archäologische Forschung dazu bei, das bestehende Wissen über die Kulturen unserer Vorfahren zu ergänzen und manchmal auch zu revidieren. Fundstücke und deren Lage können bei sachgerechter Freilegung und guter Dokumentation wichtige Hinweise auf längst vergangene Kulturen geben. Um manche Hintergründe verstehen zu können, reichen Bodenfunde allein aber nicht immer aus. Schriftliche und bildliche Quellen, Naturwissenschaften und Ethnologie können hier helfen.

Die vorliegende Publikation nimmt sich eines schwierigen Themas an: Menschenopfer. Um diesem Thema gerecht zu werden, bedarf es umfangreicher Recherchen nicht nur im Bereich der Ur- und Frühgeschichte. Völker- und Volkskunde, Alte und Neue Geschichte, Anthropologie, klassische Archäologie und manch andere fachverwandte Wissenschaften müssen zu Rate gezogen werden, um Verständnis für die Hintergründe solcher ritueller Handlungen zu erlangen.

Seit vielen Jahrhunderten beschäftigen sich Menschen schon mit dem Phänomen der Opferung ihrer Mitmenschen. Häufig finden sich abfällige Äußerungen in klassischen Hochkulturen über andere, „barbarische Völker". Der französische Schriftsteller Voltaire (1694–1778) äußerte sich seinerzeit folgendermaßen über Opfergreuel: „Es gibt kein Volk, das Gott nicht Menschen zum Opfer dargebracht hätte, kein Volk, das sich nicht durch das entsetzliche Blendwerk der Magie verführen ließ." Demzufolge könnte man versucht sein, Menschenopfer als Zeichen kulturellen Tiefstandes zu werten. Aber Menschenopfer sind nicht nur Ausdruck eines grausamen Kultes, sondern auch Zeichen tiefen religiösen Verständnisses, dessen Traditionen und Umwandlungen in andere Opferformen sich selbst in unserer Zivilisation wiederfinden.

Ausschlaggebend für diese Publikation waren Befunde aus dem Landkreis Kelheim; einerseits ein Schädel aus dem spätkeltischen Oppidum Alkimoennis und andererseits die merkwürdige „Bestattung" eines Menschen der jungsteinzeitlichen Münchshöfener Kultur aus Wildenberg. Dieses Buch will Verständnis für die akribische Arbeit der Archäologen erwecken und zur interdisziplinären Zusammenarbeit anregen.

Dr. Hubert Faltermeier
Landrat des Landkreises Kelheim

Geleitwort zur Ausstellung

Zu den vielen Attraktionen landschaftlicher und kultureller Art im Raume Kelheim gehört seit 1981 auch das Archäologische Museum der Stadt. Neben der ansprechend präsentierten ständigen Schausammlung bietet das Museum seit Jahren Sonderausstellungen, denn der „Magnet Museum" muß ständig geladen werden. Sonderausstellungen ermöglichen es, ein interessantes Thema herauszugreifen und dem Besucher nahezubringen. Sie sollen dabei nicht nur Schüler, Einheimische und speziell Interessierte ansprechen, sondern auch die vielen Touristen, denen auf diese Art und Weise in Kelheim noch eine weitere Attraktion geboten werden kann.

Wir freuen uns daher ganz besonders, in Zusammenarbeit mit der Kreisarchäologie Kelheim eine Ausstellung zeigen zu können, die sich als Magnet erweisen könnte: Menschenopfer – Vom Kult der Grausamkeit. Die Ausstellung, die sich nicht nur mit literarischen Quellen auseinandersetzt, stellt die wichtigsten archäologischen Zeugnisse vor, die auf Menschenopfer in der ganzen Welt hinweisen. An Opferformen lassen sich Kannibalismus, Bauopfer, Machtopfer, Opferung von Kriegsgefangenen und Ahnenverehrung unterscheiden. Die Opferrituale selbst zeugen oft von großer Grausamkeit. Es gibt Belege für lebendiges Eingraben, Einmauern und Verbrennen; Herzen wurden aus noch lebenden Körpern gerissen und Menschenblut und Fleisch verzehrt. Archäologische Hinweise für Menschenopfer finden sich auch in unserem Raum, wie in einigen Höhlen bei Regensburg, in Gräbern, Mooren, Gruben und Schächten. Originalfunde und Rekonstruktionen führen uns in eine unbekannte Welt.

Wir möchten an dieser Stelle all den Leihgebern danken, die uns ihre Exponate für die Dauer der Ausstellung zur Verfügung gestellt haben: der Anthropologischen Staatssammlung München, der Osteologischen Sammlung der Eberhard-Karls-Universität Tübingen, der Prähistorischen Staatssammlung München, der Staatlichen Antikensammlung und Glyptothek München, den Museen der Stadt Regensburg, dem Württembergischen Landesmuseum Stuttgart und Herrn Manfred Moser, Regensburg.

Dem Kreisarchäologen Dr. Michael M. Rind, der Leiterin des Archäologischen Museums, Frau Dr. Ingrid Burger-Segl, und ihren Teams sei für das Zustandekommen der Sonderausstellung sehr herzlich gedankt. Wir wünschen der Ausstellung viel Erfolg.

Heinz Reiche
Erster Bürgermeister der Stadt Kelheim

6

Vorwort des Verfassers

Bisweilen stößt man als Archäologe auf Funde und Befundzusammenhänge, die sich aus unserer heutigen Sicht nur schwer erklären lassen. Dazu gehören Begleit- und Kollektivbestattungen, seltsame Verstümmelungen von menschlichen Körpern, abnorme Depositionen von Leichen oder Leichenteilen in Höhlen, Felsspalten, Schächten und Gruben. Nicht alle solche Depositionen zeugen von Menschenopfern, zu vielfältig sind die Praktiken, die sich auf religiös motivierte Handlungen zurückführen lassen. Vor allem im Ahnenkult stecken sicherlich viele Erklärungsmöglichkeiten.

Dennoch bleiben zahlreiche Funde und Fundzusammenhänge, die Menschenopfer belegen. Die Formen sind vielgestaltig, ihre Definitionen schwierig abzugrenzen. Was ist entscheidend? Das Opfer? Der Opferanlaß? Der Opferort? Das Tötungsritual?

Die Tötungsrituale reichen vom Ertränken über Enthauptung, Erdrosselung, Erstechen, Erhängen bis zum Verbrennen. Oft entziehen sich solche Rituale einem archäologischen Nachweis und bleiben unerkannt. Ebenso wie man unterstellen kann, daß sich einige Befunde auch auf andere Art und Weise erklären lassen, mögen sich unter „normal" erscheinenden Befunden Menschenopfer verbergen, die sich deshalb nicht identifizieren lassen.

Festzuhalten bleibt, daß es Menschenopfer in nahezu allen Kulturen der Welt gegeben hat, so unterschiedlich die Anlässe für diese radikalste Form der Opferung auch gewesen sein mögen.

Die Quellen, aus denen sich die lange Geschichte der Menschenopfer ablesen läßt, sind unterschiedlich, eine Trennung zwischen Wahrheit, Übertreibung und Diffamierung ist häufig unmöglich. Der Bestand an Überlieferungen ist zudem unüberschaubar: mündliche und schriftliche Nachrichten, Bildquellen und archäologische Fundstellen. Hunderte von Aufsätzen und Monographien beschäftigen sich mit diesem Thema. Mittlerweile liegen zahlreiche philosophische, archäologische und belletristische Arbeiten vor. S. Kierkegaard hat in seiner dialektischen Abhandlung „Furcht und Zittern" die Bereitschaft Abrahams, seinen Sohn Isaak zu opfern, untersucht. An archäologischen Arbeiten liegen mehrere theoretische und befundorientierte Werke vor; belletristische Bücher beschäftigen sich besonders häufig mit dem publikumswirksamen Thema des Kannibalismus.

Der Opferglaube fängt da an, wo die Philosophie aufhört; die Meinungen sind unterschiedlich. W. Burkert glaubt, es gäbe keine Zivilisation ohne den Mittelpunkt Menschenopfer. G.C. Vaillant behauptet: „Beispiele von Menschenopferungen kehren in den Religionssystemen der Welt immer wieder, und wir bewahren in unserer eigenen Kultur den Gedanken des Opfertodes, freiwillig oder unfreiwillig erlitten, als einen Akt der Hochherzigkeit."

Untersuchungen über Menschenopfer haben mittlerweile eine eigene Forschungsgeschichte. Während man bis zur Mitte des 20. Jahrhunderts eher leichtfertig mit dem Quellenmaterial umging, führte verstärkte Quellenkritik seit den 80er Jahren zu einer Umkehr ins Gegenteil. Die Grenzen von Quellenkritik und Interpretation sind fließend, jeder mag für sich entscheiden, wo die Fakten aufhören und der Glaube beginnt. Das hier vorliegende Material erhebt keinen Anspruch auf Vollständigkeit, sondern soll einen Überblick über ein undurchsichtiges und häufig falsch beurteiltes Phänomen verschaffen.

Ohne die Hilfe und fachlichen Ratschläge vieler Kollegen, Mitarbeiter und Freunde hätte das Werk in der vorliegenden Form nicht erscheinen können. In alphabetischer Folge danke ich vor allem Björn-Uwe Abels, Lothar Bakker, Ulrike Binding, Torsten Capelle, Alfred Czarnetzki, Christoph Daxelmüller, Klaus Eisele, Michael Harnest, Ingeborg Huld-Zetsche, Markus Krammer, Ludwig Kreiner, Georg Laukert, Ferdinand Leja, Brigitte Lescure, Renate Ludwig, Gearóid Mac Eoin, Charlotte Mayer, Andreas Müller-Karpe, Martin Nadler, Karl-Joseph Narr, Petra Neumann-Eisele, Jörg-Peter Niemeier, Ernst Probst, Martin Schaich, Peter Schauer, Wolf-Rüdiger Teegen, Joachim Wahl und Thomas Zimmermann. Besonderer Dank gilt der Rücksichtnahme meiner Familie.

Folgenden Institutionen und deren Stellvertretern bzw. Mitarbeitern sei für unterschiedliche Unterstützung gedankt: Archäologisches Landesmuseum der Christian-Albrechts-Universität Schleswig (K. Brandt), Archäologisches Museum der Stadt Kelheim (Ingrid Burger-Segl), Bildarchiv Preußischer Kulturbesitz Berlin, Gesellschaft für Archäologie in Bayern e.V. (Erwin Keller), Gruppe Geschichte der Weltenburger Akademie (Günter Tamme), Kantonsbibliothek Vadiana St. Gallen (Rudolf Gamper), Landesamt für archäologische Denkmalpflege Sachsen-Anhalt/Landesmuseum für Vorgeschichte Halle a.d. Saale, Landesdenkmalamt Baden-Württemberg, Landkreis Kelheim (Hubert Faltermeier), Nationalmuseet Kopenhagen (Helga Schütze), Niedersächsisches Institut für historische Küstenforschung (W. Haio Zimmermann), Silkeborg-Museum (Anna Marie Greve), Thüringisches Landesamt für archäologische Denkmalpflege (Sigrid Dušek), Trägerverein Donautal e.V. (Franz Lindner) und Württembergisches Landesmuseum Stuttgart (Erwin Keefer).

Ohne die Benutzung der umfangreichen Bibliographie von Manfred Moser aus Regensburg hätte ich die Arbeit nicht bewältigen können. Seit vielen Jahren hat Herr Moser ungezählte Wochen mit unendlicher Geduld an der bisher nie publizierten Literatursammlung gearbeitet. Tatkräftige Hilfe, vielerlei Ratschläge und Motivation habe ich ihm zu verdanken, deshalb sei Herrn Moser dieses Buch in großer Dankbarkeit gewidmet.

Inhalt

11

Menschenopfer – Vom Kult der Grausamkeit

Opferdefinition

Als Opfer bezeichnet man die Darbringung einer Gabe an eine göttliche Macht und im weitesten Sinne auch die Gabe selbst. Die Opferung ist eine Grundform religiösen Handelns, das auf dem Gefühl der Abhängigkeit zwischen Gottheit und Mensch beruht. Der Begriff „Opfer" läßt sich vom lateinischen „operari" ableiten. Die Übersetzung lautet „handeln, arbeiten"; in religiösem Kontext nimmt „operari" die Bedeutung von „einer religiösen Handlung obliegen" bzw. „einer Gottheit durch Opfer dienen" an. Man unterscheidet allgemein zwischen blutigen und unblutigen Opfern.

Opfer lassen sich entweder nach ihrem Zweck, z. B. Bitt-, Dank-, Lob-, Weihe- und Sühneopfer, nach der Art der Opfergaben, z. B. Libations-, Weihrauch-, Haar-, Tier- und Menschenopfer, oder nach der Art der Niederlegung, z. B. Bau-, Brücken- und Versenkopfer, unterscheiden. E. Mogk unterscheidet zwischen Bitt-, Dank- und Gelübdeopfern. Bittopfer sind Spenden, die man unter Gebet, mit der Bitte um eine Gabe, einer Gottheit darbringt; Mogk bezeichnet diese ältere Opferform auch als magisches Opfer. Dankopfer hingegen spendet man als Dank für eine bereits erhaltene Wohltat; Mogk hält diese für die jüngere Form des Opfers und bezeichnet sie als Vergeltungsopfer. Das Gelübdeopfer stellt eine besondere Form des Dankopfers dar, bei dem das Opfer versprochen wird für den Fall, daß das Gewünschte eintritt. In der Regel sind dies meist Siegesopfer nach Kriegen.

Eine besondere Form der Opfer sind Menschenopfer, womit man den Brauch bezeichnet, den Göttern Menschen als Opfer darzubringen. Dabei wird die rituelle Tötung eines Menschen als Kulthandlung vollzogen. Die verschiedenen Formen der Menschenopfer können im Ahnenkult, in der Unterwerfung von Kriegsgefangenen, in der Totenfolge (Begleitopfer) oder der Magie ihren ursächlichen Sinn haben. Zu den bekannten Anlässen gehören auch Weihe- oder Sühnefeiern, Orakelbefragungen und private Anlässe. Sie werden meist in Notzeiten oder nach militärischen Erfolgen dargebracht.

Geopfert wurden zumeist entweder Personen, die außerhalb des Gemeinde- oder Rechtsverbandes standen, oder Personen, die das Los bestimmte, die also letztlich von höheren Mächten selbst ausgesucht wurden.

Die landläufige Ansicht, Menschenopfer seien als Zeichen einer besonders tiefstehenden Kultur zu werten, ist falsch. Sie sind kein „Ausfluß ursprünglicher Wildheit", sondern eine einseitige kulturelle Sonderentwicklung, die manche als „philosophische Verirrung" bezeichnen. Menschenopfer kommen fast ausschließlich im Zusammenhang mit abergläubischen Vorstellungen in religiös-rituellem Kontext vor; solche aus bloßer Grausamkeit, wie sie von Nero bekannt sind, gehören zu den Ausnahmen.

In seiner sehr existentialistischen Sichtweise von 1948 sieht G. Gusdorf den Sinn der Menschenopfer im Erreichen der transzendentalen Weltordnung. Für ihn spielen nicht Ablaß oder materialistische Gründe eine Rolle, sondern eher die Wiederherstellung eines Gleichgewichts in dieser Ordnung und der Akt der Befreiung. Diese persönliche Befreiung setzt bereits bei der Opferhandlung ein; während der Opferung überschreitet der Mensch bzw. die Gruppe der Opfernden die Grenze zur Transzendenz. In diesem Zusammenhang wird auch die Sehnsucht nach dem Tode und die masochistische Sichtweise, daß Leiden fruchtbar ist und Fülle bringt, verständlich. Die Opferung von Dingen als Ersatz für Menschenopfer hat ausschließlich Symbolwert. Als klassisches Beispiel führt Gusdorf den Ring des Polykrates an, den der Tyrann von Samos ins Wasser wirft, weil er glaubt, zu glücklich zu sein, und mit dieser Geste versucht, die Götter durch die Opferung seines liebsten Schmuckstückes gnädig zu stimmen. Nach Herodot wird der Siegelring später im Magen eines Fisches wiedergefunden und gelangt so zu seinem Besitzer zurück.

Quellenlage

Die Quellenlage zu Menschenopfern ist begrenzt. Neben wenigen Bildquellen stehen Literatur und archäologische Funde zur Verfügung. Verstärkte Quellenkritik hat in den letzten Jahren dazu geführt, Zweifel an manchen althergebrachten Vorstellungen zu erheben. Vor allem das Fehlen von zweifelsfreien Augenzeugenberichten über Kannibalismus in ethnologischen Studien und neuere Arbeiten über Menschenopfer bei den Azteken und in Brasilien stimmen nachdenklich.

Literarische Quellen gibt es dagegen in Hülle und Fülle, sie reichen von historischen Beschreibungen antiker Schriftsteller bis zur heutigen Pressemitteilung. Vor allem in frühneuzeitlicher Literatur finden sich häufig auch bildliche Darstellungen zur Ausschmückung des makabren Themas, z.B. im Florentiner Codex des Franziskanermönchs Sahagún (Abb. 1).

Am schwierigsten gestaltet sich die Interpretation archäologischer Quellen. Hier sind es zum einen die Fundstücke in Form von manipulierten menschlichen Knochen und zum anderen die Fundumstände, d.h. die Befundlage der Stücke, die zu einer Deutung als Menschenopfer führen können. Menschenopfer finden sich an unterschiedlichen Fundstellen, in unterschiedlichen Zeiten und Fundzusammenhängen. Es gibt Opferreste in natürlichen Kultplätzen wie Höhlen und Schächten, aber auch in künstlichen wie Brunnen und Siedlungsgruben. Vor allem wegen meist guter Erhaltungsbedingungen sind merkwürdige Fundzusammensetzungen in

Abb. 1. Darstellungen von Menschenopfern im Florentiner Codex.

zahlreichen Höhlen, Schachthöhlen und Felsüberhängen als prähistorische Kult- bzw. Opferstätten angesprochen worden. Aber schon die Definition einer Kulthöhle ist schwierig, und sehr viel diffiziler ist die Interpretation von Hinterlassenschaften an solchen Orten. Waren diese Stätten auch die Opferplätze, oder hat man dort nur die Opferreste verborgen? Sind Menschenknochen in Höhlen, Schächten und Spalten tatsächliche Opferreste, Ossuarien oder Überreste von Verbrechen?

Kultisch-religiöse Vorstellungen des prähistorischen Menschen aufgrund archäologischer Befunde nachzuvollziehen ist naturgemäß äußerst gewagt. Menschenopfer zweifelsfrei nachzuweisen ist für die Archäologen häufig unmöglich. In der Regel fehlen historische Überlieferungen und Bildquellen, die eigentliche Opferhandlung entzieht sich normalerweise einem archäologischen Nachweis. Wenn überhaupt, lassen sich nur die in der Regel absichtlich weggeräumten Überreste von Opferhandlungen finden. Häufig sind solche Opferreste an unzugänglichen Stellen zu finden, z.B. in Höhlen oder Felsspalten. Man wollte offensichtlich den „sakralen Abfall" vor einer Profanierung bewahren. Wir kennen aus der griechischen Antike das Ekphora-Gebot, in dem festgelegt wird, daß alle zur Vorbereitung eines rituellen Mahls und während seiner Feier benutzten Gegenstände später am

15

Ort des Festes verbleiben. Es läßt sich vermuten, daß es solch eine Art Wiederverwendungsverbot sakraler Gegenstände auch schon früher gegeben hat.

Grundsätzlich ist also der Nachweis von ur- und frühgeschichtlichen Menschenopfern problematisch, da als Quelle lediglich Bodenfunde und Befundzusammenhänge zur Verfügung stehen. Das Fehlen oder die mangelhafte Beweislage schriftlicher Quellen und bildlicher Darstellungen bietet Skeptikern immer wieder Anlaß zur Kritik. Menschenreste dürfen streng genommen nur dann als Opfer gewertet werden, wenn z. B. Sachopfer oder andere Begleitumstände die Fundstelle als Opferplatz kennzeichnen. Vorsicht bei der Interpretation ist besonders bei einzelnen Fundstücken geboten. Allein die Verwendung menschlicher Körperteile wie z. B. Knochen bei kultischen Praktiken belegt noch kein Menschenopfer. Bei tantrischen Ritualen im tibetischen Buddhismus benutzte man beispielsweise reich verzierte Schädelbecher (Abb. 2,1) und Musikinstrumente aus menschlichen Knochen (Abb. 2,2–3), ohne daß Menschen dafür geopfert wurden. Es sind vor allem die tantrischen Zeremonien des sog. „Linken Pfades", zu denen man Attribute der dämonischen Gottheiten benötigte; die meisten Kultgegenstände, die man zu dieser Identifizierung brauchte, wurden aus

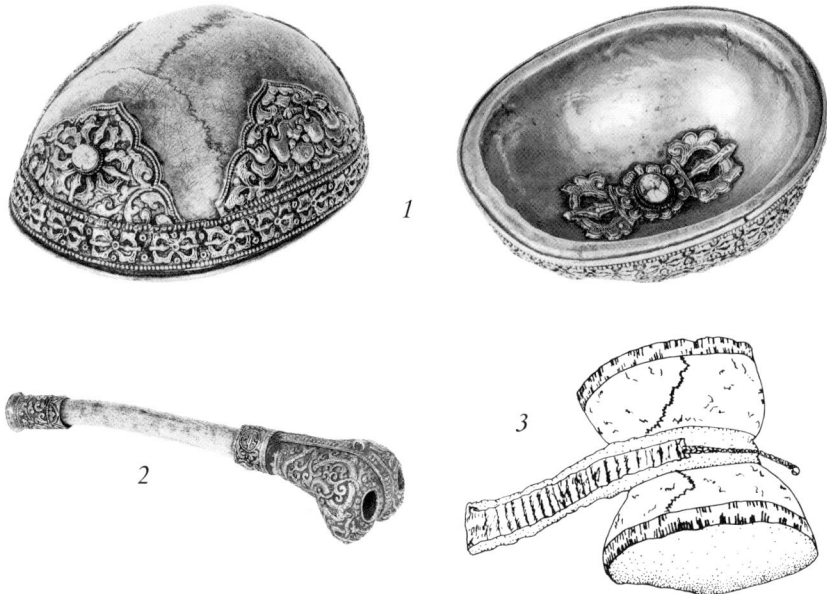

Abb. 2. Kein Beleg für Menschenopfer: Schädelbecher (1), Flöte aus menschlichem Oberschenkelknochen (2) und Trommel aus Schädelkalotten zweier Kinder (3), die bei Ritualen im tantrischen Buddhismus verwendet werden.

16

Abb. 3. Kopfbaum indischer Nagas in Yimpang nach Chr. v. Fürer-Haimendorf.

menschlichen Knochen gefertigt. Erwähnt seien hier eine Flöte, die aus einem menschlichen Oberschenkelknochen hergestellt ist (Abb. 2,2), und eine Doppeltrommel aus Damaru (Tibet), deren Resonanzkörper aus menschlichen Schädelkalotten besteht (Abb. 2,3).

Als Menschenopfer werden von verschiedenen Autoren häufig Kopf- und Schädeldeponierungen, Schädelbecher oder Deponierungen von Leichen bzw. Leichenteilen angesprochen. Menschenopfer lassen sich aber nur dann einwandfrei identifizieren, wenn Fundstücke in ihrem archäologischen Kontext fachgerecht ausgegraben und dokumentiert werden. Erst die exakte Dokumentation eines archäologischen Befundes unterstützt die Hypothese einer Opferhandlung. Eines der wichtigsten Hilfsmittel zur Identifizierung und zum Verständnis von Menschenopfern ist die Anthropologie, die Hinweise auf Tötungsursache und äußere Umstände des Tötungsvorganges geben kann. Schnittspuren und Bruchstrukturen an Knochen belegen häufig Manipulationen, die auf Opferhandlungen schließen lassen.

Wie schwierig die Interpretation archäologischer Fundstücke ist, läßt sich an den Schädel- und Kopfdepositionen zeigen. Nicht hinter jeder Kopfdeponierung verbirgt sich ein Menschenopfer. Deutlich wird dies nicht nur am Beispiel der verschiedenen Kopfkulte der Nagas (Abb. 3), sondern auch an dem Trophäenkult der Mundurukus und den Schrumpfköpfen der Jivaros.

Motive

Die Hintergründe für Menschenopfer lassen sich nur erahnen. Als Ausgangspunkt spielt Blut als Lebensträger eine große Rolle, mit dem Verlust des Blutes schwindet das Leben und somit auch Macht und Kraft des Opfers. Man bemächtigt sich des Blutes, um sich außergewöhnliche Kräfte, die „Urlebensenergie", zu verschaffen. Blutrituale haben die Entwicklung des Menschen entscheidend geprägt; W. Burkert spricht sogar vom *homo necans*, dem tötenden Menschen. Aber auch Angst vor einem erschlagenen Feind oder sogar vor einem Toten kann Motiv für ein Opfer sein, denn nur so sind Sühnerituale verständlich, die auch nach der Tötung eines Feindes vorgenommen werden. Wohlergehen, Sühne und Befruchtungsgedanken sind die offensichtlich stärksten Triebfedern für Menschenopfer.

Motive und Orte der Opfer sind durchaus unterschiedlich. Lange hat sich der Glaube gehalten, Wälder, Flüsse, Seen und Meere bräuchten regelmäßige Opfer. Vom 1671 hingerichteten Kosakenhetman Razin ist überliefert, daß er in angetrunkenem Zustand die Prinzessin in die Wolga geschleudert hat, um dem Strom ein Menschenopfer zu bringen. Solche Riten erinnern an das Füttern der Elemente, welches letztlich der Stärkung eigener Kräfte zugute kommen sollte. Häufig finden sich Menschenopfer auch im Zusammenhang mit Fruchtbarkeitsriten. Die Sabiner gelobten ihrem Hauptgott Mars im Kult und in Notzeiten nicht nur den pflanzlichen Ertrag eines Frühlings, sondern auch Tiere und Menschen. Ähnliche arische Bräuche sind aus Indien belegt, wo man beim Fest der Erdgöttin Tari unter Tanzen und Orgien Menschenopfer darbrachte. Zu diesem Zweck zerriß man Opfersklaven und verstreute deren Stücke zur Befruchtung über die Felder. Dabei legte man sogar Wert auf die Tränen des geopferten Menschen, da sie den zu erwartenden befruchtenden Regen bedeuteten.

In der Opferhandlung selbst läßt sich die Wiederholung eines mythischen Urzeitgeschehens sehen. Vor allem bei den sogenannten Tötungsritualen, wie wir sie von den Maya kennen, ist dieser Aspekt von wesentlicher Bedeutung. Man identifiziert den rituell Getöteten mit einer Gottheit, deren im Mythos begründeter, gewaltsamer Tod an einem vergöttlichten Menschen nachvollzogen werden muß. Für die Kultgemeinschaft ist dies eine Erinnerungsfeier an einen alten Mythos. Dabei sind mehrfach Tod und Zeugung, Vergehen und Wiedererstehen der Menschen, Tiere und Pflanzen die zentralen Motive. Nutzpflanzen und Fortpflanzung stehen in agrarischen Gesellschaften in engem Zusammenhang und sind Geschenke eines göttlichen Urzeitwesens, das als erstes den Tod – und zwar gewaltsam – erleiden muß. Die Wiederholung dieses mythischen Urzeitgeschehens in Kulthandlungen ist notwendig zur Erhaltung der so gestifteten Weltordnung. Durch die Opferung wird also die geschaffene Weltordnung erhalten, wobei dem

Kopf als Sitz besonderer Kräfte eine große Rolle zukommt. Aus diesen Gedanken heraus entwickelten sich wohl auch die Schädelmasken, wie diejenigen aus der hallstattzeitlichen Hraška-Höhle, die die magische Kraft des Schädels übertragen sollten (Abb. 4).

Ob Menschenopfer ausschließlich Kommunikationsversuche mit bestimmten Gottheiten darstellten oder ob sie die Reinigung einer Gemeinschaft von Untaten sozusagen durch das Opfern eines Sündenbocks herbeiführen sollten, muß offen bleiben. Erst kürzlich gewann ein ganz neues Motiv an Bedeutung, nämlich die toxische Ekstase bei prähistorischen Kultausübungen. Durch Zusammenarbeit mit der Gerichtsmedizin erkannte man, daß bestimmte, beim Fäulnisprozeß einer Leiche entstehende Giftstoffe, vor allem Muscarin und Muscaridin, beim Verspeisen Rauschzustände herbeiführen können.

Zum Themenbereich der Menschenopfer zählen auch einige Selbstopferungen, die meist in religiösem Fanatismus begründet sind. In Irland soll sich im Gebiet von Ulster der Brauch von Menschenopfern in Verbindung

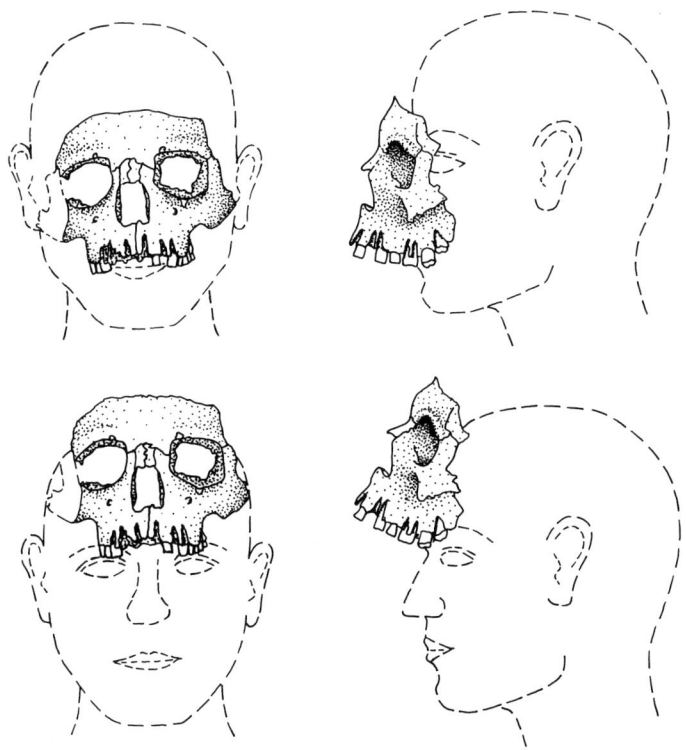

Abb. 4. Rekonstruierte Tragweise der Kultmasken aus der Hraška-Höhle im südslowakischen Karst nach E. Vlček und J. Kukla.

19

mit einem orgiastischen Kult für den Gott Cenn Cruaich ziemlich lange gehalten haben. Zu den eher abstrusen Bräuchen gehören auch die Selbstenthauptung, die aus indischen Höhlentempeln bekannt ist, und die suizidale Selbstverbrennung aus religiösem oder politischem Fanatismus, die hier nicht näher behandelt werden sollen. Ähnliches gilt für die als Devotio bekannte Selbstopferung der Römer im 1. Jh. n. Chr., die eine Art der Kaiserverehrung darstellt. So hat sich der römische Adlige S. Pacuvius für den Kaiser Augustus geopfert und M. Curtius mitsamt Bewaffnung und Roß in die Tiefe gestürzt, weil er glaubte, damit einen Spalt im Forum Romanum schließen zu können.

Bevor das Christentum zur Staatsreligion erhoben wurde, sollen bei dem aus dem Orient stammenden Mithraskult häufiger auch Menschen geopfert worden sein. Kaiser Commodus (180–192 n. Chr.) soll im Rahmen dieses Kultes veranlaßt haben, Menschen zu töten. Aus manchen Berichten geht hervor, daß man Kinder getötet hat, um aus ihren Eingeweiden die Zukunft zu lesen.

Auch die Verbindung von ritueller Menschentötung und Rechtsprechung ist belegt. Ein Verbrecher wird geopfert, um die erzürnten Götter zu besänftigen. Hier beginnen die Grenzen zwischen Opfer und Sühne für ein Verbrechen zu verschwimmen, denn es ist kaum festgelegt, wann ein reiner Strafakt oder eine Opferhandlung vorliegt. Julius Caesar hat im Jahr 46 v. Chr. beispielsweise anläßlich einer Meuterei zwei Soldaten auf dem Marsfeld töten lassen. Vestalinnen, die den Keuschheitseid brachen, begrub man lebendig; Getreidediebe sollen für Ceres, die Fruchtbarkeitsgöttin, aufgehängt worden sein. Wer mag hier entscheiden, ob es sich um Opfer oder Bestrafung handelt?

Die Abgrenzung von Menschenopfern fällt nicht nur bei archäologischen Befunden schwer. Manchmal läßt sich die Grenze zwischen Opferung und niederen Beweggründen grundsätzlich nicht klar umreißen. So bleibt beispielsweise unsicher, ob es sich bei der Tötung gotischer Kriegsgefangener im 6. Jh. um Menschenopfer oder eine rein kriegerisch motivierte Maßnahme handelt. Damals haben die Franken unter Führung des Theudobert im Jahre 539 bei der Überschreitung des Pos viele gotische Frauen und Kinder in den Strom geworfen; anschließend begann der Krieg mit den Goten.

Umgestaltung von Menschenopfern

Im Laufe vieler Jahrhunderte sind Menschenopfer in andere Opferformen umgestaltet worden. Häufig wandelten sie sich in Vieh- oder Sachopfer wie beim *ver sacrum*, dem römischen Weihefrühling. Schuld daran ist nicht zuletzt die größere Bedeutung des politischen Friedensbereiches, wodurch sich die Erbeutung fremden Menschenlebens erschwerte. Auch die Über-

20

nahme von Gedankengängen anderer Gemeinschaften kann zur Umgestaltung der Menschenopfer führen. Bei der Einführung des Christentums war man mit den alten heidnischen Riten besonders stark konfrontiert. Das heidnische Abendmahlsverständnis sah sich bei Einführung des Christentums altgewohnten Heilsmerkmalen gegenüber. Für den archaisch geprägten Neuchristen sollte das eucharistische Geheimnis im Sinne der alten Kultgewohnheiten verstanden werden („Nehmet, esset, das ist mein Leib" Matth. 26,26 bzw. „Das ist mein Blut, welches vergossen wird zur Vergebung der Sünden" Matth. 26,28).

Die Umgestaltung von Menschenopfern kann sich auch in Idolen und Puppen ausdrücken. Im Thebaner Grab des Antekofer fuhr neben dem Kanopenkasten auch eine sonderbare symbolträchtige Figur mit, die „Tekenu" genannt wurde. Der Tekenu stellt eine Form des Verstorbenen dar; sein Schicksal steht nach den Darstellungen und Beischriften aber auch in Verbindung mit dem Schlachten der Opfertiere. Man nimmt an, daß hierin die Darstellung des Toten in seiner unheiligen Bedeutung zu sehen ist. Die symbolische Figur wurde sozusagen als Sündenbock zusammen mit den zerstückelten und verbrannten Schlachtopfern in der Erde versenkt.

Besonders im Bereich der Volkskunde findet man zahlreiche Bräuche, die ursprünglich sicherlich auf Menschenopfer zurückgehen. Hierzu zählt nicht nur das Verbrennen von Katzen und Hunden, das mit Fruchtbarkeitserwartungen im Frühling einhergeht. Beispielhaft soll nur an das nach der Sitte des Schimmelreiters eingerichtete Amecht erinnert werden, das vergangene Menschenopfer in Luxemburg spürbar werden läßt. In 14 luxemburgischen Ortschaften ist diese Sitte bis 1814 nachweisbar. Bei der am Sonntag vor Kirmess abgehaltenen Vorfeier begab man sich nach der Vesper auf eine Wiese, wo einem um 4 Kronen gedungenen Mann als symbolisches Zeichen der Enthauptung der Hut vom Kopf geschlagen wurde. Nicht immer läßt sich die Umgestaltung von Menschenopfern in traditionelles Brauchtum so einfach nachweisen. Aus dem bayerischen Pfingstbrauch kennt man den sog. Pfingstquack, der dadurch als Opfer bestimmt wird, daß er bei einem Wettlauf als letzter das Ziel erreicht; hierin wird ein symbolisches Menschenopfer für den schwäbischen Gott Ziu oder den bajuwarischen Eru vermutet.

Sagen und Märchen

Neben dem praktizierten Brauchtum liefern zahlreiche Märchen und Sagen Anhaltspunkte für Menschenopfer, die auf diese Weise im Volksglauben weiterleben. Eine der berühmtesten germanischen Heldensagen erzählt von Wieland, dem Schmied, der bei dem kunstvollen Zwerg Mime sein Handwerk erlernte. Wieland versuchte einst den König Nidung zu vergiften, denn dieser hatte ihm anläßlich einer Wette seine Tochter und das halbe Königreich versprochen, ohne sein Wort zu halten. Nidungs Tochter Bathild aber erkannte das Gift, und daraufhin ließ Nidung dem Wieland die Sehnen durchtrennen, so daß er zwar für den König arbeiten, nicht jedoch entfliehen konnte. Der verkrüppelte Wieland rächte sich, indem er die beiden jüngsten Söhne Nidungs erschlug, aus ihren Schädeln Trinkschalen fertigte, aus denen der König lange Zeit trank, ohne etwas über die Herkunft der Schalen zu wissen. In den Sagen von den Wölsungen und Niflungen, den Wilcinen und König Thidrek von Bern heißt es bei A. Raszmann 1863: „Nun nahm Welent die Knaben und schabte das ganze Fleisch von den Gebeinen, und nahm darauf ihre Schädel, schweiste sie in Gold und Silber und machte daraus zwei grosze Tischbecher; und aus den Schulterblättern und Hüftbeinen machte er Aelschalen, und schweiste sie in Gold und Silber; aus einigen ihrer Gebeine machte er Meszerhefte, aus andern Flötepfeifen, aus andern Schlüszel und aus andern Kerzenstöcke, die auf des Königs Tische stehn sollten; und aus jedem ihrer Gebeine machte er etwas zum Tischgerät. Und dies wären in Wahrheit grosze Kleinode gewesen, wenn nicht so grosze Untreue und Hinterlist dabei gewesen wäre, wie es der Fall war. Und diese Kleinode wurden aufgesetzt, wenn der König sehr viele vornehme Männer zu seinem Gastgebot hatte."

Bei der sagenhaften Schilderung von Thorkils Reise nach Hálogaland gibt der dänische Geschichtsschreiber Saxo Grammaticus im 12. Jh. folgendes Menschenopfer preis: Unwetter hatten Thorkils Schiffe ans Gestade getrieben. Seine Gefährten schlachteten an Land allzuviel von dem dort weidenden Vieh, woraufhin dämonische Scharen ans Gestade flogen und die Mannschaft verängstigten. Die Geister forderten drei Menschenopfer, die durch das Los bestimmt wurden. Erst daraufhin legte sich der Sturm und Thorkil konnte mit seinen Genossen weiter nordwärts fahren. Ähnlich sind auch die Menschenopfer der Friesen, die v. Richthofen zusammengestellt hat. In allen Fällen handelt es sich um Opfer am Meer.

Bei Sagen, Mythen und Legenden läßt sich der Wahrheitsgehalt des Inhalts nur selten ermitteln. Ein klassisches Beispiel für antisemitische Diffamierung ist die Tiroler Legende vom „Anderl von Rinn". Um das Jahr 1462 soll eine kleine Gruppe jüdischer Kaufleute auf dem Weg nach Bozen in einer Rastschenke nahe dem Ort Rinn übernachtet haben. Dort fanden sie einen Knaben namens Andreas, den sie für ein rituelles Opfer auserkoren. Die verwitwete Mutter wollte ihr Kind nicht hergeben, aber der Taufpate des Jungen und Hofbesitzer ließ sich überreden, nach der Rückkehr der Juden von der Fronleichnamsmesse das Kind zu verkaufen. Nach vier Wochen kommen die Juden zurück und kaufen dem Bauern den Knaben gegen einen Hut voll Gold ab. Auf einem Opferplatz in einem nahen Birkenwald soll dann das Opfer von den Juden vollzogen worden sein, indem man den Knaben mit einem Messer bestialisch verletzt, gedrosselt und später „abgestochen" hat. Der Leichnam wird mit dem Würgeband an einer Birke aufgehängt, die Juden können unerkannt entfliehen. Die Mutter findet ihr Kind neben dem Marterstein, der Bauer wird angesichts der Verwandlung seines Goldes in Weidenlaub schwachsinnig. Der Leichnam des Anderl von Rinn wird 1475 erhoben und in der Rinner Kirche beigesetzt; anschließend setzt eine sagenumwogene Anderlverehrung ein. Als Erinnerung an diese Geschichte findet jedes Jahr eine Prozession am Dreifaltigkeitssonntag statt. G.R. Schroubek hat sich mehrfach mit der Frage der Historizität des Andreas von Rinn beschäftigt und kommt zu dem Schluß, daß die Person eine Erfindung des Hippolyt Guarinoni aus dem Anfang des 17. Jahrhunderts ist, um den Juden einen bestialischen Ritualmord anzuhängen. Die im 17., 18. und 19. Jahrhundert aufblühende Verehrung des „Rinner Kindl", die auf Ausführungen in Andachtsbüchern wie dem „Judenstein" oder der „Geschichte des Martyriums des unschuldigen Kindes Andreas von Rinn" beruht und sich in einem Wallfahrts-, Heiligen- und Votivkult ausdrückt, entbehrt jeglicher Grundlage, zeigt aber deutlich, wie man Ritualmordbehauptungen einsetzt, um bewußte Diffamierung zu betreiben.

Auch außerhalb Europas lassen sich altertümliche Glaubensvorstellungen in vielen Sagen und Märchen feststellen. Aus Irland ist das dreiköpfige Monstrum Ellén bekannt, das nur durch dauernde Opfer- und Kulthandlungen daran gehindert werden kann, seine Unterweltshöhle zu verlassen und das Land zu verwüsten. In Albanien haust die Kutschedra – ein Wetterdämon – in Höhlen und läßt Quellen versiegen, um eine Wassernot herbeizuführen. Dann soll sie sich nur mit Menschenopfern wieder dazu bewegen lassen, die Wasserarmut zu beenden. Die südslawische Ljubia, die auch nach dem Fleisch kleiner Kinder lechzt, verlangt Jungfrauenopfer, um Quellen wieder fließen zu lassen.

In vielen Märchen wimmelt es geradezu von Menschenfressern, als Beispiele seien nur Wilhelm Buschs Eispeter von 1864 (Abb. 5), Perraults Blaubart und Grimms Hänsel und Gretel genannt. Die zentrale Stelle der Grimmschen Textfassung von 1819 lautet: „Die Alte hatte sich nur so freundlich angestellt, sie war aber eine böse Hexe, die den Kindern auflauerte, und hatte das Brothäuslein bloß gebaut, um sie herbeizulocken. Wenn eins in ihre Gewalt kam, so machte sie es tot, kochte es und aß es, und das war ihr ein Festtag. Die Hexen haben rote Augen und können nicht weit sehen, aber sie haben eine feine Witterung wie die Tiere und merken's, wenn Menschen herankommen. Als Hänsel und Gretel in ihre Nähe kamen, da lachte sie boshaft und sprach höhnisch: ‚Die habe ich, die sollen mir nicht wieder entwischen.' Frühmorgens, ehe die Kinder erwacht waren, stand sie schon auf, und als sie beide so lieblich ruhen sah, mit den vollen roten Backen, so murmelte sie vor sich hin: ‚Das wird ein guter Bissen werden.'

Abb. 5. „Seht in diesen Topf aus Stein, machte man den Peter ein..." Wilhelm Busch, Der Eispeter, 1864.

Da packte sie Hänsel mit ihrer dünnen Hand und trug ihn in einen kleinen Stall und sperrte ihn mit einer Gittertür ein: er mochte schreien, wie er wollte, es half ihm nichts (Abb. 6). Dann ging sie zur Gretel, rüttelte sie wach und rief: ,Steh auf, Faulenzerin, trag Wasser und koch deinem Bruder etwas Gutes, der sitzt draußen im Stall und soll fett werden. Wenn er fett ist, so will ich ihn essen.' Gretel fing an bitterlich zu weinen, aber es war alles vergeblich, sie mußte tun, was die böse Hexe verlangte."

Vom Mittelalter zur Neuzeit: Kontinuität der Menschenopfer

Wer war berechtigt, Menschenopfer zu vollziehen? Den historischen Quellen zufolge durften nur auserwählte Personen Menschenopfer darbringen. Es sind die Priester und Druiden, die den Göttern opfern, oder die Hexen, die zauberkundig sind. Im „Compendium Maleficarum" des Italieners Guaccio von 1626 befindet sich eine ganze Serie von Hexendarstellungen, darunter auch eine Kinderopferung durch Hexen an den Satan (Abb. 7). Hier wird anschaulich die Verbindung von okkulten Kräften der Hexen und Menschenopfern dargestellt. In der Capitulatio de partibus Saxoniae heißt es: „Wenn jemand (vom Teufel getäuscht) glaubt, nach Art der Heiden, ein Mann oder eine Frau sei eine Hexe, und er verbrennt sie deswegen oder gibt das Fleisch von ihr zu essen oder ißt es selber, so wird er mit Verurteilung zum Tode bestraft werden". Hier wird die Verbindung von Hexen und Anthropophagie deutlich.

Vom 14. Jahrhundert an steigerte sich der Hexenglaube allmählich zum Hexenwahn. Nachdem J. Sprengers „Hexenhammer" (Malleus mallefi-

Abb. 6. Die Hexe vor Hänsels Käfig. Anonym, ca. 1900.

Abb. 7. Die Hexen opfern ein Kind. Aus dem „Compendium Maleficarum" des Italieners Guaccio, 1626.

carum, Straßburg 1487) zum Strafkodex der Gerichtspraxis wurde, setzte die Hexenverfolgung mit Folter und Hinrichtungen ein. So paradox dies klingen mag, nun wurden die Hexen selbst zum Opfer, und man muß sich fragen, ob dies nicht auch eine spezielle Form der Menschenopfer war. Die letzten Hinrichtungen von Hexen, meist Verbrennungen bei lebendigem Leib, fanden am Ende des 18. Jh. statt.

Wie zahlreiche Beispiele zeigen, haben sich Menschenopfer von den Anfängen der Kultur bis in die heutige Zeit erhalten. E. Mogk berichtet unter anderem auch über ein Menschenopfer aus dem Jahre 1350. „Als um 1350 der schwarze Tod in Schweden wütete, kamen Westgoten zu einer Beratung zu Linthorna Wallen zusammen und beschlossen dort ein Menschenopfer. Zwei Bettelkinder wurden dazu bestimmt: sie wurden durch Butterbrote in eine Grube gelockt und hier verschüttet."

Unklar ist, inwieweit die Opferungen Gilles de Rais' in wissenschaftliche oder okkulte Bereiche gehören. Chr. Daxelmüller beschreibt kurz die Lebensgeschichte und den Prozeß dieses mittelalterlichen Satanisten. Gilles de Rais wurde 1404 geboren, war Mitstreiter von Jeanne d'Arc und Marschall von Frankreich. Er wurde verteufelt, weil er sich neben seinem wissenschaftlichen Interesse auch okkulten Praktiken hingab. Im Rahmen von Teufelsverehrung und ritueller Magie soll er auch „Kinder entführt, gefangengehalten, auf unmenschliche Art und Weise gewürgt, getötet, dann zerstückelt, verbrannt und die Leichen den bösen Geistern geopfert und sich zuvor, sowohl bei Lebzeiten wie auch an Leichen sexuell vergangen [zu] haben". Die Anklageschrift deutet die Leichenzerstückelungen als Verbrechen mit magisch-rituellen Absichten; am 26. Oktober 1440 wurde Gilles de Rais in Nantes durch den Strang hingerichtet.

Den Wahrheitsgehalt wissenschaftlicher Belege für Menschenopfer aus der Fülle der Literatur vergangener Jahrhunderte herauszufiltern fällt sehr schwer. Oft verschwimmen die Grenzen zwischen Realität, Phantasie und Verleumdung. Ein gutes Beispiel dafür ist die indische Raubmörderkaste der Thug, die bis etwa 1835 tausende Menschen, vor allem in Bengalen, zu Ehren der blutrünstigen hinduistischen Göttin Kali abgeschlachtet haben soll. Der Name Thug bedeutet „Würger", die Opfer wurden nach einem sorgfältigen Ritual erdrosselt und der Gemahlin der höchsten Hindugottheit Schiwa, der grausamen Kali, geopfert. Dieser Kult läßt sich bis in das 2. Jh. n. Chr. zurückverfolgen. Einige Thugs sollen bis zu 250 Personen umgebracht haben, um sie der Göttin zu opfern.

C. Spiel beschreibt ein Menschenopfer, das Pawnee-Indianer am 22./23. April 1838 dargebracht haben. Geopfert wurde dort ein junges Mädchen, das bei der Zeremonie zunächst geschmückt durchs Dorf geführt wurde und an jedem Wigwam ein Geschenk empfing. Am Opferplatz angekommen, bemalte man das Opfer mit roter und schwarzer Farbe. Das Mädchen wurde anschließend „zu Tode gebraten" und zugleich mit Pfeilen beschossen, damit reichlich Blut fließe. Die Opferzeremonie endete mit der Herausnahme und dem Verzehr des Herzens durch den Opferpriester und der Zerstückelung der Fleischstücke. Das Blut spritzte man auf die Maisfelder, und das fast trockene Fleisch verarbeitete man zu einer Paste, mit der man Knollengewächse einrieb, damit sie sicher zur Reife gelangten. Mangels Quellenangabe läßt sich das Geschehnis leider nicht überprüfen.

Anfang der 90er Jahre des 19. Jahrhunderts soll sich ein Menschenopfer im russischen Dorf Stary Multan bei Kasan ereignet haben. G. Wilke schildert die Szene, an der auch der Dorfschulze, der Polizeidiener und der Kirchenälteste teilgenommen haben sollen, wie folgt: „Das den Wunden entströmende Blut wurde sorgfältig aufgefangen, gekocht, und dann von den Opfernden, 15 an der Zahl, zu Ehren des Gottes genossen. Lungen und Herz des Opfers wurden ausgeschnitten und ebenfalls verzehrt. Dann hackte man dem Leichnam den Kopf ab und warf den Rumpf auf die Straße."

P. Tierney sieht in den Funden aus Chile und Argentinien den Beweis für die Existenz von Menschenopfern bis in die heutige Zeit. Im Auftrag eines populärwissenschaftlichen Magazins recherchierte er 1983 zunächst über ein Inka-Kind, das auf einem Berggipfel in 5300 m Höhe als Opfer begraben lag. Ähnliche Menschenopfer hat er daraufhin in Argentinien gefunden, eines davon in 6700 m Höhe. In einem Reservat der Mapuche-Indianer in den südchilenischen Anden und am Titicacasee im südlichen Peru sollen nach Ansicht Tierneys noch heute Menschenopfer üblich sein. Letzte aktuelle Belege für Menschenopfer sieht er in einem Kinderopfer, das anläßlich eines Erdbebens auf dem Cerro Mesa 1960 von Machi Juana Namuncura und dem Häuptling Trafinado dargebracht worden sein soll. „Sie haben einem Jungen Arme und Beine abgeschnitten und mit den beiden Armen des Jungen getanzt und sie durch die Luft geschwenkt. Das Herz des Jungen haben sie herausgeschnitten und die Machi hat getrommelt. Als er tot war, haben sie den Jungen wie einen Pfahl in die Erde gesteckt, mit Blick aufs Meer." Mehrere grausame Ritualmorde wie der an einem Mädchen am Incahuási 1982, von Nieves Chipana aus dem Jahr 1980 oder der von Clemente Limachi 1986 werden immer wieder mit noch existenten Menschenopferpraktiken in Verbindung gebracht. Das Menschenopfer habe in den Anden nach wie vor große soziale und gesellschaftliche Bedeutung und direkten Einfluß auf Rang, Status und Reichtum, so behauptet P. Tierney.

Formen der Menschenopfer unter Berücksichtigung ethnologischer Quellen

Formen von Menschenopfern lassen sich nach der Art der Opferhandlung, nach der Auswahl der Opfer oder nach dem Anlaß des Opfers unterscheiden. Für eine Gliederung sollen hier zunächst nur fünf Opferformen unterschieden werden: Kannibalismus, Bauopfer, Machtopfer, Opferung von Kriegsgefangenen und Ahnenverehrung. Diese Formen basieren auf einer Kombination von Anlaß und Auswahl der Opfer. Da jede Kultur eigene, individuell ausgeprägte Opferformen hervorgebracht hat, soll diese grobe Einteilung lediglich einer Ordnung der häufigsten Menschenopfer dienen.

Kannibalismus (Anthropophagie)

Als Kannibalismus oder Anthropophagie (griech.: $\alpha\nu\vartheta\rho\omega\pi\sigma$ = Mensch; $\varphi\alpha\gamma\epsilon\iota\nu$ = essen) bezeichnet man den Verzehr von Menschenfleisch durch Menschen; der Name leitet sich vom spanischen *caníbales* ab, ein Stammesname der Kariben, den Kolumbus irrtümlich als Kaniben verstand. Grundsätzlich lassen sich mehrere Arten von Kannibalismus unterscheiden: profaner, gerichtlicher, magischer und ritueller Kannibalismus. Profaner Kannibalismus läßt sich nur in Ausnahmezuständen während großer Not aus Hunger beobachten und ist bis in die heutige Zeit belegt, gerichtlicher Kannibalismus ist eine seltene Form der Gerichtsbarkeit. Magischer Kannibalismus wurde von Zauberern ausgeübt, die sich die Kräfte der Opfer einverleiben wollen. Ritueller Kannibalismus fand anläßlich von Götterkulten, Initiations- und Totenfeiern statt, um eine Identifikation mit dem Verstorbenen herzustellen. Anlässe für Kannibalismus nach E. Volhard sind Hunger, Genußsucht, Götterkult, Totenfest und Patrophagie, Siegesmahl und Initiation. J. Filip unterscheidet hingegen zwischen nutritiver Anthropophagie aus Not oder Mangel, ritueller als Ehrenbezeugung, mystischer zur Erlangung von Kraft und pathologischer Anthropophagie im Sinne eines abnormen Verhaltens.

Vielfältig sind die Theorien und Ausschmückungen zu diesem Thema. Besonders nach der Eroberung der Neuen Welt hat die Phantasie die Geister beflügelt. In mehreren Kupferstichen hat Theodor de Bry die Vorstellungswelt des 16. Jahrhunderts festgehalten (Abb.8). Abscheu und Faszination sind wohl die Beweggründe für das immer wieder neue Aufleben dieses grausamen Gedankengebildes. Es ist besonders schwierig, hier Phantasie, Sage, Religion, Volksglauben und Wahrheit voneinander zu trennen. Häufig wurde Anthropophagie gezielt als Mittel der Verleumdung eingesetzt, au-

Abb. 8. Typische Darstellungsweise menschenfressender Indianer in der Neuen Welt im 16. Jh. Kupferstich von Theodor de Bry aus „Americae", Teil III, 1593.

genfällig sichtbar z. B. auf Kupferstichen Erhard Schöns von 1530, wo auf türkischen Märkten nackte Christinnen und aufgespießte, zweigeteilte Kinder verkauft werden, oder auf einer antisemitischen Darstellung aus dem 15. Jh. in der Schedelschen Weltchronik, auf der blutrünstige Juden beim Ritualmord an einem Kind dargestellt sind (Abb.9). Häufig hat man bis zum Ende des letzten Jahrhunderts versucht, abnorme Leichenverstümmelungen in zahlreichen Ritualmordprozessen den Juden anzulasten, und dies nicht nur in Ost- und Südosteuropa. Solche antisemitischen Verleumdungen lassen sich auch an einer nie aufgeklärten Mordserie beobachten, die zwischen April 1888 und Juli 1889 in zwei Londoner Stadtvierteln verübt wurde. Der Mörder in diesem klassischen Kriminalfall ist als „Jack the Ripper" in die Geschichte eingegangen.

Kannibalismus als verleumderisches Element zieht sich durch die gesamte Geschichte. Hannibal wird nachgesagt, er hätte an seine Soldaten Menschenfleisch verteilt, um sie kriegerisch zu machen und ihren Mut zu stärken. Aufständische Esten sollen im 13. Jh. das Herz des dänischen Vogts

Abb. 9. Antisemitische Darstellung aus dem 15. Jh.: blutrünstige Juden beim Ritualmord an einem Kind. Schedelsche Weltchronik, 1493.

Hebbe gebraten und verspeist haben. Aus Paris stammt die Nachricht, man habe Leber und Lunge des Marschalls d'Ancre gefressen; im Haag soll das Herz von de Wit 1672 verzehrt worden sein. Aus der Zeit des 1. Weltkriegs stammen ähnliche Verleumdungen über deutsche Soldaten, vergleichbare scheußliche Taten hat man den Kroaten sogar erst vor kurzer Zeit unterstellt.

Die Quellen zum Kannibalismus sind vielfältig, sie reichen vom Alten Testament bis zu Sagen und Märchen. Allen Quellen ist gemeinsam, daß sie sich nur unzureichend oder überhaupt nicht überprüfen lassen. Die Frage, ob Kannibalismus als rituelle Kulthandlung wirklich existiert, wird unterschiedlich beantwortet. W. Arens, K. P. Koepping und H. Peter-Röcher sprechen sich entschieden dagegen aus, B.-U. Abels, N. Davies, C. Spiel, E. Volhard und viele andere bejahen dies.

Menschenfresserei gehört seit Jahrhunderten zum menschlichen Denksystem; ob Kannibalismus in Zukunft nur noch forschungsgeschichtlich relevant ist, bleibt umstritten. Erst in jüngster Zeit führt verstärkte Quellenkritik zu der Ansicht, Kannibalismus habe es nie gegeben, es handle sich um ein detailliert ausgearbeitetes Phantasiegebilde mit symbolischem bzw. ideologischem Charakter. In der Ethnologie ist nach K. P. Koepping seit langem bewiesen, daß die meisten Berichte über Kannibalismus Phantasieprodukte sind. H. Peter-Röcher vertritt wie auch W. Arens die Ansicht, es habe in der Ur- und Frühgeschichte niemals nachweislich Kannibalismus als gesellschaftlich akzeptierten und praktizierten Brauch gegeben, einer kritischen Überprüfung halte Anthropophagie nicht stand. Diese zumindest zum Teil berechtigte Kritik basiert auf zwei Grundgedanken: erstens dem Fehlen von Augenzeugen der Menschenfresserei in antiken, mittelalterlichen und neuzeitlichen Quellen und zweitens der mangelnden Belegung von Kannibalismus anhand archäologischer Funde und Befunde. Allein zerbrochene oder mit Schnittspuren versehene Menschenknochen reichen vielen Wissenschaftlern als Beleg für Kannibalismus nicht aus. Zu vielfältig, schlecht nachweisbar und vielfach auch gänzlich unbekannt sind die Rituale, die zu Anhäufungen von Tier- und Menschenknochen führen können. Mögliche Ursachen für manche archäologischen Befunde könnten beispielsweise Sekundärbestattungen sein. Aus Südostborneo kennt man den Brauch, nach dem Leichenbegängnis die Toten dem Zerfall zu überlassen, bis nur noch die Knochen übrig bleiben. Die Gebeine werden erst nach der Beendigung der Trauerphase an ihren endgültigen Bestattungsort gebracht. Von den ostindonesischen Mambai auf Timor ist überliefert, daß die Toten mit einem Fest geehrt werden. Wenn man die Verstorbenen anschließend auf dem Tanzplatz im Dorfzentrum bestattet, läßt sich die Vermischung mit älteren Menschenknochen nicht vermeiden. Auch die Bestattung bestimmter Individuen außerhalb der Norm könnte Anlaß für eine Fehlinterpretation von archäologischen Befunden sein. Bei den afrikanischen Asante, einem Jäger- und Kriegervolk zwischen Uelle und weißem Nil, wurde ein ganzer Personenkreis von der normalen Bestattungssitte ausgeschlossen: Kinder, sterile Frauen und Männer, Hexen, hingerichtete Kriminelle, Selbstmörder und Individuen, die durch besondere Ereignisse starben, z. B. Blitzschlag, Ertrinken oder Schlangenbiß.

Wie schnell Unwahrheiten und Gerüchte über solch heikle Themen wie Kannibalismus in Umlauf gebracht werden können, mag ein Beispiel aus Neuguinea zeigen. Als die ersten Feldforscher in den dreißiger Jahren dort Dosenkonserven mit Abbildungen kleiner Babys hinterließen, vermuteten die Einheimischen entsetzt, daß die Dosen eingemachte Kinder enthielten. Somit war für sie klar, daß Europäer Menschenfleisch essen.

Andererseits gibt es auch immer wieder Stimmen, die sich eindeutig für die Existenz von Kannibalismus aussprechen. Während der Fahrt des Schiffes „Resolution" nach Neuseeland 1772–75 unter dem Kommando des Kapitäns James Cook haben Offiziere bei kriegerischen Auseinandersetzungen verfeindeter Eingeborenenstämme eindeutige Belege für Kannibalismus beobachten können. Sie fanden in der Bucht am Königin-Charlotte-Sund Haufen menschlicher Eingeweide und Gliedmaßen eines im Kampf gefallenen Feindes, von dem die Eingeborenen behaupteten, sie hätten die restlichen Körperteile bereits verspeist. Dick Pickergill tauschte den nicht mehr ganz vollständigen Kopf des Jünglings gegen einen Nagel ein und brachte ihn an Bord des Schiffes, wo er auf dem Geländer des Decks zur Schau gestellt wurde. Diese Begebenheit ist von dem wissenschaftlichen Gehilfen Georg Forster, der an dieser Reise teilnahm, überliefert.

Von nahezu allen Europäern, die im 16./17. Jh. die Ostküste Südamerikas bereisten, wird die Sitte der Küsten-Tupi erwähnt, die gefangengenommene Feinde zeremoniell töteten und verspeisten. A. Wendt glaubt in ihrer Untersuchung über den Kannibalismus in Brasilien an die prinzipielle Glaubwürdigkeit der meisten Quellen, wenngleich die Wahrnehmung des Phänomens bei den europäischen Beobachtern zu unterschiedlichen Interpretationen der Hintergründe geführt hat (Abb. 10).

Abb. 10. Menschenfresser in Brasilien. Kupferstich von Theodor de Bry aus „Americae", Teil III, 1593.

Dennoch bleiben Zweifel, den Kannibalismus vollständig als Phantasieprodukt hinzustellen, denn nicht immer lassen sich Funde offensichtlich manipulierter Menschenknochen an Opferplätzen ohne solche Vorstellungen erklären. Erst 1986 haben amerikanische und französische Forscher einen angeblich schlüssigen Beweis für jungsteinzeitlichen Kannibalismus in der südfranzösischen Höhle von Fontbrégoua entdeckt. Tier- und Menschenknochen wiesen Schnittspuren auf, die eine einheitliche Schlachttechnik zeigen; Sekundärbestattungen seien in diesem Fall auszuschließen.

Zahlreiche Belege aus dem Volksglauben bezeugen eine besondere Art des Kannibalismus in Europa, der im Bereich der Medizin anzusiedeln ist. Blut, Knochen, Fleisch und Fett von Toten wurde früher heilende Wirkung zugeschrieben. Henker sicherten sich einen Nebenverdienst, indem sie Blut von Hingerichteten verkauften, das gegen alle möglichen Leiden helfen sollte. In Sardinien soll seit dem Neolithikum der Brauch belegt sein, magisches Pulver aus Schädeln gegen Hirnstörungen, Epilepsie, Kopfschmerzen, abnormes Verhalten oder Besessenheit durch Dämonen herzustellen.

Die älteren Theorien sehen im Kannibalismus eine Sonderentwicklung des Menschenopfers. Hintergrundgedanke des rituellen Kannibalismus sei die Aneignung physischer und geistiger Potenzen eines Gegners (Exokannibalismus) oder eines Mitglieds der eigenen Sozialgruppe (Endokannibalismus). Völkerkundliche Parallelen gerade bei kulturell hochentwickelten Eingeborenenstämmen wollen zeigen, daß Menschenopfer für bestimmte Gottheiten mit dem Ziel geschehen, die Willensäußerung dieser Gottheit zu beeinflussen. Trägt eine solche Opferhandlung kannibalistische Züge, dann repräsentiert der geopferte Mensch während des eigentlichen Festes ein höheres Wesen oder die Gottheit selbst. Durch die Verspeisung des Menschen erhalten die an der Ritualhandlung Beteiligten Anteil an überirdischen Kräften bzw. vereinigen sich mit der Gottheit.

Der polynesischen Weltauffassung zufolge existiert neben der Geistseele eine andere Seele, deren Sitz im Blut, im Herz, in den Augen oder einem anderen wesentlichen Körperorgan liegt. Durch den Verzehr dieser Organe hoffte man, die entsprechenden Eigenschaften des Toten zum eigenen Vorteil und zur Stärkung der Gemeinschaft aufzunehmen. Solch kannibalistisches Brauchtum wird älteren Untersuchungen zufolge den Polynesiern von den Marquesas-Inseln und der Tuamotu-Gruppe nachgesagt.

Das Volk der Asmat in Neuguinea soll nach N. Davies noch bis nach 1950 rituellen Kannibalismus vollzogen haben. Das kleine Volk der Baktaman in Neuguinea soll 1950 laut F. Barth nach einem kriegerischen Angriff einer benachbarten Gruppe fünf Feinde getötet und aufgegessen haben. Sie betrachteten die menschlichen Opfer als Gaben ihrer Ahnen, die ihnen in Antwort auf ihre Gebete gewährt wurden.

Die von R. Glasse in den sechziger Jahren ins Leben gerufene und seitdem immer wieder aufkeimende Theorie, Menschenfresserei sei die Ursache für die Nervenkrankheit Kuru (Lachkrankheit), die ausschließlich bei den Fore im östlichen Hochland von Neuguinea vorkommt, ist von H. Peter-Röcher wohl zu Recht widerlegt worden. Sie glaubt, die Infektionen seien auf den Kontakt mit verseuchtem Gewebe bzw. Gehirn zurückzuführen, der bei der Exhumierung von Leichen anläßlich besonderer Totenriten unvermeidbar ist.

Nach K. J. Narr ist Kannibalismus ebenso wie Kopfjagd heute nur von Völkern mit agrarischer Wirtschaftsweise bekannt und in einem religiösen Weltbild verwurzelt, das um die Nutzpflanzen zentriert ist bzw. entsprechende Praktiken magischen Charakters aufweist. Vom Prähistoriker H. Quitta stammt die Theorie, ritueller Kannibalismus der Bandkeramiker könne mit zeitweiligen Trockenphasen in Verbindung stehen, man erhoffte sich also durch ein Menschenopfer Besserung des klimatischen Zustandes.

Profaner Kannibalismus nur aus Gründen der Erweiterung des Speisezettels läßt sich archäologisch kaum nachweisen, vielmehr deuten die Fundzusammenhänge meist auf kultischen Hintergrund. Hingegen ist Notkannibalismus aus Hunger verschiedentlich bezeugt, zuletzt bei einem Flugzeugabsturz 1972 in den chilenischen Anden, wo sich die überlebenden Passagiere nur retten konnten, indem sie die beim Absturz Verstorbenen verzehrten (Abb.11).

Bauopfer

Als Bauopfer bezeichnet man die Hingabe und Deponierung eines lebendigen Wesens, eines Blutopfers oder eines Gegenstandes zum Wohl und Vorteil eines neu errichteten Bauwerks, d.h. eines Gebäudes, einer Brücke, eines Dammes, einer Befestigungsanlage etc. Dies kann beim ersten Betreten eines Gebäudes oder bei der bis in die heutige Zeit tradierten Grundsteinlegung stattfinden. Bauopfer basieren auf einer Verknüpfung von Seele und Bauwerk. Solche Gründungsdepositionen werden als Schutz oder Weihe des Bauwerks und Gedenken an die Grundsteinlegung angesehen. Sie finden sich in allen Erdteilen und in der gesamten Menschheitsgeschichte. In seiner umfangreichen Monographie über Bauopfer unterscheidet K. Klusemann folgende Arten: Menschen-, Tier-, Pflanzen- und diverse Sachopfer, die vom Genußmittel über Hühnereier bis zum mystischen Zeichen reichen. Das Thema Bauopfer ist viel zu komplex, um es hier auch nur annähernd darzustellen. Menschen als Bauopfer sind aus zahlreichen historischen Überlieferungen ebenso bekannt wie aus archäologischem Kontext. In China mauerte man Elternmörder zur Strafe lebendig in Stadtmauern oder Brückenbauten ein. Anläßlich des Einsturzes einer Bastion in der Fe-

Abb. 11. Überlebende eines Flugzeugabsturzes in den chilenischen Anden 1972. Letzter bekannter Fall von Notkannibalismus.

stung Skalkot hat der indische König Sala Byne das Blut des einzigen Sohnes einer Witwe geopfert, wie ihm der Wahrsager geheißen hat. Unter den Ecktürmen und Toren der Stadt Mandalay (Birma) haben sich Leichen der beim Bau geopferten Menschen gefunden, die „in Dämone verwandelt, treue Wache hielten"; dieses Massenopfer von 52 Personen soll sich im Jahre 1858 dort abgespielt haben. Die amerikanischen Tlinkit-Indianer aus dem Süden der Alaskahalbinsel erdrosselten vor der Errichtung eines Häuptlingshauses einen Sklaven, um mit dessen Blut den Bauplatz zu besprengen. In Maeva (Neuguinea) gründete man die Tempelpfosten auf Menschenleichen, und im afrikanischen Galan hat man vor dem bedeutendsten Stadttor ein Mädchen und einen Knaben lebendig begraben, um die Stadt uneinnehmbar zu machen.

Interessant sind in diesem Zusammenhang Verknüpfungen von Sagen und Bauopfern. Im Pfeiler des inneren Gewölbes der 1151 errichteten Michaeliskirche im sächsischen Adorf fand man nach einem Brand im 18. Jh. ein Menschengeripe, das man nach einer sagenhaften Überlieferung für das des Baumeisters hält, der „vor Abnahme der Restung des Gewelbes" verschwand und von dem gesagt wurde, er werde wiederkommen. Freiwillig soll sich der Erbauer der St. Jakobskirche in Chemnitz vom Bauwerk in den Tod gestürzt haben, um den Bau mit seinem Blute zu versichern. Ähnliche Anekdoten erzählt man sich vom Straßburger Münster, das erst nach einem Selbstopfer fertiggestellt werden konnte.

In Theodor Storms Novelle „Der Schimmelreiter" findet sich die Beschreibung eines Bauopfers anläßlich eines Deichbaues. Elke, die Gattin des Deichgrafen Hauke Haien, berichtet darin: „Als ich Kind war, hörte ich einmal die Knechte darüber reden; sie meinten, wenn ein Damm dort halten solle, müsse was Lebigs da hineingeworfen und mit verdämmt werden; bei einem Deichbau auf der anderen Seite, vor wohl hundert Jahren, sei ein Zigeunerkind verdämmt worden, das sie um schweres Geld der Mutter abgehandelt hätten; jetzt aber würde wohl keine ihr Kind verkaufen!".

Zu den bekanntesten Bauopfern aus archäologischem Kontext zählten bisher die kaiserzeitlichen Kindesopfer aus den Wurten im südlichen Nordseeküstengebiet. Obwohl Bauopfer in Häusern des germanischen Kulturbereichs sonst kaum nachweisbar sind, haben die Beispiele aus den Wurten durch die guten Erhaltungsbedingungen lange Zeit suggeriert, daß die Germanen derartige Riten praktiziert hätten. In der Wurt Hessens fand man ein in Tücher eingewickeltes Kleinkind unter der Herdstelle eines Hauses. Ein ähnlicher Befund stammt von der Feddersen Wierde, dort befand sich ein Kinderskelett unter der Herdplatte eines Hauses. In der Wurt Tofting lag das Skelett eines 4–6 Monate alten Kindes in einem Holztrog unter dem Mittelgang des Stallteiles eines Hauses. Neuere paläopathologische Untersuchungen durch W.-R. Teegen und M. Schultz (Universität Göttingen) stellen die seit mehreren Jahrzehnten tradierten Interpretationen dieser Kindesopfer nun in Frage, denn die früher angeblich festgestellten Todesursachen lassen sich heute nicht mehr belegen. Vielmehr deuten die Befunde eher auf natürliche Säuglingssterblichkeit hin als auf rituelle Tötung. Wie M. Krafeld-Daugherty für den Vorderen Orient feststellt, müssen Hausbestattungen nicht zwangsläufig als Bauopfer angesprochen werden. Dort finden sich mehr Kindesbestattungen unter Fußböden von Häusern als auf Friedhöfen.

Dennoch sprechen einige Befunde aus vorgeschichtlichen Befestigungsanlagen für den praktizierten Brauch von Bauopfern. Aus der urnenfelderzeitlichen Höhensiedlung vom Hesselberg gibt es eine als Bauopfer interpretierte Körperbestattung unter dem Wall. In der Spätlatènezeit scheinen Bauopfer häufiger vorzukommen. Aus der Tordurchfahrt des Osttores im keltischen Oppidum von Manching kennen wir eine Kinderbestattung, die nur in Zusammenhang mit kultischen Praktiken erklärbar ist. Möglicherweise gehören auch Deponierungen von Schädeln oder Schädelteilen aus anderen spätkeltischen Oppida wie z.B. aus Manching oder Kelheim zu diesem Themenkomplex.

Aus der Ethnologie sind Bauopfer bekannt, die eine Zusammengehörigkeit von Haus und darin bestatteten toten Ahnen herstellen sollen. Dieser Ahne kann auch durch ein Kind, einen Sklaven, ein Bildwerk oder ein Viehopfer dargestellt werden. Bauopfer werden bei der Errichtung von Festhallen und Tempeln durchgeführt. Bei der Weihe einer Häuptlingshalle findet in Buin auf Bougainville (Salomoninsel, Südsee) eine Menschenjagd statt. Man kauft einem befreundeten Häuptling einen Sklaven ab, erschlägt und zerteilt ihn. Kopf, Beine und Arme werden an eine Pfostenwand gebunden, dann Pfeile und Speere in zeremonieller Weise abgeschossen, um diese Waffen im Sinne eines Vorbildzaubers zu weihen. Nach drei Tagen begräbt man den Leichnam, den man zehn Tage in der Erde verwesen läßt. Anschließend werden die Knochen herausgeholt, getrocknet und das Skelett wieder mit Wurzeln und Bast zusammengefügt. Man stellt es dann neben dem Mittelpfeiler der einzuweihenden Halle auf. Der Schädel wird, nachdem er durch Rauch den Ahnen geweiht worden ist, an der linken Seite des Hauses entweder unter dem Dach oder auf einer der großen Trommeln aufbewahrt; Arm- und Beinknochen werden auf einem gegabelten Ast leierförmig als Quersprossen befestigt. Bei der Feier kaut man Betelnüsse, zum Festabschluß gibt es ein Schweineessen.

Bauopfer waren in Südindien früher häufig; hier kennt man auch statt der Opferung des Menschen oder seines Kopfes die Niederlegung einer Kokosnuß. In anderen Kulturkreisen können solche Opferdepots auch aus Keramik bestehen, wie das Beispiel im minoischen Palast von Kato Zakros lehrt.

Machtopfer

Bei dieser Art von Menschenopfern steht ursprünglich Macht gegen Macht. Ein kurzes Beispiel aus der klassischen Antike soll hier stellvertretend für andere aufgeführt werden: Nach dem Tode Agamemnons und einer Prophezeiung durch Proteus kam Menelaos nach Ägypten, wo er am Ufer eines Flusses einen Kenotaph errichtete und Kinder geopfert haben soll, damit sich endlich günstige Winde für seine Rückkehr nach dem trojanischen Krieg erhöben. Offensichtlich liegt hier der Versuch vor, durch das Vernichten einer Energiequelle eine andere zu aktivieren.

Dies kann auch im Falle von Krankheiten, vor allem bei Epidemien der Fall sein. Die Bewohner von Massilia pflegten sich vor Seuchen zu schützen, indem sie einen armen Menschen opferten. Dieser wurde zunächst ein Jahr lang auf Kosten der Öffentlichkeit gepflegt und ernährt. Zum Opfergang hüllte man ihn in geweihte Gewänder, führte ihn unter Flüchen um die Stadt herum und stürzte ihn dann von einem Felsen.

Ein immer wieder zu beobachtendes Phänomen ist das Opfer bei schlechten Ernten mit darauf folgender Hungersnot, wozu häufig auch Königsopfer zählen. In mehreren nordischen Sagas finden sich Hinweise auf Hungersnöte und deren Folgen. Dort wird beschrieben, wie Kinder und Greise wegen der großen Not getötet werden. Man kann in diesen Fällen aber oft unterstellen, daß eher wirtschaftliche Notsituationen als rituelle Sitten zu solchen Entscheidungen führten. Noch im Jahre 975, dem größten Hungerjahr auf Island, ließen in verschiedenen Gegenden die Leute ihre Kinder aussetzen und Greise von Felsen hinabstürzen, um sich selbst dadurch vor Nahrungsmangel zu bewahren. In der Hervarvar Saga wird erzählt, wie sich König Harald und Heidrek bei einer Hungersnot darum streiten, welcher ihrer Söhne geopfert werden müsse. Nach des Königs Ansicht ist Heidreks Sohn, nach Heidreks dagegen Haralds Sohn das trefflichste Opfer. Die Entscheidung liegt bei Heidreks Vater, der seinen Enkel bestimmt, im Gegenzug aber jeden zweiten Mann König Haralds als Opfer fordert, was in der darauf folgenden Versammlung dann auch beschlossen wird. Um seinen Sohn zu retten, greift Heidrek jedoch plötzlich den König an und tötet ihn mit seinem ganzen Gefolge. Auf diese Weise opfert er Harald und seine Leute an Stelle seines Sohnes, läßt mit dem Blut des Königs und dessen Sohnes die Postamente des Götterbildes bespritzen und wird nun selbst König.

Wegen einer Hungersnot soll man den sagenhaften schwedischen Ynglingenkönig Dómaldi nach einer Überlieferung des 9. Jh. n. Chr. geopfert haben. Ähnlich sind auch die weiter unten erwähnte, von Odin geforderte Opferung König Vikars durch Skarkad und die Kindesopfer des Königs Aun von Uppsala nur im Sinne eines Machtopfers zu verstehen.

In Südindien ist der eher seltene Glaube verbreitet, durch Opferung eines Menschen verborgene Schätze heben zu können, denn man sagt, daß die Leute der Vorzeit mit ihren Schätzen auch lebende Menschen begruben, damit deren Geist die Schätze behüten möge. Der betreffende Geist verbirgt den Schatz vor den danach suchenden Menschen und kann nur durch ein anderes Menschenopfer bewogen werden, diesen herauszugeben.

Auch medizinische Aspekte können Ursache für Menschenopfer im Sinne eines Machtopfers sein. Im Basutoland wurden bis 1959 Menschen zur Herstellung magischer Medizin getötet; die Verwendung magischer Pulver aus Menschenknochen ist auch in Europa bekannt.

Kopfjagd, Schädelopfer und Trophäen

Nicht immer lassen sich Kopfjagden, Schädeldepositionen und Trophäenkult auf Menschenopfer zurückführen, häufig steht der ausgeprägte Kopfkult aber in engem Zusammenhang mit solchen Opfern. Ausgangspunkt für Kopfjagden und Schädelopferkult ist der Glaube, man könne der seelischen

Kraft eines anderen Menschen teilhaftig werden, indem man seinen Kopf erwirbt, denn im Kopf konzentrieren sich die geistigen und psychischen Kräfte des Menschen. Dieser Gedanke ist Ursprung allen Skelett- und Schädelkultes. Aus ähnlichen Gründen wurden auch die Schädel toter Ahnen aufbewahrt, präpariert und geschmückt. In Neuguinea veranstaltete man großangelegte Kopfjagden, um die Fruchtbarkeit einer Gruppe zu vergrößern. Die Kopfjagd und der damit verbundene Schädelkult hat auch in anderen Gebieten Melanesiens eine lange Tradition mit mythologischen und kultischen Wurzeln. Rituelle Kopfjagden fanden in weiten Gebieten Melanesiens, auf Neuguinea, den Salomonen und in Indonesien, auf Borneo, statt. Die erbeuteten Schädel bewahrte man in Ostindonesien und Westneuguinea auf besonders geschnitzten Gestellen *(Korwar)* in Form eines hockenden Menschen auf. Auch aus Taiwan sind Kopfjagden bekannt; eine historische Photographie von 1921 bezeugt diese alte Sitte, die sich mancherorts bis in die siebziger Jahre des 20. Jahrhunderts gehalten haben soll (Abb. 12).

Anlässe für Kopfjagden sind verschieden. Kopfjagden werden häufig vor Heiraten veranstaltet, weil der Mann, der nun Kinder zeugen will, vorher getötet haben muß. Sehr oft sind solche rituellen Tötungen mit Initiationsriten, d.h. ritueller Einführung der Jugendlichen in den Kreis der Männer bzw. Frauen, verbunden. Noch 1954 suchten die Asmat in Neuguinea nach neuen Schädeln für die Initiation ihrer Jugend. Bei den Nagas im nördlichen Hinterindien galt bis in die 30er Jahre unseres Jahrhunderts ein Jugendlicher erst dann als erwachsen, wenn er den Kopf eines getöteten Feindes vorweisen konnte. Die erbeuteten Köpfe wurden gesäubert, auf lange Bambusstangen gespießt und an einen Baum angelehnt, damit die Weichteile verwittern konnten (Abb. 13). Um die Geister der Opfer zu blenden und um zu verhindern, daß sich die Opfer an ihren Mördern rächen, bohrte man Bambusspieße in die Augen frisch erbeuteter Trophäen. Viele Köpfe wurden mit riesigen hölzernen Hörnern und langen Grasbüscheln geschmückt. Nach der Verwesung bewahrte man die Schädel in Hütten auf; in manchen Hütten ließen sich mehr als 50 Schädel beobachten.

Bei der Kopfjagd der Wa im zentralen Hinterindien scheint der Wunsch maßgeblich zu sein, sich den Schutz des Geistes des Getöteten zu verschaffen. Hierin verbirgt sich der Glaube, der Geist des Toten bliebe bei seinem Schädel. Der Schädel erlangt sozusagen die Funktion eines „bissigen Wachhundes"; bei entwickelter Kultur kann dies zum Kampf um den Besitz möglichst vieler Schädel führen. Besonders geschätzt waren auswärtige Schädel, weil der fremde Geist die Wege des Landes nicht kennt. Hieraus entstand auch eine schwankende Wertung nach Persönlichkeit und Mut des Opfers, was zu einer Art Tarif für Köpfe führte. So kostete beispielsweise ein Schädel der unkriegerischen Lem-Schan etwa 2 Rupien, der Schädel eines muti-

Abb. 12. Taiwanesischer Kopfgeldjäger von 1921.

Abb. 13. Menschenköpfe am Kopfbaum indischer Nagas in Yimpang nach Chr. v. Fürer-Haimendorf.

gen Lahu dagegen schon 6 Rupien, für einen chinesischen Schädel mußte man sogar 50 Rupien bezahlen. Unter den Bergstämmen Indiens ging die Kopfjagd bis in die vierziger Jahre dieses Jahrhunderts weiter.

In Borneo und Neuguinea läßt sich in Analogie zu den prähistorischen Funden belegen, daß man das Hinterhauptsloch (Foramen occipitale magnum) künstlich erweitert hat, um das Gehirn zu entnehmen. Ob dieses dann auch verzehrt wurde, um sich die geistigen Potenzen des Opfers einzuverleiben, ist umstritten.

Auch in Südamerika läßt sich die Kopfjagd nachweisen. Die Parintintin-Indianer kochten die Köpfe getöteter Feinde und zogen auch die Zähne. Bei den Shipaya-Indianern wurden die gesäuberten Schädel als Trophäen in Körben aufgehängt. Die Pijaos sammelten die Köpfe an bestimmten Stellen und bedeckten sie mit Netzen; aus den gezogenen Zähnen machten sie Halsketten. Die Jivaro-Indianer in Ecuador pflegten bis 1969 als Siegestrophäe aus Köpfen getöteter Gegner Schrumpfköpfe, sog. *tsantsa,* herzustellen. Zu diesem Zweck wurde die Kopfhaut durch einen Kochprozeß zum Schrumpfen gebracht und das Gesicht des Toten darin als Karikatur nachmodelliert. Das Erbeuten und Präparieren von Köpfen war nicht jedem möglich, sondern das Vorrecht besonderer Männer (sog. *kakaram* = Mächtige), die bereits einige Menschen getötet haben mußten. Dabei sind besondere Arten von Seelen bedeutungsvoll: *Arutam* ist eine Seelenart, die in Zusammenhang mit Mord und Schrumpfköpfen steht, und *muisak* ist die rächende Seele, die aus einem vorschriftsmäßig präparierten Schrumpfkopf nicht entkommen konnte. M. Harner betont in diesem Zusammenhang auch die Rolle halluzinogener Drogen der Jivaros.

Eine besonders schön dekorierte Kopftrophäe stammt von den Munduruku-Indianern Zentralbrasiliens (Abb. 14). Die Augen sind mit Harz gefüllt, zwei Schneidezähne eines Nagetieres imitieren den Pupillenschlitz. Der Mund ist verschnürt, der Schädel mit Pflanzenfasern und Vogelfedern geschmückt.

Kopfjagden und Menschenopfer sind auch aus Assam und Birma überliefert (Abb. 15). Im Tempel Tamar ghar südöstlich von Sadiya (Assam) wird folgende Opferhandlung beschrieben: „Am Tage der Opferung wurde das Opfer gesalbt und mit Gold- und Silberschmuck behangen dem Volke gezeigt, dann an den Rand einer tiefen Grube geführt, seines Schmuckes entkleidet und so enthauptet, daß der Körper in die Grube fiel. Den Kopf legte man zu dem vor dem Tempel liegenden Haufen der von früheren Opfern herrührenden Schädel." Die Menschenopfer der Chutiya wurden erst unter König Gaurinoth (1780–95) abgeschafft.

Im Zusammenhang mit Kopfjagden muß auch der Brauch des Skalpierens erwähnt werden, für den es immer wieder auch archäologische Belege gibt.

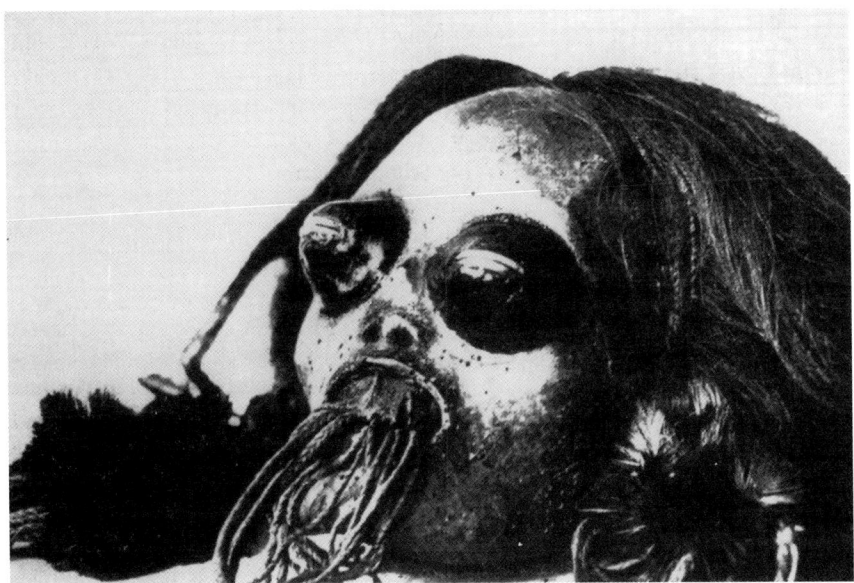

Abb. 14. Kopftrophäe der Munduruku-Indianer Zentralbrasiliens nach G. H. R. v. Koenigswald.

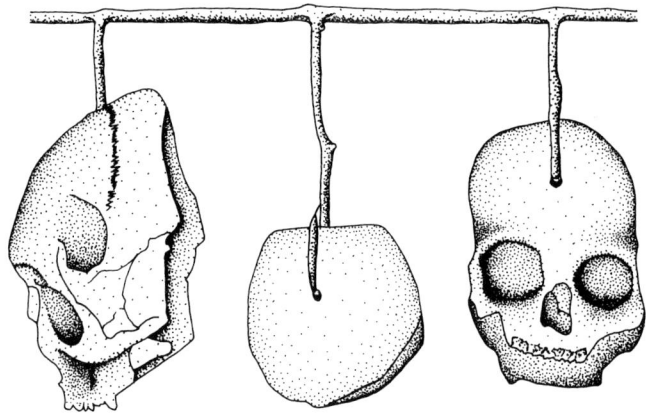

Abb. 15. Trophäenschädel der Konyak aus Assam (Indien).

Man erhoffte sich Schutz und Hilfe durch den Besitz eines Schädels, z. B. für gute Ernte, was dazu führte, daß man jedes Jahr einen Schädel gegen schlechte Ernte, Dürre und alles mögliche Unheil oder zur Krankheitsabwehr, z. B. bei Epidemien, benötigte. Aber auch Reichtum spielt dabei manchmal eine Rolle, z. B. bei den Naga von Assam, den Wa Birmas und den Dajaks Borneos.

Schädelkult schlägt sich bisweilen auch in Attributen von Gottheiten nieder. Der indische Gott Siva trägt in seinen tantrischen Formen Kränze und anderen Schmuck aus Schädeln oder frisch abgeschnittenen Menschenköpfen, die man später als Köpfe von Riesen und Dämonen gedeutet hat, daher kommt auch der Beiname „Kapalabhrit", was Schädelkranz bedeutet. Durch ein Menschenopfer in der vorgeschriebenen Form wird dort Devi für 1000 Jahre erfreut, durch die Opferung dreier Männer für 100.000 Jahre. Menschenopfer für Chamunda werden in indischen Dramen des 8. Jh. erwähnt.

Archäologische Belege für Trophäenschädel gibt es im capsienzeitlichen Faïd Souar II in Algerien, im Michelsberger Erdwerk von Ilsfeld, in der hallstattzeitlichen Hraška-Höhle im südslowakischen Karst und in mehreren keltischen Oppida und Heiligtümern.

Schädelbecher

Schädelbecher und Schädeltrunk können einen ganzen Emotionenkomplex als Ursache haben: Haß- oder Rachegefühle, Tapferkeitsproben, gesellschaftliche Anerkennung, aber ebenso liebevolle Pietät bzw. ehrenvolles Andenken. Der abgeschlagene Kopf hat eine wichtige Bedeutung als Tro-

44

phäe. In Magie und Ahnenkult spielt der Schädel als Sitz der Seele und anderer besonderer Kräfte eine große Rolle.

Der Schädeltrunk hat kultisch-religiöse Hintergründe, er ist über die ganze Welt und durch alle Zeiten verbreitet. Oft nutzte man Schädel als Becher im Glauben, Kraft und Segen durch den Trunk in sich aufzunehmen; auch die Befreiung von Krankheiten kann der Grund für einen Schädeltrunk sein. Dieser heidnische Glaube hat auch Eingang in christliche Vorstellungen gefunden. Unter christlichen Trinkschalenreliquien gibt es viele Schädelbecher, aus denen man bis in die jüngste Zeit zu trinken pflegte. Kaiser Otto I. (936–973 n. Chr.), der Sohn Heinrichs I., der die Ungarn im Jahre 955 auf dem Lechfeld besiegte, trank während eines Gastmahls in St. Emeran (Regensburg) aus dem Schädel des Stiftspatrons und überlieferte folgenden „Toast": „Der Heilige hat uns anheut wohl gespeist und getränkt; so gedünkt mich billig, daß wir diese Mahlzeit in der Liebe St. Emerans vollenden". Dahinter steht der Glaube, Wundertaten eines Heiligen zu reproduzieren, da er noch in seinem Schädel magisch präsent sei; durch den Kontakt mit ihm wollte man sich sozusagen mit Heil aufladen.

Vom Langobardenkönig Alboin ist folgende Anekdote durch Paulus Diaconus überliefert: In einer Schlacht tötete Alboin den Kunimund, ließ dessen Kopf abtrennen und einen Becher zum Trinken daraus machen. Diese Art Becher heißt bei den Langobarden „scala" (Schale). Bei einem Zechgelage in Verona anläßlich der Vernichtung des gepidischen Reiches im Jahre 568 zwang er seine Gattin Rosamunde, aus dem Haupte ihres Vaters zu trinken. Ähnliche Geschichten gibt es vom Bulgarenkönig Krumus (803–814), der aus der Schädelkalotte des von ihm erschlagenen byzantinischen Königs Nikophoros getrunken haben soll.

Es gibt auch Schädelbecher als Beispiele für Pietät im Sinne eines liebevollen Andenkens an einen Verstorbenen. In Pompeji fand man im letzten Jahrhundert einen in Edelmetall gefaßten und mit Glasfluß verzierten Schädelbecher, der die Inschrift trug: „bibe, vivas, multos annos" (trinke, lebe, viele Jahre). Ähnliche Beweggründe finden sich in den christlichen Reliquiaren. Ein Schluck aus dem Schädelbecher des heiligen Quirin soll ein gutes Mittel gegen Kopfschmerzen gewesen sein, so berichtet 1466 Gabriel Tetzel aus Neuss am Niederrhein. Diese merkwürdige Sitte ist aber nicht nur für das christliche Mittelalter mehrfach belegt. Noch Anfang dieses Jahrhunderts tranken Wallfahrer aus dem Hirnschalenkelch des hl. Sebastian der Pfarrkirche Ebersberg (Abb. 16), der als Pestpatron große Verehrung genoß. Papst Stefan III. überreichte im 10. Jh. die Reliquie dem Propst Hunfried von Ebersberg. Die Fassung des prunkvoll verzierten Kelches stammt aus dem 15. Jh., ist im 17. Jh. jedoch noch verändert worden. Durch ein kleines Fensterchen konnten sich die Gläubigen vom Vorhandensein der Hirnschale überzeugen.

Abb. 16. Silberbüste des hl. Sebastian mit gefaßter Hirnschale des Heiligen aus der Pfarr-kirche Ebersberg. Aus dem abnehmbaren Schädelbecher tranken Wallfahrer bis zum Anfang des Jahrhunderts geweihten Wein.

Schädelbecher sind auch aus der Ethnologie bekannt, wenngleich sie meist weniger prunkvoll gestaltet sind. Über Opferkulte in Togo läßt sich belegen, daß man dem Opfer den Kopf abgeschnitten, diesen gekocht und präpariert hat, um eine Trinkschale herzustellen, die mit den Zeichen der Fetischfarben weiß bemalt wurde.

Archäologische Belege für Schädelbecher sind eher selten. Die an Schädelkalotten erkennbaren Schnittspuren zeigen, daß man nach Abtrennung des Kopfes vom Körper mit Steinmessern Haare, Haut und Fleisch entfernt hat und Gesichts- und Basalteile abschlug; Ränder von Stirn-, Scheitel- und Hinterhauptsbein wurden so abgeschnitten, daß eine ziemlich ebene Fläche entstand. Für Fundstücke aus dem Paläolithikum ist eine zweifelsfreie Nutzung nicht beweisbar. Als Schädelbecher gedeutete Funde stammen aus Ngandong (Java), aus der Grotte du Placard (Frankreich), vom Ringsee in Schonen (Schweden), aus einer Grotte in Mähren und aus der Guattari-Grotte am Monte Circeo (Italien). J. Wahl hat unlängst ein jungpaläolithisches Schädeldach aus Bad Säckingen und ein römisches aus Pforzheim als Kult- oder Opferschalen gedeutet.

Die schönsten Schädelbecher stammen von den Skythen. Herodot berichtet in seinem vierten Buch ausführlich darüber: „…aus den Schädeln selbst, aber nicht von allen Erschlagenen, sondern nur von den grimmigsten Feinden, sagt der Grieche, machen sie Trinkschalen. Alles unterhalb der Augenbrauen wird abgesägt und der Schädel gereinigt. Ein Armer spannt dann außen nur Rindsleder herum und verwendet ihn so. Der Reiche aber läßt zum Rindslederüberzug das Innere des Schädels vergolden und trinkt daraus. Das tun sie sogar mit den Schädeln ihrer Angehörigen, wenn sie mit ihnen in Streit geraten sind und einer den andern vor dem Gesicht des Königs besiegt hat. Wenn dann bedeutende Gastfreunde zu einem kommen, bringt er diese Schädel herbei, erzählt von dem feindseligen Verhalten der Verwandten und wie er ihrer Herr geworden ist. Das nennen sie Heldentum …". Auf einem kleinen Goldbecher des 5. Jh. v. Chr. von Kurdschips bei Maikop findet sich die Darstellung eines Skythen mit einem abgeschnittenen Schädel. Erst 1971 wurde das erste archäologische Fundstück eines solchen reich verzierten skythischen Schädelbechers in einer schwäbischen Privatsammlung entdeckt.

Trepanationsscheiben und Schädelamulette

Unter Trepanation versteht man die Öffnung des Schädels am lebenden Menschen zum Zwecke der Heilung von Krankheiten oder Besessenheit. Dabei wird mit unterschiedlichen Werkzeugen ein Loch in den Schädel gebohrt, geschnitten oder geschliffen. Seit dem Neolithikum ist die Trepanation bekannt, zahlreiche Kantenverrundungen an den Operationsstellen zeugen vom relativ hohen Heilerfolg des Eingriffs. Von völkerkundlichen Vergleichsbeispielen weiß man, daß die Überlebenschance bei einer solchen Operation sehr groß ist. In der Süddeutschen Zeitung Nr. 131 vom 2. 6. 1967 wird berichtet, wie der Chirurg Kisumu auf dem 16. Deutschen Kongreß für Ärztliche Fortbildung in Berlin eine siebenstündige Schädeloperation nach Art der Maganga (Medizinmänner) durchführt. Die Schädeldecke einer Kisiifrau wurde bei vollem Bewußtsein geöffnet, ein Stück Schädelknochen herausgeschält und die Wundränder zusammengeschoben. Der Chirurg Kisumu hat etwa 200 Operationen dieser Art bei Vollmond durchgeführt; der Eingriff ist in einem Dokumentarfilm festgehalten.

Da sich die Ursachen für Trepanationen nicht ausschließlich auf medizinische Gründe zurückführen lassen, sondern auch kultisch-rituelle Handlungen zu solchen operativen Eingriffen führen können, läßt sich nicht ausschließen, daß prähistorische Trepanationsscheiben bei Opferhandlungen eine nicht unerhebliche Rolle gespielt haben können. Besonders in Schachthöhlen finden sich häufig solche aus Schädeln geschnittene Knochenscheiben in urnenfelder- und frühlatènezeitlichen Schichten. Gelegentlich kommen sie aber auch in Gräbern vor, z.B. in einem urnenfelderzeitlichen Brandgrab in Wallersdorf, Lkr. Landau a.d. Isar. Allein aus Oberfranken sind mindestens acht Fundorte von Trepanationsscheiben bekannt: Ahorntal-Kirchahorn, Pegnitz-Büchenbach, Staffelstein-Wolfsdorf, Lichtenfels-Köttel, Heiligenstadt, Hollfeld-Loch, Veldensteiner Forst und Waischenfeld-Rabeneck. Ein besonders schönes Stück mit 64 Lochungen stammt aus der oberpfälzischen Lupberghöhle (Abb. 17).

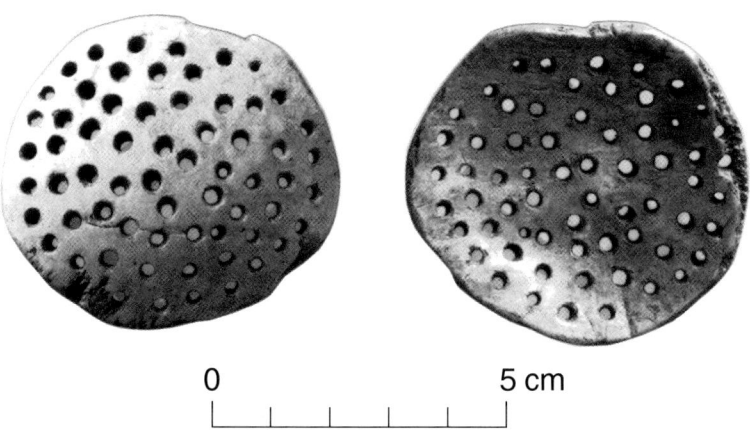

Abb. 17. Urnenfelderzeitliches Schädelamulett aus der Lupberghöhle.

Abb. 18. Totenopfer für Patroklos. Achill tötet einen gefangenen trojanischen Jüngling am Scheiterhaufen; rechts: Agamemnon, Thetis (?) und eine Dienerin. Darstellung auf einem apulischen Volutenkrater des Darius-Malers, 4. Jh. v. Chr.

In einer Wikingersiedlung des 8./9. Jh. in Ribe fand man ein 6 × 9,5 cm großes, durchbohrtes Schädelkalottenstück. Die eingeritzte Runeninschrift wird von E. Moltke, einem Runologen, als Schutzformel gegen das Gliederreißen gedeutet; Hinweise auf solche Schutzformeln kennt man aus einer isländischen Saga.

Opferung von Kriegsgefangenen

Menschenopfer von Kriegsgefangenen sind aus unterschiedlichen Regionen und Zeiten bekannt. Darstellungen finden sich auf der Palette des Königs Narmer und auf dem Relief mit dem Siegesmahl des Königs Assurbanipal (Abb. 26, 28 und 29).

Auch im 23. Gesang der Ilias von Homer gibt es einen Hinweis auf die Opferung von Kriegsgefangenen. Bei der Bestattung des Patroklos durch Achilleus werden zwölf tapfere trojanische Jünglinge getötet und mit auf den Scheiterhaufen gegeben. Eine anschauliche Darstellung dieser Szene findet sich auf einem apulischen Volutenkrater des Darius-Malers aus dem 4. Jh. v. Chr. (Abb. 18).

Sidonius Appollinaris berichtet um 500 n. Chr. von Menschenopfern bei den heidnischen Sachsen. Er beschreibt, daß die sächsischen Seeräuber vor ihrer Heimkehr nach Raub- und Plünderzügen jeden zehnten Kriegsgefangenen unter großen Qualen töteten, um hierdurch eine glückliche Rückkehr in die Heimat zu erwirken. Wer von den Kriegsgefangenen zum Opfer genommen wurde, bestimmte das Los.

Die weit verbreitete Hypothese, die Azteken hätten Kriegsgefangene im Kontext einer heiligen Handlung geopfert, glaubt P. Hassler widerlegen zu können.

Zahlreich sind die Belege für Opferung von Kriegsgefangenen in der Völkerkunde. Bei den Schipaia-Indianern aus dem Xingu-Gebiet in Zentralbrasilien wurde der gefangene männliche Feind mit einem bunten Baumwollstrick – dem Gürtel des Kriegers – unterhalb des Genicks gefesselt und an einen Baum gebunden. Nach Festlegung des Tötungstages, zu dem Mandioka eingeweicht und Kaschiri bereit wurde, hat man den Gefangenen über die Tötung aufgeklärt: „…der Rache geopfert". Das Opfer wurde solange mit Pfeilen beschossen, bis es starb. Die Leiche soll man abgebrüht, zerlegt, gekocht oder gebraten und verspeist haben.

In der Reisebeschreibung (1530–50) des Ulrich Schmidt von Straubing wird geschildert, wie die Guaranis von Ascension in Südamerika das Fleisch Kriegsgefangener verzehrten. Zunächst überließ man dem gefangenen Krieger Frauen und Töchter der Fängergemeinde, dann wurde er gemästet, geehrt und geschmückt. Der tapferste Indianer führt zur Opferzeremonie den Gefangenen auf einen Platz , wo er eine Stunde lang tanzen muß. Anschließend wird ihm mit einer Keule (macana) in die Lenden und in das Rückgrat geschlagen. Der eigentliche Tötungsakt wird von drei Knaben vollzogen, die solange den Schädel des bereits Zusammengebrochenen zertrümmern, bis der Gefangene tot ist. Das Opfer wird von alten Frauen, die den Leichnam zerteilen und in Tontöpfen kochen, verspeist. Derjenige, der dem Opfer den Todesstoß versetzt hat, nimmt fortan den Namen des Getöteten in Anspruch.

Nach A. Dubois gab es in Indien keine Provinz, deren Einwohner nicht noch Ende des 19. Jh. dem Reisenden Stellen zeigen konnten, wo ihre Rajas den Götzenbildern unglückliche Kriegsgefangene zu opfern pflegten. Diese Orte liegen gewöhnlich auf Berggipfeln. Man enthauptete die Opfer und hängte ihre Köpfe als Trophäen vor der Gottheit auf.

Ahnenverehrung

Manipulationen an menschlichen Knochen müssen nicht zwangsläufig auf Menschenopfer schließen lassen; häufig ist einfach pietätvolles Andenken an die Verstorbenen Ursache für solche Bearbeitungen. Trotzdem gibt es im Zusammenhang mit dem Ahnenkult auch Menschenopfer, wenngleich sich diese auf Begleitopfer im Sinne einer Totenfolge im weitesten Sinne beschränken. Ahnenkult ist in den meisten Pflanzerkulturen stark ausgebildet; mit dem Ahnenkult verknüpfen sich meist Fruchtbarkeitserwartungen. Die Erde nimmt die Toten auf und bringt zugleich Fruchtbarkeit der Felder hervor.

Von den Jukagiren wird berichtet, daß Schamanen und andere angesehene Personen skelettiert und die einzelnen Knochen zur Verehrung an die Angehörigen verteilt werden. Sibirische Legenden erzählen, daß aus den Knochen von Schamanen neue entstehen. Bei den mongolischen Lamas, die unter freiem Himmel bestatteten, galt es als gutes Zeichen, wenn Tiere den Leichnam so schnell wie möglich auffraßen; hohe Würdenträger und besonders Fromme wurden verbrannt, um sie so schneller ins Jenseits zu befördern.

Ehrenvolles Andenken an Verstorbene findet sich bei einigen undifferenzierten Wildbeutern wie Andamanern, Ost-Australiern, Tasmaniern und Sirionó in der Sitte, Schädelteile oder andere Leichenteile aufzubewahren oder mit sich herumzutragen. Besonders imposant sind die übermodellierten Ahnenschädel aus dem Sepik-Gebiet und aus Neu-Irland. Diesen Reliquien schreibt man besondere Wirksamkeit zu. Eindrucksvoll belegt das Photo einer südostasiatischen Andamanesin, die zu einer Volksgruppe kleinwüchsiger Negritos einer Inselgruppe im Golf von Bengalen gehört, dieses pietätvolle Andenken an einen Verstorbenen, indem sie den Schädel eines Verwandten auf dem Rücken trägt (Abb. 19).

Totenfolgen (Begleitopfer) und Kollektivbestattungen

Die antike und mittelalterliche Literatur kennt zahlreiche Beispiele der Tötung von Frauen am Grabe des verstorbenen Mannes, sei es als rohes Hinschlachten oder in Form von Selbstopferung. Herodot berichtet im 5. Jh. v. Chr. von den am Strymon wohnenden Thrakern über ein „Recht zur Totenfolge"; demnach war die Opferung freiwillig und Frauen, die nicht „erwählt" wurden, waren unglücklich über die Schande, nicht mit geopfert zu werden. „Wenn einer stirbt, so entsteht unter den Frauen und Verwandten ein großer Streit darüber, welche von ihnen am meisten von dem Manne geliebt worden sei. Jene, welche schließlich den Vorrang vor allen erhält, wird unter Lobpreisungen der Männer und Frauen über dem Grabe des Mannes geopfert und alsdann mitbegraben. Die anderen Frauen aber zeigen tiefen Kummer; denn ihnen ist großer Schimpf widerfahren."

In der nordischen Literatur existieren mehrere Hinweise auf Totenfolge bei einer Blutsbrüderschaft. Saxo Grammaticus erzählt von dem norwegischen Königssohn Asmund, der am Hof des Königs Björn Blutsbrüderschaft mit dem Königssohn Aswit schloß. Wer den anderen überlebte, sollte sich mit ihm begraben lassen, denn keiner wollte ohne den anderen leben. Nach einiger Zeit starb Aswit an einer Krankheit und wurde mit Hund und Roß begraben. Eingedenk des gemeinsamen Schwures ließ sich daraufhin auch Asmund mit dem Freund im Grab einschließen. J. Maringer spricht die Befunde aus älterbronzezeitlichen Grabhügeln von Norby, Sahrendorf und Bornhöved als solche Totenfolgen von Blutsbrüdern an.

Abb. 19. Andamanesin mit Schädel eines Verwandten.

Die Sitte der Totenfolge, insbesondere die der Witwenopfer, hat sich bis ins Mittelalter gehalten. Im Friedensvertrag zwischen dem Deutschen Ritterorden und den Preußen aus dem Jahre 1249 mußten die Preußen versprechen, daß sie „bei Verbrennung oder Beerdigung ihrer Toten mitsamt den Pferden oder Menschen… die Gebräuche ihrer Ahnen fernerhin nicht mehr beibehalten würden".

Der letzte Fall von Menschenopferung am Grabe eines Adeligen in Europa stammt aus dem Jahre 1341. Bei der Verbrennung des litauischen Großfürsten Gedimin wurden sein Leibdiener und drei gefangene deutsche Ritter lebendig den Flammen übergeben. Wie aus einer bereits 1271 erfolgten Bestattung des Großfürsten Swintorg hervorgeht, handelt es sich bei dieser Totenfolge um einen alten litauischen Brauch. Archäologische Belege für diese Überlieferungen stehen noch aus.

Vom nordamerikanischen Indianervolk der Natchez sind weitere Totenfolgen überliefert. Der Staat der Natchez besaß eine hochentwickelte Theokratie, an deren Spitze die „Große Sonne" stand, König und Hoherpriester zugleich. Nach Le Page du Pratz (1758) wurden beim Tode des Herrschers viele Männer und Frauen getötet. Die Opfer glaubten, im Jenseits erwarte sie ein glückliches, sorgloses Leben.

Im polynesischen Kulturbereich gibt es mehrere Arten von Totenfolgen am Grabe Verstorbener. Auf Hawaii, den Tuamotu- und Marquesas-Inseln ist die Tötung von Fremden und Gefangenen am Grabe von Häuptlingen oder Kriegern belegt. Tötung von Gefolgsleuten gab es auf Hawaii, Totenfolge von Witwen oder sonstigen Angehörigen kennen wir von den Tonga-Inseln, den Marquesas und aus Neuseeland. Die Motivation für die Totenfolge von Witwen dürfte neben gesellschaftlichem Zwang und Existenznot wohl in dem Willen liegen, den Mann auf dem Weg in die Götterheimat zu begleiten; der häufig zu beobachtende Selbstmord der Gattin beim Tod des Mannes auf den Marquesas ist wohl mit dem Glauben verbunden, wegen des unnatürlichen Todes ein besseres Dasein im Jenseits zu genießen.

Hinter den Kollektivbestattungen verbirgt sich zweifelsohne ein Besitzanspruchsdenken, das über den Tod hinaus den Verstorbenen Geltung verschaffen soll. Sie lassen sich relativ häufig eindeutig im archäologischen Kontext nachweisen, so daß hier nur eine ganz kleine Auswahl von besonderen Befunden vorgestellt werden soll.

Im Jahre 1857 entdeckten Hirten in der spanischen Cueva de los Murciélagos, der Fledermaushöhle bei Granada, einen unbekannten Höhlenraum, der als jungsteinzeitliche Grabstätte gedient hatte. Sie fanden mehrere gut erhaltene Leichen und leider auch ein Golddiadem, das sie dazu veranlaßte, die mumientrockenen Leichen auseinanderzureißen, um Goldschätze bergen zu können. Bei dieser vergeblichen Mühe wurde der gesamte Befund absichtlich zerstört. Das Fundbild läßt sich nur noch nachträglich wie folgt rekonstruieren: Um eine weibliche Tote lagen halbkreisförmig zwölf Frauen, an anderer Stelle drei weitere, von denen eine das schon erwähnte Diadem trug. Die Toten waren bekleidet, trugen Sandalen an den Füßen und aus Spartogras geflochtene Mützen auf dem Kopf. In den Händen hielten sie mit Blumen gefüllte Körbchen aus feinem Spartogeflecht. An weiteren Fundgegenständen konnte man grobe, fingertupfenverzierte Keramik, Steinbeile, Silexmesser, Knochenpfrieme und einen Holzlöffel bergen. Die Funde sprechen für eine Datierung der Bestattung mit Totengefolge in das ausgehende Neolithikum, also in die Zeit um 2000 v. Chr. J. Maringer deutet den Befund als Bestattung einer fürstlichen Frau, der ihr weiblicher Hofstaat in den Tod gefolgt war.

Beim Ableben eines Herrschers getötete Angehörige bzw. Bedienstete finden sich z.B. in Gräbern der Shang-Herrscher (zwischen 1523 und 1028 v. Chr.) im alten China, z.B. im Königsgrab von Wu kuan-ts'un, ebenso wie bei den Königsgräbern von Ur in Mesopotamien (Irak). Wie die Ausgrabungen von 1927/28 ergaben, begrub man König A-bar-gi und Königin Schub-ad um 2500 v. Chr. mit einem Teil des Hofstaats (Abb. 20). Trotz schlecht dokumentierter Grabungsbefunde ist doch sicher, daß sich bewaffnete Soldaten als Wächter am Eingang befanden; es folgten Diener

Abb. 20. Grabschacht 1237 im Königsfriedhof von Ur mit 74 Personen des Gefolges nach C. L. Woolley.

und Dienerinnen, Musikanten, Ochsengespanne mit Wagenlenkern und Knechten.

L. Franz berichtet von frühbronzezeitlichen Flachgräbern, die K. Kriegler 1927 bei Schleinbach in Niederösterreich entdeckte. Dort fand man neben Skeletten in rechtsseitiger Hockerstellung auch eine zweigeschlechtliche Doppelbestattung, die einige Besonderheiten aufwies. Füße, Schenkel und Unterteile der Körper waren derart eng aneinandergerückt, daß sich eine Fesselung annehmen läßt. Der Schädel der Frau war zertrümmert, die Hände lagen vor dem Gesicht. Der Berichterstatter hat aus diesen Fundumständen auf gewaltsame Mitgabe der Witwe oder einer Sklavin geschlossen. Möglicherweise habe die Frau noch gelebt und war nur z.T. an den Toten gefesselt, bis sie durch den Schlag auf den Kopf ums Leben kam.

Auch von den Skythen sind uns ähnliche Befunde bekannt, besonders anschaulich beschreibt Herodot ein skythisches Königsbegräbnis im vierten

Buch: „Sie betten die Leiche im Grab auf ein Lager von Laub, stoßen ihre Lanzen zu beiden Seiten in die Erde, legen Stangen darüber und bilden ein Dach aus Weidenflechtwerk. Im übrigen leeren Raum des Grabes erwürgen sie eine Nebenfrau des Königs und begraben sie, ebenso den Weinschenk, Koch, Stallmeister, Diener, Nachrichtenbringer, Pferde, ferner die Erstlinge alles anderen Viehes und goldene Schalen; Silber und Erz verwenden sie nicht. Darauf türmen sie einen hohen Grabhügel auf, und im Wetteifer versuchen sie, ihn so hoch wie möglich zu machen. Ein Jahr später tun sie wiederum folgendes: Sie nehmen die besten übrigen Diener des Königs, die noch leben. – Es sind eingeborene Skythen. Jeder, den der König beruft, wird sein Diener. Gekaufte Diener gibt es bei ihnen nicht. – Von diesen Dienern erdrosseln sie fünfzig, ebenso auch die fünfzig schönsten Pferde; sie nehmen die Eingeweide heraus, reinigen die Bauchhöhle, füllen sie mit Spreu und nähen sie wieder zu. Dann wird die Hälfte eines Radreifens an zwei Stangen befestigt, mit der Rundung nach unten, und die andere Hälfte des Rades an zwei anderen Stangen. Auf diese Weise errichten sie eine ganze Anzahl von Gestellen. Auf je zwei davon wird nun ein Pferd gehoben, nachdem durch seinen Leib der Länge nach bis zum Hals eine dicke Stange getrieben wurde. So tragen die vorderen Räder die Schulter der Pferde, die hinteren halten den Bauch an den Hinterbeinen hoch. Vorder- und Hinterschenkel schweben in der Luft. Sie legen den Pferden auch Zügel und Zaumzeug an, ziehen den Zaum nach vorn und binden ihn an einen Pflock. Die fünfzig erwürgten jungen Männer aber verteilen sie dann auf die Pferde; und zwar setzen sie sie so darauf: Wenn sie die Leichen senkrecht längs des Rückgrats mit einer Stange bis zum Nacken durchbohrt haben, dann ragt unten ein Stück von diesem Holz hervor, das sie in einem Bohrloch an jener Stange befestigen, die durch das Pferd geht. Solche Reiter stellen sie im Kreis um das Grab, und dann ziehen sie wieder ab."

Als eines von mehreren Beispielen eines archäologischen Befundes soll hier das Hügelgrab von Kostromskaja Stanica erwähnt werden (Abb. 21). Der im Kubangebiet am östlichen Schwarzen Meer gelegene Kurgan ist zwar schon 1897 ausgegraben worden, jedoch im Gegensatz zu den meisten anderen Kurganen der frühskythischen Epoche des späten 7. bis frühen 6. Jh. v. Chr. gut dokumentiert. Auf den Abtreppungen einer zunächst offen angelegten Grabgrube lagen Skelette von 13 Menschen, die wohl Diener des Fürsten waren. Über einem Quadrat aus Holzbohlen oberhalb der eigentlichen Grabgrube errichtete man auf der Basis des Grabhügels eine Plattform, wo auch die Grabbeigaben deponiert wurden. Zu den Waffen gehört auch ein eiserner Rundschild, der mit einem berühmt gewordenen, goldenen Hirschemblem verziert ist. Über diesen Opferplatz mit Beigaben stellte man Holzsparren in Zeltform auf und deponierte 22 mit getötete Pferde rundherum.

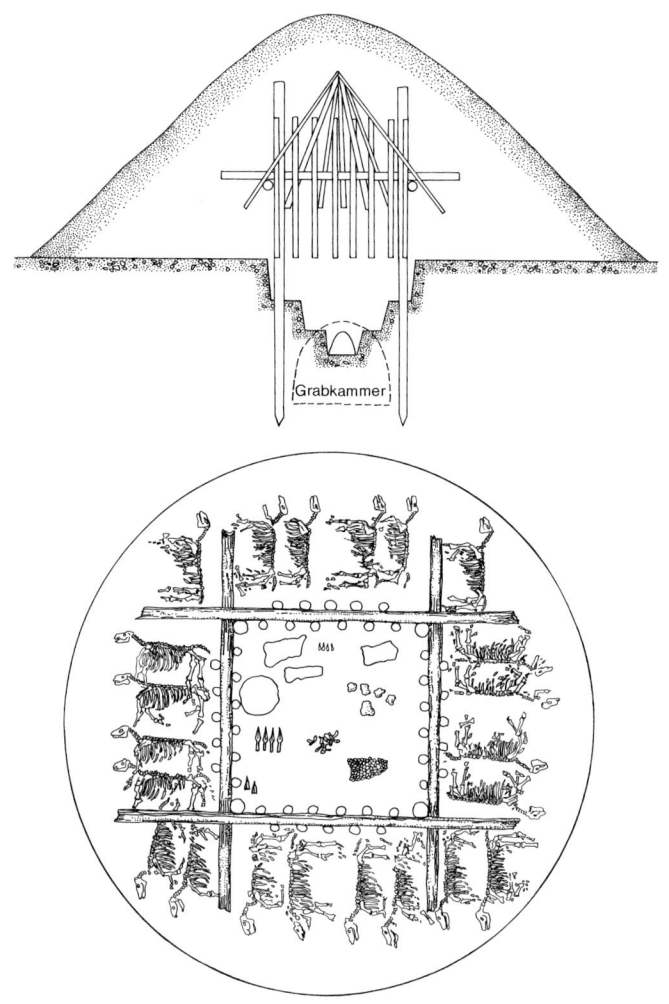

Abb. 21. Kurgan von Kostromskaja Stanica mit skythischer Fürstenbestattung; der Grab-hügel enthielt 13 Diener und 22 Pferde als Begleitopfer.

Totenhochzeiten

Eng mit kollektiven Tötungsriten ist der Brauch der sog. „Totenhochzeit" verbunden. Wie die Witwe dem verstorbenen Gatten ins Grab folgt, so mußte man auch einem toten Junggesellen eine Frau opfern, die an seinem Grabe mit ihm verheiratet wurde. Die Beschreibung eines Menschenopfers dieser Kategorie findet sich in den Sagen um den trojanischen Krieg. Im Traum erscheint dem Neoptolemos sein Vater Achilleus, der ihn um das

56

Opfer des Besten und Edelsten der Beute bittet, damit zu seiner Zufriedenheit im Olymp nichts fehle. Bei der Begutachtung der zu opfernden Schätze entscheiden sich die Griechen jedoch, die Tochter des Königs Priamos, die Jungfrau Polyxena, zu opfern, da sie das Schönste der gesamten trojanischen Beute sei. Der Legende nach wird die schöne Tochter des Priamos am Grabe des Achilleus durch Neoptolemos gewaltsam getötet; an anderer Stelle heißt es, sie habe sich freiwillig geopfert, indem sie sich einen Dolch ins Herz stieß (beide Versionen finden sich allerdings erst kurze Zeit nach der homerischen Überlieferung). Aufgrund einer Entscheidung des Sehers Kalchas soll Polyxena wie eine Braut zum Grab geführt worden sein, um dort mit ihrem künftigen Gemahl vereint zu werden. Die kollektive Tötung der Polyxena ist auf einer attischen schwarzfigurigen Amphora des 6. Jh. v. Chr. dargestellt (Abb. 22). Neoptolemos, der links vom Opfer steht, stößt Polyxena sein Schwert in den Hals, so daß das Blut über den Scheiterhaufen strömt. Das Opfer selbst wird von drei Männern getragen: Amphilochos, Antipathes und Ajax. Diomedes und Nestor stehen links, Phönix rechts der Opferszene.

Anschaulich ist uns die Zeremonie einer Totenhochzeit in der Schilderung des arabischen Gesandtschaftssekretärs Ahmad Ibn Fadlān überliefert, der 922 n. Chr. die Beisetzung eines Anführers der Rusen an der Wolga

Abb. 22. Neoptolemos tötet Polyxena. Darstellung auf einer Amphora im Britischen Museum. V. l. n. r.: Nestor, Diomedes, Neoptolemos, Polyxena, Amphilochos, Antipathes, Aias Iliades und Phoinix.

beobachten konnte (Abb. 23). Der zehn Tage vor der Bestattungszeremonie fernab der Heimat verstorbene Ruse wurde bis zur Beisetzung in einem provisorischen Grab deponiert. Die Totenhochzeit findet auf einem an Land gezogenen Schiff statt, auf dem der kostbar gekleidete Leichnam des Rusen aufgebahrt ist. Ein junges Mädchen aus der Dienerschaft, das sich freiwillig für die Totenfolge gemeldet hat, vollzieht in den Tagen vor der Beisetzung, wohl in berauschtem Zustand, mit engen Freunden und Kampfgefährten ihres Herrn Geschlechtsverkehr, offensichtlich um die Pflicht der Kameradschaft und Freundschaft für den Verstorbenen zu erfüllen. Begleitet von einer als „Todesengel" bezeichneten alten Frau wird die Tötung in einem auf dem Schiff errichteten Zelt vorgenommen, in dem auch der Tote auf einem von Waffen und anderen Beigaben umgebenen Ruhelager liegt. In Gegenwart des Toten übt das Mädchen noch einmal mit sechs Männern Geschlechtsverkehr aus; nach diesem letzten Liebesbeweis in Stellvertretung des toten Bräutigams legt man sie an seiner Seite nieder und tötet sie durch Stiche in die Brust und gleichzeitige Erdrosselung. Anschlieߟend verbrennt man das gesamte Schiff, über dessen Überresten ein Erdhügel aufgeschüttet wird.

J. Maringer sieht in dem Befund des frühbronzezeitlichen Fürstengrabes von Leubingen in Thüringen einen archäologischen Nachweis für solch eine

Abb. 23. Totenhochzeit eines rusischen Fürsten an der Wolga im 10. Jh. Wandgemälde von Siemiradzki nach einer Schilderung des Arabers Ibn Fadlân.

Totenhochzeit, W. Kubach spricht in diesem Zusammenhang von Totenfolge (Abb. 24). In der hölzernen Totenhütte nördlich von Erfurt fand man unter einem Erdhügel von 34 m Durchmesser und 8,5 m Höhe die Körperbestattung eines älteren Mannes. Quer über diesem lag in der Hüftgegend das Skelett eines etwa zehnjährigen Mädchens. Beiden hatte man reiche Beigaben mit ins Grab gegeben, die Gleichzeitigkeit der Bestattungen ist unzweifelhaft.

Witwenopfer

Der Araber Ibn Dustah schildert um das Jahr 912 eine ähnliche Totenfolge für adelige Slawen des südlichen Rußland. „Wenn der Verstorbene drei Frauen hatte, und eine nach ihrer Meinung ihn besonders liebte, so bringt sie zu seiner Leiche zwei Stangen, schlägt sie aufrecht in die Erde fest, legt über ihre Enden ein Querholz und bindet in der Mitte desselben einen Strick fest. Dann tritt sie auf eine Bank und befestigt das Ende des Strickes

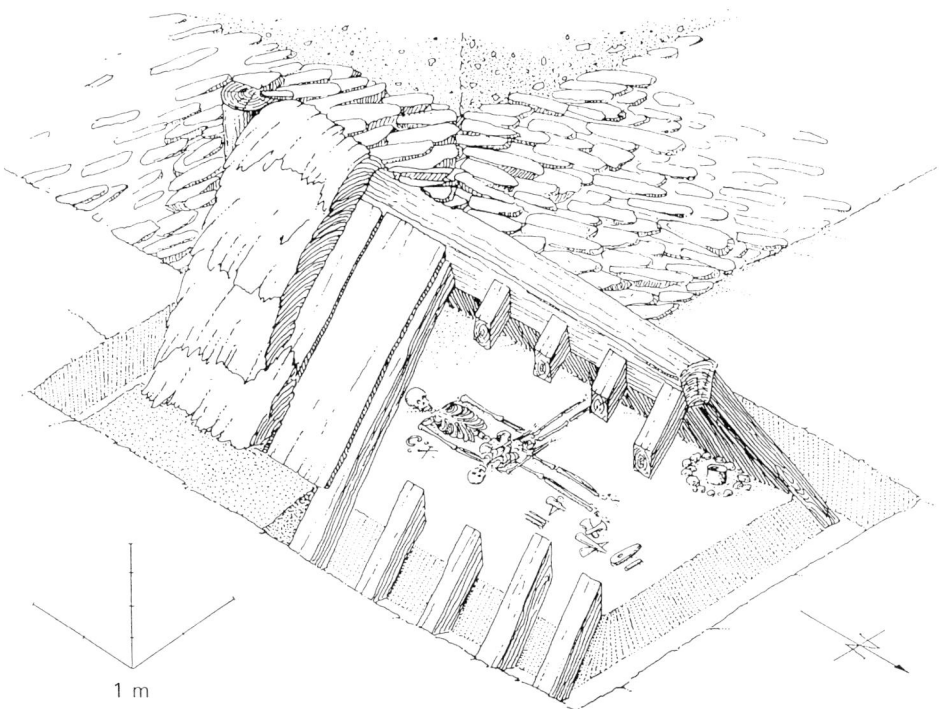

Abb. 24. Fürstengrab von Leubingen bei Erfurt nach W. Kubach. Archäologischer Nachweis für eine Totenhochzeit?

um ihren Hals. Hierauf, wenn sie dies alles vollendet hat, nimmt man die Bank unter ihren Füßen weg, und die Frau hängt in der Luft, bis sie verendet. Ihren Leichnam wirft man ins Feuer und verbrennt ihn."

Um 940 berichtet Ibn Dustah ähnliches über die Sitten eines tatarischen Volkes an der Wolga und zugleich über in Rußland lebende Wikinger: „Wenn einer stirbt, so wird sein Weib lebendig mit ihm verbrannt; wenn aber das Weib stirbt, unterzieht sich der Mann nicht solchem Los... Die Frauen wünschen sehnlichst, mit ihren Männern verbrannt zu werden, damit sie nach ihnen ins Paradies eingehen." An anderer Stelle heißt es: „Stirbt ein hervorragender Mann, so machen sie ihm ein Grab in Gestalt eines großen Hauses, legen ihn hinein und zusammen mit ihm legen sie in dasselbe Grab seine Kleider sowie die goldenen Armbänder, die er getragen, ferner einen Vorrat Lebensmittel und Gefäße mit Getränken und Geld. Endlich legen sie das Lieblingsweib des Verstorbenen lebendig in das Grab, schließen den Zugang, und die Frau stirbt darin." Zahlreiche archäologische Bodenfunde bezeugen wikingerzeitliche Witwenopfer: das Bootsgrab von Namdalen, die Holzkammergräber von Birka und die ukrainischen Holzkammergräber im Grabhügelfeld von Šestovitsky.

Menschenopfer im Spiegel der Literatur

Menschenopfer waren Sitte in Kanaan und Karthago, im alten China ebenso wie bei den Maya und Azteken in Mittelamerika. Sie sind von Griechen und Römern, von Kelten und germanischen Stämmen, von Skythen, Sarmaten, Taurern, Massageten, Indern, Iberern und vielen anderen Völkern bekannt. Überlieferte Schriften finden sich bei Herodot, Strabo, Platon, Plinius, Livius, Plutarch, Caesar, Petronius, Tacitus, Polybios und anderen antiken Schriftstellern.

Allein das Vorhandensein historischer Quellen besagt nicht a priori, daß der Inhalt der Wahrheit entspricht. Zu subjektiv oder bewußt verzerrt sind manche schriftlichen Überlieferungen. So wird neuerdings auch die seit Jahrhunderten überlieferte Ansicht angezweifelt, die Azteken hätten Menschenopferkulte betrieben.

Aus der griechischen Antike kennen wir viele Beispiele für Menschenopfer; D. Hughes hat zuletzt zahlreiche Fundstätten aufgelistet. Die Umschreibung von Opferszenen mit Menschen findet sich bei Plutarch im Heroen- und Dionysoskult, wo der Priester bei den Agrioniern in Orchomenos alle Frauen töten durfte, die er mit seinem Schwert erreichen konnte. Appolodor berichtet, wie Peleus nach der Eroberung von Jolkos die Astydameia zerstückelte und das Heer zwischen den Leichenteilen hindurchführte. Außerdem ist das Knabenopfer an den arkadischen Zeus Lykaios überliefert, bei dem ein Kind geschlachtet und von den Eingeweiden gegessen werden mußte. Chronos, der mächtigste aller Titanen, hat alle seine Kinder unmittelbar nach der Geburt verschlungen, weil ihm seine Eltern Uranos und Gäa prophezeit hatten, daß er von seinen eigenen Kindern vernichtet würde. Nur sein jüngster Sohn Zeus überlebte, weil ihn seine Mutter Rhea vor seinem eigenen Vater verbarg. Von Herakles ist Ähnliches bekannt, er opferte Frau und Kinder, weil er sie nach seinen zwölf Taten für seine Feinde hielt. Sagenhaft ist auch die Geschichte von Tydeus, der den Schädel des erschlagenen Melanippos aufbrach und das Gehirn verzehrte.

Iphigenie, die Tochter Agamemnons, sollte zur Versöhnung der Artemis geopfert werden, um das Auslaufen der griechischen Flotte von Aulis nach Troja zu ermöglichen (Abb. 25). Diese Sage wird in dem Drama von Euripides und im zwölften Buch von Ovids Metamorphosen beschrieben. Die Windstille, die die Griechen am Auslaufen hinderte, hatte die erzürnte Artemis gesandt. Der Seher Kalchas riet Agamemnon, seine Tochter der Artemis zu opfern. Iphigenie wurde unter dem Vorwand, mit Achilleus vermählt zu werden, ins Lager gelockt. Als der Priester das Schwert ergreift, um Iphigenie zu enthaupten, ist wie durch ein Wunder das Mädchen durch eine Hirschkuh ersetzt. Artemis entführte Iphigenie in einer Wolke nach Tau-

Abb. 25. Opferung der Iphigenie mit Kalchas und Agamemnon. Nach einem pompejanischen Wandgemälde.

rien, damit sie dort ihre Priesterin werden konnte; auf diese Weise hat Artemis selbst verhindert, daß der Altar mit Menschenblut befleckt wird. Später errettete Iphigenie ihren Bruder Orest, der als Fremder in Tauris geopfert werden sollte.

Hinlänglich bekannt ist auch der jährliche Tribut der Athener an den König von Kreta. König Minos verlangte jährlich sieben Mädchen und sieben Jünglinge, die er in seinem Labyrinth gefangen hielt, wo sie vom Minotaurus aufgefressen wurden.

Auch Rache kommt als Motiv für Menschenopfer in Frage. Atreus nahm seine furchtbare Rache an Thyestes, indem er dessen beide Söhne unter einem Vorwand in die Burg Mykenae kommen ließ, sie schlachtete und dem Vater als Speise vorsetzte. Extravagant ist auch die Geschichte von Kyknos, dem Sohn des Ares, der sozusagen als „Kopfjäger" Wanderern auflauerte, um aus den Schädeln ein Heiligtum für seinen Vater zu errichten.

In den Berichten von Tacitus (ca. 55–120 n. Chr.) sind die germanischen Menschenopfer im Nerthuskult und im heiligen Hain der Semnonen beschrieben. Dort heißt es im Kapitel 39 der Germania: *Vetustissimos se nobilissimosque Sueborum Semnones memorant; fides antiquitatis religione firmatur. Stato tempore in silvam auguriis patrum et prisca formidine sacram omnes eiusdem sanguinis populi legationibus coeunt caesoque publice homine celebrant barbari ritus horrenda primordia.* „Als die ältesten und vornehmsten Sueben betrachten sich die Semnonen. Den Glauben an ihr hohes Alter bestätigt ein religiöser Brauch. Zu bestimmter Zeit treffen sich sämtliche Stämme desselben Geblüts, durch Abgesandte vertreten, in einem Haine, der durch die von den Vätern geschauten Vorzeichen und durch uralte Scheu geheiligt ist. Dort leiten sie mit öffentlichem Menschenopfer die schauderhafte Feier ihres rohen Brauches ein." In der Germania finden sich ansonsten nur kurze Hinweise: *Deorum maxime Mercurium colunt, cui certis diebus humanis quoque hostiis litare fas habent*; die Übersetzung lautet: „Von den Göttern verehren sie am meisten den Merkur (Wodan); sie halten es für geboten, ihm an bestimmten Tagen auch Menschenopfer darzubringen." (Kap. 9). Über den Nerthuskult der Langobarden heißt es im Kapitel 40: *Mox vehiculum et vestes et, si credere velis, numen ipsum secreto lacu abluitur. Servi ministrant, quos statim idem lacus haurit.* „Dann werden Wagen und Tücher und, wenn man es glauben will, die Gottheit selbst in einem entlegenen See gewaschen. Sklaven sind hierbei behilflich, und alsbald verschlingt sie derselbe See." E. Mogk hält diese Passage für eine Beschreibung eines Regenzaubers und nicht für einen Reinigungsakt.

Der Geschichtsschreiber Diodor von Sizilien aus dem 1. Jh. v. Chr. beschreibt im Kapitel 31 Menschenopfer der germanischen Druiden wie folgt: „Besonders haben sie für gewisse wichtige Fälle eine höchst auffallende und kaum glaubliche Art, das Zukünftige zu erforschen. Sie weihen nämlich einen Menschen und stoßen ihm dann ein Schwert in die Brust oberhalb des Zwerchfells, und indem das Opfer getroffen zusammenstürzt, erkennen sie aus der Art und Weise, wie er niederfällt, sowie aus den Zuckungen der Glieder und dem Ausströmen des Blutes das Zukünftige, wobei sie einer alten und durch lange Beobachtung erprobten Erfahrung Glauben schenken."

Über die Bestrafung von Verbrechern bei den Kelten (Kimbern) schreibt Diodor im Kapitel 33: „Zu ihrer natürlichen Rohheit stimmen auch gewisse Opferbräuche, welche eigentlich entsetzliche Frevel gegen die Götter sind. Ihre Verbrecher nämlich halten sie fünf Jahre hindurch eingesperrt und spießen sie dann zu Ehren der Götter auf Pfähle und verbrennen sie nebst anderen Opfergaben auf ungeheuren Scheiterhaufen." Auch die Schlachtung von Kriegsgefangenen der Kimbern zu Ehren der Götter ist bei Diodor überliefert. Ptolemaios spricht von Menschenfressern im mongolischen Grenzgebiet Serikes.

Bei Herodot, dem ältesten griechischen Geschichtsschreiber (ca. 490–425 v. Chr.), und Lukian werden die Skythen als Menschenfresser bezeichnet. Sie sollen vom Blut des ersten von ihnen erlegten Feindes trinken, ihre Köcher mit der Haut vom rechten Arm des gefallenen Gegners beziehen und aus den Schädeln mitunter kostbare Trinkschalen anfertigen. Lukian beschreibt auch den Brauch, der assyrischen Hera in Hierapolis Tiere und Kinder zu opfern, indem man sie von einer Terrasse des großen Platzes vor dem Tempel in die Tiefe stürzt.

In den äthiopischen Abenteuern von Theagenes und Charikleia, einem Liebesroman, erzählt Heliodor im 3. Jh. n. Chr. nicht nur vom Opferzug zu Ehren des Neoptolemos während der pythischen Spiele, sondern auch von einem nächtlichen Totenopfer einer alten Frau, die ihren verstorbenen Sohn beschwört; diese interessante Szene eines Grubenopfers wird von Charikleia beobachtet. Außerdem findet sich dort auch die Beschreibung einer Opferhandlung für Helios, Selene und Dionysos, bei der eine aufgebrachte Menschenmenge auch ein Menschenopfer „nach den Bräuchen der Väter" fordert. „Wir fordern weiterhin das hergebrachte Opfer zum Heil des Volkes! Die Erstlinge des Krieges gehören den Göttern" rufen sie, doch Hydaspes beschwichtigt sie und bemerkt, daß Menschenopfer nur bei Siegen über Fremdstämmige aus der Schar der Gefangenen dargebracht werden dürfen.

Der griechische Dichter Homer beschreibt im 8. Jh. v. Chr. die Tötung zweier Gefährten des Odysseus durch den Kyklopen Polyphem, der die beiden tötet, indem er sie auf den Boden schmettert, sie anschließend Glied für Glied zerstückelt und auffrißt.

Vom griechischen Philosophen Plato (427–347 v. Chr.), einem Schüler Sokrates', ist ein Jünglingsopfer in der Grotte des Apollo überliefert. Dio Cassius (ca. 155–235 n. Chr.), ein griechischer Historiker, weiß über die Verschwörung Catilinas zu berichten, der sich mit seinen Genossen verband, indem sie einen Knaben schlachteten, sein Blut tranken und die Eingeweide verzehrten.

Der griechische Philosoph Porphyrius (ca. 233–304 n. Chr.) berichtet in seinem Werk „De abstinentia" über das jährliche Abschlachten und Vergraben eines Menschenopfers unter dem Altar bei den arabischen Duma und in Syrien für die Göttin Athena.

Der römische Geschichtsschreiber Titus Livius (59 v. Chr. – 17 n. Chr.) erwähnt eine Hungersnot, angesichts derer sich viele Menschen mit verhülltem Kopf in den Tiber gestürzt hätten. Der Kaiser Nero soll sich angesichts des Anblicks eines Kometen so erschreckt haben, daß er mehrere römische Edelleute geopfert haben soll, um die damit verbundene Lebensgefahr von sich fernzuhalten.

Der Dichter Lukan – Marcus Annaeus Lucanus (39–65 n. Chr.) – berichtet im sechsten Buch des „Bellum Civile" über ein Opfer in einer Höhle. Dort beschreibt Lukan, wie Sextus Pompejus, nachdem er bei Dyrrhachium von Caesar eingeschlossen war und sich verschanzt hatte, diesem nach Thessalien folgt und die Hexe Erichtho aufsucht, um von ihr die Zukunft zu erfahren. Das entmenschtc Weib Erichtho kannte gräßliche Zaubermysterien und war für ihre Weissagung mit Hilfe heraufbeschworener Toter, die sog. Nekromantie, bekannt. Ihr wird nachgesagt, sie stehle die Gebeine junger Menschen von den Scheiterhaufen und aus Sarkophagen: Sie fällt gierig über alle schon z.T. verwesten Glieder her, fährt mit Fäusten in ihre Augen, gräbt deren erstarrte Augäpfel mit Wonne aus und nagt von eingeschrumpften Händen bleiche Nägel ab; sie scheut keinen Mord aus eigener Hand, wenn flüssiges Blut, das frisch aus offener Kehle springen soll, nötig ist. Mit gleicher Dreistigkeit holt sie durch einen Schnitt in den Unterleib einen menschlichen Embryo ans Licht, um ihn auf ihrem Brandaltar zu opfern. Nachdem Pompejus die Hexe bittet, die Zukunft vorauszusagen, wird ausführlich die nekromantische Opferszene beschrieben. Man wählt einen auf dem Schlachtfeld getöteten Krieger aus und legt ihn in eine Berghöhle unter eine Felsenwölbung. In diesem düsteren Grenzbereich zwischen dem unsichtbaren Reich und unserer Welt versucht Erichtho, dem Leichnam neues Leben einzuhauchen, um von ihm die Zukunft weissagen zu lassen. Zu diesem Zweck füllt sie dem Mann durch neue Wunden zunächst die Brust mit heißem Blut auf, säubert das Innere von Eiter und versieht es ausgiebig mit Mondschleim. Darunter mischt sie alle möglichen Obskuritäten der Natur: Tollwutgeifer wasserscheuer Hunde, die Blase eines Luchses, Wirbel einer steifnackigen Hyäne, mit Schlangenfleisch genährtes Hirnmark, Saugfisch, Drachenaugen, Klappersteine, Schlangen und Perlmuscheln und die Asche eines in Ägypten zum Altar gebrachten Phönix. Außerdem verwendet sie mit Zaubersprüchen versehene Blätter, Kräuter und Gifte. Danach beschwört sie mit schauerlicher Stimme den Toten, einem Gemisch aus menschlicher Rede und allerlei tierischen Lauten. Mit einem anschließenden Zaubersang läßt sie den Schatten des gefallenen Soldaten in Gestalt eines Geistes vor der Leiche erscheinen. Nachdem Erichtho aus Zorn den immer noch leblosen Leichnam mit einer lebenden Schlange peitscht und erneut die unterirdischen Mächte anruft, erwärmt sich das geronnene Blut im Verstorbenen, und neues Leben schlüpft in den Körper. Dann zuckt es der Leiche in allen Gelenken, die Sehnen spannen sich, und mit einem einzigen Ruck erhebt sich die Gestalt vom Boden und steht vor der thessalischen Hexe. Der wiedererweckte Tote kann nicht selbst sprechen, sondern nur auf Fragen antworten. Auf diese Art wird die Prophezeiung dem Pompejus trauervoll und unter Tränen mitgeteilt. Nach der Weissagung bittet der wiedererweckte Krieger um die endgültige Erlösung durch den Tod, den er auf dem Scheiterhaufen dann erfährt.

Über Nekromantie äußern sich auch Lactantius, Servius und Claudian. Demnach hat man mangels geeigneter Leichen auch reine, unschuldige Kinder gemordet, um aus ihnen die Totenseelen befragen zu können. Deshalb setzte die Staatsgewalt schwerste Strafen auf diesen Zauber.

Außerdem beschreibt Lucanus ebenfalls im „Bellum Civile" die Menschenopfer der Kelten in ihren heiligen Hainen. „Da stand der Hain, seit Menschengedenken nie entweiht; mit verschränkten Ästen bildete er einen Bezirk von Dunkelheit und Schattenkühle, dessen Kuppel Sonnenstrahlen nicht durchdrangen. Hier hatten kein bäuerlicher Pan, kein Waldeskönig Silvanus und keine Nymphe ihre Stätte, sondern ein Götterkult barbarischen Brauchs: die Altäre waren mit gräßlichen Schlachtbänken versehen und alle Bäume mit Menschenblut geweiht. Sofern urtümliches Gefallen an Himmelswundern jemals Glauben verdient hat, scheuten sogar Vögel einen Platz in den Zweigen und wilde Tiere ein Ruhelager; auch legte sich kein Wind auf jenes Gehölz und schlug kein Blitz aus schwarzen Wolken ein – keinem Lufthauch boten die Bäume ihr Laub, sondern raschelten von selbst. Dazu floß überall aus dunklen Quellen Wasser, und düster standen, ohne Kunst und roh aus Holz gehauen, Götterbilder da. Bereits der Moder und die Geisterfarbe des faulen Holzes erregten Entsetzen; so fürchtet man kein heiliges Götterbild von üblicher Gestalt, nein, gewaltig steigert sich die Angst, wenn man die Götter, die man fürchten soll, nicht kennt. Vollends, so hieß es, bebte oft die Erde und dröhnte es aus hohlen Schlünden, fielen Eiben um und richteten sich wieder auf, leuchteten Waldbrände ohne Feuer und wanden sich Schlangen rings um die Stämme. Diesen Ort besuchten keine Leute, um ihn aus der Nähe zu verehren, vielmehr überließ man ihn den Göttern; wenn Helios am Mittagshimmel stand oder dunkle Nacht das Firmament umfing, so wagte nicht einmal der Priester einzutreten, fürchtete er doch, den Herrn des Hains zu überraschen."

In mehreren nordischen Sagas finden sich Hinweise auf Menschenopfer. Eines der Beispiele ist die Jómsvíkinga Saga, in der die Schlacht gegen die Jómsvíkinger in der Hjörungenbucht im Jahre 986 beschrieben wird. Da der Norweger Jarl Hákon die Schlacht zu verlieren droht, wendet er sich an seine Schutzgöttin, die von ihm als Opfer seinen dritten Sohn Erling fordert. Nach dem vollzogenen Opfer wendet sich das Schicksal und die Jómsvíkinger verlieren den Kampf.

In der Vikars Saga, die in die jüngere Gautreks Saga eingeflochten ist, wünscht Odin den Tod Königs Vikars. Zur Erreichung seines Ziels stattet er seinen Pflegesohn Skarkad mit besonderer Kraft aus und gibt ihm das Alter dreier Menschenleben; Skarkad muß geloben, das Opfer seinem Schutzherrn Odin zu weihen. König Vikar wird von Skarkad erhängt und mit dem Speer durchbohrt, womit das Gelübde, das er Odin gegeben hat, erfüllt ist.

Berühmt ist auch die Überlieferung der Kindesopfer des Königs Aun von Uppsala. Im Ynglingatal wird beschrieben, wie König Aun nacheinander neun seiner Söhne dem Odin opfert, um hierdurch sein Leben zu verlängern. Erst als er den zehnten opfern will, lassen dies die Schweden nicht zu, und der greisenhafte König stirbt. Hierin spiegelt sich der alte dämonische Zug, daß der Totengott Menschenseelen fordert. Nach einer weiteren Überlieferung in dem genealogischen Gedicht Ynglingatal, das wohl eher eine Sage denn ein historischer Zeugnisbericht ist, läßt sich ein spätes Menschenopfer in Europa im 9. Jh. n. Chr. belegen. Dort heißt es, die durch Blutsbande vereinten Schweden hätten – vermutlich veranlaßt durch eine Hungersnot wegen Mißernte – ihren Herrscher, den schwedischen Ynglingenkönig Dómaldi zum Opfer gebracht. Der Gebrauch des verbums *sóa* läßt auf ein blutiges Opfer schließen.

Nach nordischen Mythen hauste im Meere ein männerholender Dämon, der mit seinem Netz die Schiffer zu fangen suchte. Dieser Dämon, der bis in die Neuzeit im schwedischen Volksglauben fortlebt, taucht in Gestalt der Göttin Rán auf. Da dieser Meeresdämon Menschen fordert, kann er sich auch durch prophylaktische Menschenopfer besänftigen lassen. Beim Stapellauf eines Schiffes legte man aus diesem Grunde einen Menschen unter die Rollen. Dieser Brauch ist als *hlunnrod*, „die Rollentötung", in der Ragnars Saga überliefert.

Rituelle Kindertötung im Rahmen zauberischer Kulthandlungen der ersten nachchristlichen Jahrhunderte: *sacramentum infanticidii*

Typisch für den verleumderischen Aspekt der Ritualmorde ist der *sacramentum infanticidii* genannte Vorwurf der Heiden im zweiten und dritten nachchristlichen Jahrhundert, die Christen würden bei ihren nächtlichen Gottesdiensten Kinder schlachten. In seiner Verteidigung des Christentums kommt Tertullian auf diese Greuelmärchen zu sprechen: Daß die Christen bei ihren Kulthandlungen ein Kind schlachten, Brot in das frische Blut tauchen und den blutgetränkten Bissen verzehren. Tertullian kleidet den heidnischen Vorwurf in die Worte: *nos infanticidio litamus sive initiamus*, „mit einem Kindermord vollziehen wir die Einweihung", bzw. *dicimur sceleratissimi de sacramento infanticidii et pabulo inde et post convivium incesto*, „wir werden scheußliche Verbrecher genannt wegen der Einweihung mit der Tötung eines Kindes und wegen des davon bereiteten Mahles und wegen der dem Mahle folgenden Blutschande". Die Heiden versuchten dieses vermeintliche christliche Zauberritual als religiöse Weihehandlung mit offizieller Liturgie zu verstehen, wozu auch die bei Opfern und Weihen üblichen Kultausdrücke der Zauberer gehörten. Die Zauberer selbst fühlten sich oft wie eine Mysteriengenossenschaft. Nachdem die Christen schon am Anfang des 2. Jh. als Zauberer verschrien wurden, heftete sich auch der Vorwurf des Kinderschlachtens an sie. Um die Mitte des 2. Jh. war es schon eine ganz geläufige Anklage der Heiden, daß die Christen Menschenfleisch äßen. Bei Justinus heißt es, daß die Juden mit den Heiden annähmen, Christen würden Menschen verzehren, ein Vorwurf, den man den Juden selbst in der Zeit um Christi Geburt und dann später wieder unberechtigterweise gemacht hat. Im Märtyrerbericht von Lugdunum und Vienne erfährt man von heidnischen Sklaven, die gegen ihre christlichen Herren üble Aussagen machten und dabei auch vor dem Vorwurf Thyesteischer Mahlzeiten nicht zurückschreckten. Nach Tertullian war die Beschuldigung der Kinderschlächterei bei den Heiden schon dahin erweitert, die Christen würden bei dem Weiheakt das Kind töten, dann Brot in das Blut tauchen und es genießen. Bei Minucius Felix wird das Gerücht noch um den Vorwurf ergänzt, daß man durch eine List denjenigen täusche, der das Opfer – unwissend über den Kindermord – vollziehe.

Das von Tertullian und Minucius Felix festgehaltene Gerücht hält sich lange. Noch unter Kaiser Philipp dem Araber (244–249) klagt Origenes: „Diese Verleumdung, so widersinnig sie auch ist, hat ehedem auf eine Masse Menschen Eindruck gemacht, und diejenigen, die dem Worte (Gottes) noch fremd gegenüberstanden, zur Meinung gebracht, daß die Christen wirklich solche Scheusale seien; und selbst heute noch berückt jene Verleumdung manche Leute derart stark, daß sie sich von den Christen abwenden und nicht einmal zu der einfachsten Gemeinschaft des Gespräches mit ihnen kommen wollen."

Selbst dem Philosophen Apollonius von Tyana hat man im Prozeß vor Domitian den Vorwurf gemacht, er habe zur Nachtzeit bei abnehmendem Monde einen Knaben geschlachtet, um aus seinen Eingeweiden zu weissagen.

Derartige Überlieferungen nun auch noch archäologisch nachweisen zu wollen, mag bei manchen a priori auf Unverständnis stoßen. Der Nachweis für praktizierte Kinderopfer im Rahmen zauberischer Kulthandlungen ist naturgemäß äußerst selten und die Beweisführung in der Regel unglaubwürdig. Dennoch darf hier ein Täfelchen herangezogen werden, das zu einer Urne eines Columbariums auf dem Esquilin zu Rom gehört. Die im Museum von Verona aufbewahrte Inschrift nennt als Namen des Toten: *Iucundus Liviae Drusi Caesaris f(ilius) Gryphi et Vitalis.* Bücheler bemerkt dazu: „Drusus starb im Jahre 23, Livia, die sich vor dem Jahre 18 mit ihm vermählte, im Jahre 31." Damit ist die Zeit der Inschrift genau bestimmt, da der Knabe bei seinem Tode im vierten Jahre stand. Der metrische Todesbericht lautet: „*In quartum surgens comprensus deprimor annum, cum possem matri dulcis et esse patri. Eripuit me saga manus crudelis ubique, cum manet in terris et nocit arte sua. Vos vestros natos concustodite parentes, ni dolor in toto pectore fixus eat.*" Die Übersetzung lautet: „Ein Kind noch war ich im vierten Jahr, da ergriff mich das Schicksal, zermalmt' mich der Tod, als ich so recht zur Freude konnt' sein für Vater und Mutter. Es riß mich hinweg einer Zauberin Hand, die grausam wütet an jeglichem Ort. Wenn sie weiter verweilet auf Erden und schadet mit ihrer Kunst, so umhegt und behütct ihr Eltern fürsorglich eure Kinder, daß nicht solcherlei Schmerz sich hefte tief in die Brust." Offensichtlich zeugt also diese Grabinschrift von der Tötung eines Kindes. Ob dieses Töten ein Hinschlachten im Sinne der Zauberin des Lucanus, ein Verhungernlassen im Sinne der Zauberin des Horaz oder eine zum Tode führende zauberische Beeinflussung aus der Ferne war, läßt sich nicht klären. Im gesamten Volksglauben des griechisch-römischen Heidentums ist jedoch belegt, daß die Seelen frisch getöteter Kinder als Rachegeister besonders zum Schadenzauber und zur Wahrsagung geeignet sind. Dio Cassius berichtet von Didius Julianus: „Er tötete auch viele Knaben im Zauber, als ob er damit etwas von der Zukunft abwehren könnte, wenn er sie vorher wisse."

Als einen Anklagepunkt gegen Kaiser Heliogabal erzählt die Kaisergeschichte: „Auch menschliche Opfer schlachtete er, indem er sich zu diesem Zweck aus ganz Italien vornehme und wohlgestaltete Knaben aussuchte, deren Vater und Mutter noch lebten, ich glaube, damit für beide Eltern der Schmerz desto größer sei. Zauberer jeglicher Art standen ihm dabei zur Seite und vollführten täglich ihre Zauberhandlungen, wobei er noch dazu ermunterte und den Göttern Dank sagte, die er als die Freunde der Zauberer erkannt hatte, als er die Eingeweide der Knaben einsah und die Opfer nach seinem heidnischen Ritus quälte." Auch die Kaiser Valerianus und Maxentius sollen nach Belegen bei Dionysius von Alexandrien und Eusebius ähnliche Zauberopfer vollführt haben.

Die Kindestötung als Bestandteil des Wahrsagezaubers war so fest in der Volksvorstellung verwurzelt, daß Johannes Chrysostomus die Frage über die vermeintliche Verwandlung der Seelen gewaltsam getöteter Menschen in Dämonen im Zusammenhang mit dem Kindermord als Zauberpraxis behandeln konnte: „Was willst Du aber sagen, wenn viele von den Zauberern Kinder nehmen und schlachten, um nachher die Seele von ihnen als Helferin zu haben? Allein woher soll dies offenbar geworden sein? Daß die Zauberer Kinder schlachten, das sagen viele; daß aber die Seelen der Hingeschlachteten mit ihnen zusammen tätig sind, woher hast Du diese Kenntnis? … Das ist also nichts weiter als das Geschwätz trunkener alter Weiblein und kindererschreckendes Gerede. Eine Seele, die einmal vom Leibe losgetrennt ist, kann nämlich nicht länger hienieden umherirren. Denn ‚die Seelen der Gerechten sind in der Hand Gottes' (Sap. 3,1). Wenn die Seelen der Gerechten, dann auch die Seelen der Kinder."

Nach F. J. Dölger gab es in der griechischen, altitalischen und römischen Kultur ein wirklich geübtes oder doch vermutetes Verschwörungsritual, das die Tötung eines Menschen mit nachfolgendem Genuß seines Fleisches und Blutes kannte. Schon im Heidentum wurde als Bestandteil gewisser Arten von Zaubereien ritueller Kindermord mit teilweisem Genuß von Fleisch und Blut angenommen. Um die Mitte des 1. Jh. praktizierten einige zügellose gnostische Sekten Einweihungsfeiern, in deren Rahmen möglicherweise Embryo- und Kinderopfer eine Rolle gespielt haben. All diese im Volksglauben manifestierten Halbwahrheiten und Gerüchte hat man in den ersten nachchristlichen Jahrhunderten den Christen in komprimierter Form zum Vorwurf gemacht.

Menschenopfer im Alten und Neuen Testament

Die Menschenopfer der Hebräer und benachbarter Völker hat E. Mader bereits 1909 ausführlich beschrieben, weshalb hier auf die dort ausgeführten Beispiele nicht mehr näher eingegangen wird.

Eines der bekanntesten Beispiele für Menschenopfer aus dem Alten Testament ist die in der Genesis beschriebene Geschichte von Abraham und seinem Sohn Isaak. Gott stellt Abraham auf die Probe, ob er seinen Sohn oder ihn mehr liebt: Abraham soll Isaak auf dem Berg Morija opfern. Abraham fühlt sich aus religiösen Gründen gezwungen zu gehorchen, und erst kurz vor der Brandopferung gebietet Gott ihm Einhalt. Anstelle des Kindes wird dann ein Widder geopfert, das Menschenopfer also in ein Tieropfer – in diesem Fall ein Brandopfer – umgewandelt.

Ähnlich ist die Überlieferung von Jiftach, der vor dem Kampf gegen die Ammoniter dem Herrn folgendes Gelübde ablegt: Wenn er wohlbehalten von den Ammonitern zurückkehre, dann solle, was immer ihm als erstes aus der Tür seines Hauses entgegenkomme, dem Herrn gehören und ihm als Brandopfer dargebracht werden. Als Jiftach nach dem Kampf in sein Haus nach Mizpa zurückkehrt, kommt ihm unglückseligerweise seine Tochter als erste entgegen. Der verzweifelte Jiftach opfert zwei Monate später auf eigenes Zureden der Tochter sein einziges Kind.

Im Alten Testament tritt Menschenfresserei in der Regel als grausame Strafandrohung Gottes gegen jene auf, die sich von ihm abwenden und seine Gebote nicht beachten. *„Werdet ihr mir aber auch dann noch nicht gehorchen und mir zuwiderhandeln, so will auch ich euch in Grimm zuwiderhandeln, und will euch siebenfältig mehr strafen um eurer Sünden willen, daß ihr sollt eurer Söhne und Töchter Fleisch essen."* An anderer Stelle heißt es:

„Du wirst die Frucht deines Leibes, das Fleisch deiner Söhne und deiner Töchter, die dir der Herr, dein Gott, gegeben hat, essen in der Angst und Not, mit der dich dein Feind bedrängen wird."

Im Johannesevangelium des Neuen Testaments treten an Stelle des Rache- und Strafmotivs nun Barmherzigkeit und Verzeihen. Gottes Sohn opfert sich selbst, und wer sein Fleisch ißt und sein Blut trinkt, erlangt das ewige Leben und wird am Jüngsten Tag auferweckt. Der Vorgang der Speisung ist transzendiert, Fleisch und Blut werden durch Brot und Wein ersetzt; die Lehre von der Transsubstantiation besagt auch heute noch, daß es sich bei der Wandlung in der katholischen Kirche um eine tatsächlich vollzogene Verwandlung des Leibes Christi handelt. Tatsächlich ist also die freiwillige Opferung Jesu ein Menschenopfer im klassischen Sinn, denn er opfert sein Leben als „Lösegeld für viele", so schreibt der Evangelist Markus.

Archäologische Bildzeugnisse von ur- und frühgeschichtlichen Menschenopfern

Urgeschichtliche Bildzeugnisse

In der prähistorischen Kunst gibt es nur sehr wenige Beispiele für bildlich dargestellte Menschenopfer. Zu nennen wären die ägyptische Narmerpalette des 4. Jahrtausends v. Chr., das Relief des Assurbanipal im assyrischen Palast von Ninive (7. Jh. v. Chr.), mehrere Figurengruppen auf Behältern der chinesischen Dian-Kultur (4. Jh. v. – 1. Jh. n. Chr.) und die Szene auf dem dänischen Gundestrupkessel (2. Jh. v. Chr.).

Narmer war der erste König von Ober- u. Unterägypten um 3200 v. Chr.; er beanspruchte für sich erstmals die göttliche Herkunft der Könige durch den Osiris-Mythos. Auf der sog. Narmerpalette, einer Schminkpalette aus Hierakonpolis in Oberägypten, ist unter anderem eine Opferszene dargestellt (Abb. 26). Die gesamte Palette stellt die Verherrlichung des Siegers aus

Abb. 26. Schminkpalette des Königs Narmer aus Hierakonpolis (Oberägypten) um 3200 v. Chr.

dem Süden über das nördliche Gebiet dar. Auf der Rückseite ist König Narmer mit der weißen Krone von Aphroditopolis zu erkennen, dem Kopfputz, der die Pharaonen als Könige von Oberägypten kennzeichnet. Er schlägt einen Feind nieder, den er an den Haaren hält. Der Rebus über seinem Opfer scheint zu bedeuten: „Pharao, die Inkarnation des Falkengottes Horus, führt mit seinem starken rechten Arm die Sumpfbewohner in die Gefangenschaft." Links daneben steht ein Sandalenträger, am Fuß der Palette befinden sich Leichen zweier Ausländer mit verrenkten Gliedern. Durch die Krone und das Gewand des Herrschers und durch den Sandalenträger erhält die Szene einen zeremoniellen Charakter. Die Palette diente religiösen Zwecken; sie ist eines der ersten geschriebenen Geschichtsdokumente Ägyptens. Unsicher ist, ob die Darstellung am rechten Ende der oberen Reihe eines Sakkara-Täfelchens aus Grab 3035 der westlich von Memphis liegenden Nekropole als rituelle Tötungsszene anzusprechen ist (Abb. 27), wenngleich ausgeschlossen scheint, daß es sich hier um eine Kampf- oder Kriegsszene handelt. Ein vor einem Gefäß Sitzender sticht einem vor ihm kauernden, gefesselten Gefangenen einen Dolch in die Brust.

Abb. 27. Darstellung eines Menschenopfers (rechts oben) auf einem Sakkara-Täfelchen nach H. Müller-Karpe.

73

Auch aus der orientalischen Kunst stammen Menschenopferdarstellungen. Die bekannteste stammt aus dem Nordpalast von Ninive, einer altmesopotamischen Stadt am Tigris. Dort findet sich auf einem Relief das sog. Siegesmahl des Königs Assurbanipal (669–627 v. Chr.), eine äußerst qualitätvolle Gartenszene mit der Darstellung einer Feier in einer Laube (Abb. 28). Auf der rechten Bildseite liegt der König auf einer Kline, seine Gattin thront vor ihm, beide trinken aus Schalen. Durch ein Nachbarrelief mit Inschrift ist der historische Hintergrund faßbar. Es handelt sich um ein Siegesmahl, bei dem zwei besiegte elamische Fürsten als Mundschenk dienen müssen. Weitere Diener und Dienerinnen stehen links von der Königin. Am linken Bildrand erkennt man in einem Baum das aufgehängte Haupt eines geköpften Widersachers, das als Kopf des Elamerkönigs Te'umman gedeutet wird. Wegen der detaillierten Darstellung von Möbeln, Pflanzen, Tieren und Menschen zählt das Relief zu den großartigsten Kunstwerken assyrischer Kultur. Auch auf einem Relief im Südpalast wird eine Szene beschrieben, die möglicherweise einen Opfercharakter hat (Abb. 29). Nach einem babylonischen Feldzug verzeichnen Schreiber die Kriegsbeute von Speeren, Möbeln und abgeschlagenen Köpfen; ob diese Köpfe als Opferungen von Kriegsgefangenen interpretiert werden können, läßt sich nicht mit letzter Sicherheit sagen.

Abb. 28. Siegesmahl des Assurbanipal (669–627 v. Chr.). Im Baum aufgehängter Kopf des Elamerkönigs in der sog. „Gartenszene" aus dem Nordpalast von Ninive.

Abb. 29. Babylonischer Feldzug. Relief aus dem Südpalast von Ninive. Schreiber verzeichnen die Kriegsbeute, unter anderem abgeschlagene Köpfe.

Nicht minder qualitätvoll sind einige Opferszenen auf chinesischen Behältern des Königreichs Dian (4. Jh. v. – 1. Jh. n. Chr.), die wohl als Tresore zur Aufbewahrung des Geldes aus Kaurimuscheln dienten (Abb. 30). Die von einer vollplastischen Reliefgruppe umgezeichnete Szene zeigt rechts zwei gepanzerte Dian-Krieger, die eine gefangene Frau und Haustiere abführen. Hinter den Tieren läuft ein Krieger, der das abgeschlagene Haupt wohl eines Gegners in der linken Hand hält. Auf einem anderen bronzenen Behälter aus Shizhaishan ist eine religiöse Opferszene dargestellt, bei der 33 Figürchen um einen Dorfplatz mit drei pfeilerartig übereinandergetürmten Bronzetrommeln versammelt sind. Der zu opfernde Mensch ist mit dicken Seilen an einen Pfeiler gebunden, davor sitzt eine Frau. Der Leichnam eines bereits geköpften Opfers liegt am Boden. Neben bewaffneten Reitern umrahmen Bauern, Opfertiere und eine von zwei Männern in einer Sänfte getragene vornehme Frau die Szene.

Ein eindrucksvolles Zeugnis keltischer Menschenopferrituale findet sich auf dem Silberkessel von Gundestrup (2. Jh. v. Chr.), den man 1891 im dänischen Kreis Aalborg nahe dem Limfjord in Jütland fand. Es handelt sich um das für die keltische Religionsgeschichte bedeutsamste archäologische Fundstück Europas. Auf der an der Innenseite des Kessels angebrachten

Abb. 30. Opferszene auf einem Bronzebehälter der chinesischen Dian-Kultur (4. Jh. v. – 1. Jh. n. Chr.).

Platte 7 ist eine Opferszene dargestellt, die nach wie vor einzigartig ist (Abb. 31). Hauptmotiv der Platte ist die Läuterungszeremonie des Heeres, der Transport des Kultbaumes und ein Menschenopfer. Hierin verbirgt sich wohl ein Mythos aus dem Kampf zwischen den Göttern. Teutates ergreift die Partei der Muttergöttin und des Esus-Cernunnos, die beide von der Rache des Taranis verfolgt werden. Er sammelt ein Heer, um ihnen zu Hilfe zu eilen. Darauf geht ein keltisches Jahresfest zurück, bei dem Aufmärsche veranstaltet, Menschen geopfert und Kultbäume verehrt werden. Im unte-

Abb. 31. Opferszene auf der Platte 7 des Gundestrupkessels (2. Jh. v. Chr.).

76

ren Bildteil findet sich eine Prozession, an deren Spitze eine Gruppe Krieger mit Schilden einen sorgfältig mit Blättern geschmückten Kultbaum („Maibaum") zu dem ein Menschenopfer vollziehenden, überlebensgroßen Priester (Druiden) trägt; dahinter schließen drei Karnyxbläser den Fries ab. Der Druide hat den Menschen ergriffen und wirft ihn offensichtlich kopfüber in ein Wasserfaß oder einen Schacht; darunter springt ein Hund empor. Archäologische Zeugnisse für solche tiefen Schächte finden sich häufig in spätkeltischen Heiligtümern, den sog. Viereckschanzen, in Süddeutschland bzw. in den *„puits funéraires"* (Opferschächten) Südwestfrankreichs. Im oberen Teil der Szene sieht man vier Reiter, die einer Schlange mit Widderhörnern nachreiten; diese Schlange interpretiert J. J. Hatt als Abgesandte des Esus. Auf den Helmen der Reiter erkennt man die Symbole der verschiedenen Gottheiten, die an dem Kampf gegen Taranis beteiligt sind: den Raben des Belenus, den Eber des Teutates, das Geweih des Esus-Cernunnos und den Regenbogen des Mars-Loucetius (?). Zu dem sorgfältig präparierten Kultbaum oder Kultpfahl gibt es seit einigen Jahren einen schönen Vergleichsfund aus Manching. In dem keltischen Oppidum fand man ein Kultbäumchen mit einem Kern aus Laubholz, das ringsum mit Goldblech verziert ist; das Manchinger Bäumchen wird in die Mitte des 3. Jh. v. Chr. datiert.

Darstellungen von Menschenopfern finden sich gelegentlich auch auf antiken Gemmen.

Frühgeschichtliche Bildzeugnisse

Etwas reichhaltiger ist die Quellenlage bei frühgeschichtlichen Bildzeugnissen. Erwähnenswert sind die Opferszenen auf dem sog. Gallehushorn, auf dem gotländischen Bildstein von Hammars I und auf einem Textilfragment aus dem Oseberggrab.

Eine etwas eigenartige Opferszene findet sich auf dem Gallehushorn. Es handelt sich um ein aus dem dänischen Gallehus im Amt Tondern stammendes, goldenes Trinkhorn, auf dem feierlich-festliche Bilder von gemeinschaftlichen Opferhandlungen dargestellt sind. Das aus dem 5. nachchristlichen Jahrhundert stammende Runenhorn wurde 1639 gefunden, ein ähnliches Stück entdeckte man knapp ein Jahrhundert später, im Jahre 1734. Leider wurden beide Stücke 1802 gestohlen und eingeschmolzen. Auf dem fünften Fries des Horns befand sich eine Szene, die von T. Capelle als Menschenopfer gedeutet wird (Abb. 32). Im rechten Bildteil ist ein Bogenschütze erkennbar, der auf ein Wesen mit abgespreizten Armen und Beinen zielt, das von einem menschlichen Kopf en face bekrönt wird. Es entsteht der Eindruck, daß ein von einem Fell großenteils verdeckter Mensch durch den gerade den Pfeil anlegenden Bogenschützen getötet werden soll, und zwar

Abb. 32. Fünfter Fries des goldenen Runenhorns von Gallehus aus dem 5. Jh. n. Chr. (Däne-mark). Nach der Originalzeichnung von J. R. Paulli von 1734.

in vollkommener Entsprechung zur Darstellung eines Fruchtbarkeitsopfers auf dem zweiten Fries desselben Hornes.

Eindeutiger erkennbar ist das Menschenopfer auf dem Bildstein von St. Hammars aus Gotland (Ksp. Lärbro). Das dritte Teilfeld dieses Bild-steins gibt im linken Bildteil zwei heruntergebogene, sich kreuzende Bäume wieder. Dicht unter der Baumkrone hängt ein einen Schild tragender Mann mit stark nach vorne gebeugtem Kopf (Abb. 33). Offensichtlich hält ein Tau

Abb. 33. Oberer Bildfries des wikingerzeitlichen Bildsteins Hammars I, St. Lärbro (Gotland).

78

beide Bäume zusammen, das durchtrennt werden soll, um die Schlinge am Hals zusammenzuziehen und das Opfer in die Höhe emporzureißen. Auf diese Weise soll das Opfer vermutlich getötet werden. Rechts davon befinden sich zwei Männer, davon einer mit Schwertscheide, die sich an einem Altar oder Scheiterhaufen zu schaffen machen. Die drei darüber angebrachten, ineinander gesteckten Dreiecke lassen ihren Symbolwert nicht erkennen. Die beiden etwa in Bildmitte sichtbaren Vögel stellen möglicherweise weitere Opfergaben dar. Weiter rechts sieht man vier der Altarszene zugewandte Männergestalten mit Schilden und Schwertern.

Auch aus dem berühmten Oseberggrab ist eine Opferszene bekannt. Das Textilfragment 6 aus dem Oseberggrab mit dem Titel „Odins Baum" gibt mindestens acht in Bäumen aufgehängte Menschen zu erkennen (Abb. 34). Zumindest zwei Personen scheinen enthauptet zu sein, will man nicht schlechte Erhaltungsbedingungen des Textilfragments für die Kopflosigkeit verantwortlich machen. Damit entsprechen die Szenen auf dem Bildstein von Hammars I und dem Textilfragment aus dem Oseberggrab den bei Adam von Bremen beschriebenen Darstellungen einer dem Odin (Wotan) geweihten Todesart.

Abb. 34. Textilfragment 6 aus dem wikingerzeitlichen Oseberggrab (Dänemark) nach S. Krafft.

Menschenopfer in der klassischen Antike

Sowohl aus der römischen als auch aus der griechischen Geschichte sind Menschenopfer bekannt. Opferrituale findet man in Sagen, Dichtungen und Beschreibungen anderer Völker überliefert, und mitunter gibt es auch archäologische Belege für Menschenopfer, wenngleich die meisten aus der Zeit vor der Blüte der klassischen Antike stammen. Stets wird – wie schon bei Homer – betont, daß Menschenopfer nicht zur regelhaften Sitte gehören, sondern Ausnahmen darstellen.

Während des Zweiten Messenischen Krieges wurde der Freiheitsheld Aristomenes um 500 v. Chr. von den gegnerischen Spartanern im Kampf gefangen und in einer Höhle geopfert.

Als sicherer Beleg für Menschenopfer im römischen Kult wird häufig die Verfügung des römischen Senats aus dem Jahr 97 v. Chr. angeführt, die das Töten von Menschen zu Ehren der Götter verbietet. Der Historiker Porphyrius hat im 3. Jh. n. Chr. folgendes Gesetz des Kaisers Hadrian überliefert: „Wer weiß nicht, daß bis zum heutigen Tag in der großen Stadt Rom zum Fest des Jupiter Latiaris einem Mann die Kehle durchschnitten wird?". Von Oktavian wird behauptet, er habe 300 Menschen auf dem Altar des als Gott verehrten Julius Caesar geopfert. Auch Kämpfe, die in Zusammenhang mit Begräbnisritualen stehen, wie z. B. der für Marcus Brutus 264 v. Chr., bei dem drei Paare „zu Ehren seiner Asche" kämpfen mußten, wird von manchen als Menschenopfer angesehen.

Im ursprünglich orientalischen Kult der Sibyllen, die orakellösende Bücher besaßen, ist man auch vor Menschenopfern zur Besänftigung der Götter bei drohenden Gefahren nicht zurückgeschreckt. So soll im Jahr 226 v. Chr. auf Geheiß der Bücher vor einem Gallierkrieg je ein Griechen- und ein Gallierpaar auf dem Forum Boarium in Rom lebendig begraben worden sein.

Pausanias hält bereits in der zweiten Hälfte des 2. nachchristlichen Jahrhunderts die Menschenopfer für eine überkommene Sitte aus alter Zeit.

Archäologische Belege für Menschenopfer sind auch aus der klassischen Antike eher selten. Es ist zwar mehr oder weniger wahrscheinlich, daß solche stattgefunden haben, jedoch erlauben Funde und Befunde vor allem wegen mangelnder Grabungsdokumentationen in der ersten Hälfte des 20. Jh. kaum ein sicheres Urteil. Einen Überblick über die Fundstätten, die in diese Richtung gedeutet werden, geben M. Andronikos und D. Hughes. Menschenreste, die sich als Opfer interpretieren lassen, gibt es in Kultstätten, Gräbern und Höhlen. Kinderknochen aus Knossos werden von manchen Forschern als Beipiel für Kannibalismus angesehen, die Skelette aus dem spätbronzezeitlichen Grab von Dendra unweit der mykenischen Palastburg von Midea, das von N. Bertos und A. Persson 1926 ausgegraben wurde, sind ebenfalls nicht zweifelsfrei als Menschenopfer anzusprechen. Ähnliches gilt wohl auch für die Skelette aus dem Tholos von Kazarma. Immerhin werden aber zwei Grubenbefunde aus Dendra, die Menschen- und Hundeknochen enthielten, als Totenopfer für das hier bestattete Fürstenpaar angesehen.

Ein Befund vom Berg Cheliotomylos nahe bei Korinth scheint auf ein Opfer hinzuweisen. Dort fand man 1930 einen Brunnen, in dem die Überreste von mindestens 30 Individuen lagen. Trotz schlechter Erhaltungsbedingungen und unsachgemäßer Ausgrabung läßt sich noch rekonstruieren, daß zumindest Teile von Körpern noch zusammenhängend in den Brunnen geworfen worden sein müssen. F. O. Waage führt als Gründe für diesen merkwürdigen Befund entweder eine Dürre an, die den Hungertod der Personen verursacht hat, oder ein Sühneopfer einer verstoßenen Gruppe. Die Funde aus der Brunnenverfüllung gehören in die bronzezeitliche Stufe Früh-Helladisch III.

Beispielhaft für die Unsicherheit bei der Identifizierung von Menschenopfern soll hier der Opferplatz von Anemospilia auf Kreta vorgestellt werden, wo Y. und E. Sakellarakis in der Nähe von Arkhanes 1979 einen Tempel freilegten, der durch ein Erdbeben etwa um 1700 v. Chr. zerstört wurde. Man fand dort vier menschliche Skelette: einen etwa 18jährigen Jugendlichen im westlichen Raum, auf dem ein Bronzemesser lag, einen erwachsenen Mann (Priester?) in der Nähe des Altars, eine Frau in demselben Raum (Priesterin?) und ein weiteres Individuum im Korridor mit einem für blutige Trankopfer üblichen Gefäß. Der minoischen Keramik nach gehört der Tempel in die Zeit um 1700 v. Chr. Während die drei anderen Personen auch durch das Erdbeben ums Leben gekommen sein können, ist dies für den Jugendlichen wegen der Fesselung der Beine, des Beigabencharakters des Bronzemessers und Verfärbungen an den Knochen, die auf Blutleere hinweisen, eher unwahrscheinlich. Möglicherweise hat man zumindest den Jugendlichen sogar zur Abwendung der bevorstehenden Naturkatastrophe geopfert. D. Hughes stellt die von den Ausgräbern aufgestellte Hypothese der Menschenopfer mangels Beweiskraft der Fundumstände und wegen Überinterpretation der Funde in Frage. Er hält lediglich die Menschenopfer aus Grab 15 von Mykene, den beiden zyprischen Gräbern 422 der Nekropole von Kastros in Lapithos und Grab 2 von Salamis für relativ gesichert.

Was sich in den Gräbern 407 und 412 von Lapithos schon andeutet, wo sich im Dromos neben dem Eingang Skelettreste befanden, wird durch die Funde in Grab 422 bestätigt. Hier lagen drei Skelette aus der Zeit um 700 v. Chr. übereinander, Hände und Füße waren z. T. gefesselt. Der zuoberst liegende Tote lag mit dem Gesicht zur Erde, den Toten aus der Mitte hatte man verstümmelt beigesetzt. Ganz unten lag ein Toter auf der rechten Seite, daneben fanden sich eine Kanne und eine Amphora. Die Ausgräber bringen mit diesem Befund einen großen Tuffstein in Zusammenhang, der in der Aufschüttung des Grabeinganges lag. In der Mitte des Steins befand sich eine Vertiefung, von der Rinnen zu den Breitseiten führten. An der Stelle, an der sich der Stein befand, waren am Gestein des Dromos Einschnitte angebracht. Es läßt sich vermuten, daß die Opfer auf dem Stein getötet wurden und ihr Blut in die Vertiefung und von dort durch die Rinnen ins Grab floß, um den Toten zu besänftigen. Einen eindeutigeren Nachweis eines Menschenopfers kann man sich wohl kaum vorstellen.

Im Kammergrab 2 von Salamis auf Zypern fand man ein Skelett und mehrere Menschenknochen aus der Zeit um 600 v. Chr., die V. Karageorghis als Überreste geopferter Sklaven deutet. Im Dromos fanden sich ein unversehrtes Skelett und Knochen von weiteren Toten. Aus der Lage der Knochen in situ läßt sich schließen, daß zumindest einer der Toten gefesselt war.

P. Warren sieht auch im Raum 89 der frühminoischen (frühbronzezeitlichen) Siedlung von Myrtos auf Kreta einen Platz mit rituellem Charakter, möglicherweise den Ort, an dem man Menschenopfer dargebracht hat, denn dort fand man Teile eines menschlichen Schädels (Abb. 35). Der Raum ist 6 m lang und etwa 1,6 m breit, an seiner Ostwand befinden sich zwei Bänke oder Tische, dazwischen liegt eine herzförmige Aussparung. In der Nordostecke des Raumes fand man mehrere zerschlagene Töpfe. Der Schädel des jungen Mannes weist wie der gesamte Raum Brandspuren auf, andere Knochen wurden nicht gefunden. Der Befund wird vom Ausgräber unter Vorbehalt als Raum für Ahnenverehrung oder Menschenopfer interpretiert.

Nur in der Frühphase griechischer Kultur sind demnach Menschenopfer nachgewiesen.

Umfangreiche Opfer im Sinne materialisierter Gebete sind von den Karthagern bekannt. Darbringung von Menschen als Opfer überragte alle anderen Opferformen an Bedeutung. Es gilt als sicher, daß die Karthager diesen Brauch von ihren ostphönizischen Vorfahren übernommen haben. Man brachte die Opfer der Göttin Tnt und dem Gott B'l Hmn dar; Tnt läßt sich mit Artemis bzw. Hera und Venus und B'l Hmn mit Zeus bzw. Krónos und Saturnus vergleichen. Mehrere antike Autoren vertreten die Ansicht, Angehörige der Oberschicht seien verpflichtet gewesen, von Zeit zu Zeit makellose Söhne zu opfern. Nach Philon von Byblos tötete ein Priester die Kinder „auf geheimnisvolle Weise", bevor man sie verbrannte. Rhythmische Musik war bei der Gestaltung der kultischen Feier zur Kontaktaufnahme mit dem Göttlichen unumgänglich. Während viele antike Schriftsteller vom Menschenopfer als einer bereits überkommenen Sitte sprechen, behauptet Tertullianus, daß solcherlei Untaten im Verborgenen begangen würden. Letzteres bestätigen auch anthropologische Untersuchungen an Leichenbränden aus Urnen von Salambo, bei denen es sich wohl um Überreste von Kinderopfern handelt.

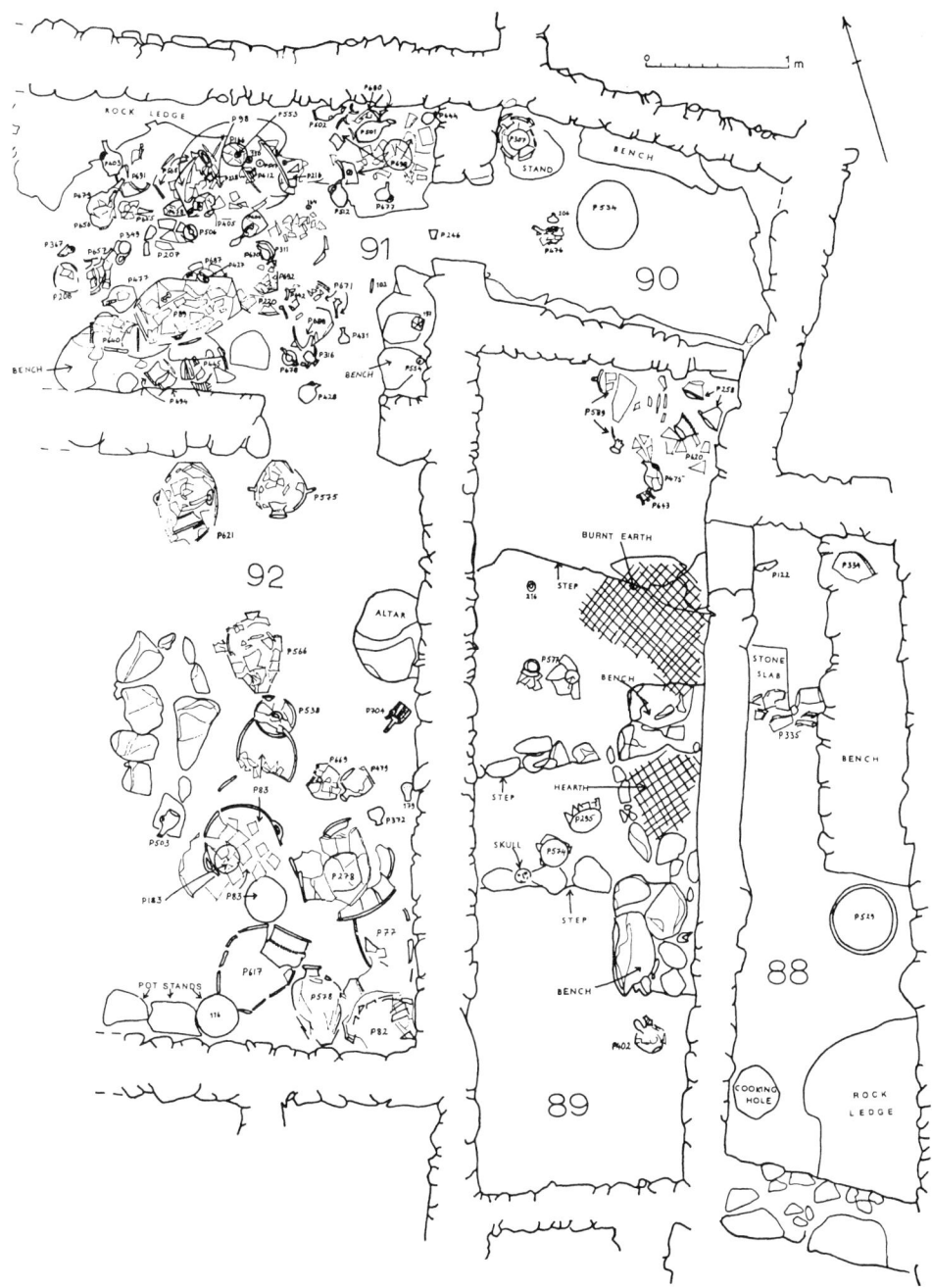

Abb. 35. Ausschnitt aus der frühbronzezeitlichen Siedlung von Myrtos auf Kreta mit dem rituell genutzten Raum 89 nach P. Warren.

Ein besonders grausames Beschwörungsopfer ist aus dem byzantinischen Pergamon überliefert. Im Jahre 716 war die Angst der Pergamener vor den einfallenden Arabern so groß, daß sie in ihrer höchsten Not folgendes Menschenopfer vornahmen, in der Hoffnung, ihre Krieger dadurch unverwundbar zu machen. Sie schlachteten eine hochschwangere Frau, kochten das Kind in einem Kessel und ließen die Krieger den Ärmel ihrer rechten Hand in den Sud tauchen. Die Kirchenschriftsteller schrieben die anschließende Niederlage von Pergamon der Strafe Gottes für dieses Opfer zu.

Menschenopfer im Vorderen Orient, in Afrika, Indien, China und Japan

Archäologisches Beweismaterial unterstützt scheinbar auch die antiken Berichte über Kindesopfer der Kanaaniten und Phönizier an den kanaanäischen Moloch. Diese rituellen Kindesopfer haben möglicherweise mit einer weit in die Vorgeschichte reichenden Tradition zu tun; das Wort „moloch" (phönizisch: MLK bzw. „Molk") bezeichnet keinen Gott, sondern ein besonderes Brandopfer entweder eines Lämmchens, Zickleins oder eines Kindes. Die alten Israeliten haben Menschenopfer als einen Dienst des heidnischen Moloch bekämpft und durch Tieropfer abgelöst.

In Ägypten sollen in vordynastischer Zeit, d. h. im 4. vorchristlichen Jahrtausend, bei besonderen Feierlichkeiten wie Königskrönung, Siegesfeiern und kultischen Festen Menschen geopfert worden sein.

Im Zweistromland waren Menschenopfer mit Ausnahme der Totenfolge in Königsgräbern sehr selten. Unsicher ist, ob die Tötung von Kriegsgefangenen, wie sie auf uruk IV-zeitlichen Siegelabdrücken durch Darstellung mißhandelter oder getöteter Menschen überliefert sind, z.T. doch Ritualcharakter hatten. In hethitisch-kathartischen Ritualen wird vereinzelt die Schlachtung eines Menschen neben der von Tieren vorgeschrieben; sie sind dort zur rituellen Reinigung einer geschlagenen Truppe bezeugt, die zwischen den beiden Hälften des getöteten und zerteilten Menschen und geschlachteter Tiere hindurchgehen muß, also eine Art Durchschreitungszauber. In Urartu opferte man möglicherweise Kriegsgefangene dem Hauptgott Haldi.

Auch aus dem antiken Afrika liegen Berichte über Totenfolgen vor, die weiter unten beschrieben werden. Die Tradition afrikanischer Menschenopfer reicht bis in die Neuzeit. Das Ausmaß der Abschlachtung von mehreren hundert Menschen enthüllt einen krassen Despotismus; in diesen blutigen Hekatomben darf man wohl nicht nur die standesgemäße Ausrüstung des Herrschers im Jenseits sehen, sondern die Apotheose und übertriebene Ehrung des Despoten. J. Maringer beschreibt, daß man in Dahomé den Tonsarg für einen verstorbenen König mit dem Blut von 100 hingeschlachteten Kriegsgefangenen zusammengeknetet hat. Dem Herrscher folgten

84

zudem 24 Frauen, 80 Hoftänzerinnen und 50 Krieger lebendig in das Grabgewölbe, um im Totenreich zu seinen Diensten zu stehen. B. Mörner berichtet von einer Häuptlingsbestattung aus Rua im südlichen Kongogebiet, die an die Beisetzung des Gotenkönigs Alarich erinnert: Man leitete einen Fluß um, hob ein Grab aus und legte zunächst einige Häuptlingsfrauen lebendig nieder, darauf bettete man dann den Toten. Anschließend ließ man den Fluß wieder in sein altes Bett zurückströmen. Nach dem Tode des Königs der Baganda in Uganda fesselte man alle Bediensteten des Königs, führte sie im Leichenzug mit und erschlug sie am Grabe mit Keulen. Auch von den ostafrikanischen Barundi sind Totenfolgen belegt. Sie sollen zu Ehren ihres toten Königs „Hekatomben von Menschen" abgeschlachtet haben, damit der Geist des Königs sich nicht räche; selbst mancher vornehme Barundi wurde getötet, um die Manen des Königs zu beruhigen. Andere Gründe für die Totenfolge mögen auch die Ermordung der Zauberer und Hexen sein, die den Tod des Herrschers verschuldet haben, oder das Ausräumen von unliebsamen Gegnern des nachfolgenden Herrschers. C. K. Meek berichtet von Menschenopfern nordnigerianischer Stämme, die er gerade wegen der Opferungen auf eine höhere Zivilisationsstufe stellt als andere Volksgruppen. A. Merensky erwähnt Menschenopfer der Matebelen, um das Land fruchtbar und den Häuptling unüberwindlich zu machen.

Aus Indien liegen zahlreiche Berichte über Menschenopfer vor. Auf dem Nîlâchal-Berg im nordostindischen Staat Assam unweit des Brahmaputra steht das berühmte Heiligtum der Kâmâkhya, einer Form der Durgâ, zu dem noch heute Wallfahrer aus allen Teilen Indiens strömen. Der Boden ist heilig, weil dort die Geschlechtsteile der Satî (einer früheren Existenz der Durgâ) niederfielen, als sie nach Dakshas Opfer gestorben war und Vishnu den von Shiva getragenen Leichnam zerstückelte. Der Überlieferung nach soll der Fürst Naraka als erster den Hügel mit einem Tempel versehen haben. Um 1565 soll dann König Nar Nârâyan den Tempel völlig erneuert und bei der neuen Einweihung 140 Menschen geopfert haben. Im Innern des Tempels, der Europäern nicht zugänglich ist, befindet sich ein großes Bild der Göttin, im Allerheiligsten soll ihre Yoni (Vulva) durch eine Spalte in einem Felsen dargestellt sein. Unterhalb des Heiligtums liegt ein Tempel der Bhairavî; hier wurden noch im vorigen Jahrhundert Menschenopfer dargebracht. Das Ritual bestand darin, daß man zunächst die große Axt weihte, mit der das Opfer enthauptet werden sollte. Der zu tötende Mensch wurde angebetet, da alle Götter in dessen Leib eingegangen waren und auf diese Weise ihrer gedacht wurde. Dann vollzog man die Enthauptung, den Kopf des Opfers brachte man in einem Gefäß aus Gold, Silber, Kupfer, Erz oder Holz der schrecklichen Mutter dar. Seit der Kolonialisierung opfert man statt Menschen Ziegen.

Ausführlich beschreibt H. Schaerer die Menschenopfer bei den Katinganern, die erst in der Regierungsperiode von Gouverneur General J. B. van

Heutz (1904–1909) ihre Aufhebung und strenge Ahndung fanden. Letzte Sklaven wurden am Katingan noch bis 1914 geopfert, hierfür werden Augenzeugenberichte und Teilnehmer an den Opferhandlungen angeführt. Stets dienten die Menschenopfer dazu, einen Unheilzustand aufzuheben. Man opferte fast ausschließlich Hausssklaven oder geraubte bzw. speziell für das Opfer gekaufte Sklaven; selten kamen auch Personen als Opfer in Frage, die ihr Leben durch Ehebruch, Diebstahl oder Betrug verwirkt hatten. Schaerer beschreibt sowohl plötzliche Tötungsrituale als auch langsame Tötung und langfristige Opfervorbereitung. Die andernorts beobachtete Wegrufung der Seele vor der Opferung ließ sich am Katingan nicht beobachten. Regelhaft scheint aber die Fesselung der Sklaven am *Sapoendoe*, dem Opferpfahl, zu sein. Mitunter huldigte man dem Opfer, den Ahnen und Geistern durch Tänze und Lieder. Marterung der Sklaven kam gelegentlich vor, wenngleich diese gewöhnlich nicht lange dauerte, da man den Fluch des Sklaven fürchtete. Der Grund für die Marterungen liegt in der Vollkommenheit des Opfers, daß die Seele befreit werden und in den Besitz desjenigen gelangen kann, für den sie bestimmt ist. Selten ist die Speisung des abgeschlagenen Kopfes; lebendiges Eingraben oder Verhungernlassen der Opfer ist nicht belegt. Außerdem sind Menschenopfer bei folgenden Anlässen belegt: Verabschiedung und Abwischung von *Sial* (Synonym für Unheil bzw. Unglück); Abwischung von *Toelah* (Verbotsbestimmungen innerhalb von Familien bzw. Unheilszustand); Tötung von Blutschändern; Bestreichung verschiedener Fetische oder des *Petaho* (Opfergestell bzw. Dorfheiligtum) nach einer Kopfjagd; Blutgenuß zur Stärkung der Seele nach einer Kopfjagd; Baden in Sklavenblut bei hartnäckigen Krankheiten; Bauopfer beim Bau eines Dorfes und eines Gebäudes; Bestreichung des Saatreises mit Menschenblut; Beendigung einer Fehde.

Bei den Katinganern sind auch Totenfolgen bekannt. Die Tötung des Sklaven erfolgte über dem Sarg des Verstorbenen, den Leichnam des Sklaven begrub man verkehrt herum, d. h. mit dem Bauch auf der Erde. Vergleichbare Befunde gibt es in manchen prähistorischen Gräbern Europas. Das Blut des Opfers fing man in einem Gefäß auf und benetzte damit Verwandte. Sklavenopfer kamen auch beim *Tiwah* vor, einer Totenfeier, bei der das Opfer erstochen wurde, während man den Leichnam verbrannte. Die Totenfolge begründete man damit, daß der Sklave dem Verstorbenen in der *lewoe liau*, womit das Jenseits bezeichnet wird, Arbeiten abnehmen könne.

Im National-Epos der Tibeter beschreibt M. Hermanns eine Höhle, in der ein berühmter Magier der Urzeit namens Gorakh-nath lebte. Dieser wurde dadurch bekannt, daß er die Nagas in seine Gewalt brachte und auf diese Weise eine mehrjährige Dürre verursacht hat. Einige solcher alter Kultplätze sind bis heute in Gebrauch, so auch eine in Westtibet am Oberlauf des Sutlej gelegene Stelle, die „Alter Platz des Sharrgan-Festes" heißt.

Der alte Platz ist zerfallen, weshalb man schon früher zwei neue Tanzplätze und eine neue Opferstätte errichtet hat. Am Tanzplatz „Dra lang" in der Dorfmitte stehen ein Pfahl, zwei grobe Steinaltäre, die mit Ziegenhörnern geschmückt sind, und zwei Steinstelen ähnlich den Menhiren. In den Außenbereichen aller drei Plätze sind noch Gruben erhalten, in denen man Sachopfer, Kinder und Tiere dargebracht hat. Die alten Leute erinnern sich noch, wie in ihrer Jugend Menschen geopfert wurden, die man später durch Tiere ersetzt hat. Der Sinn dieses Opfers war eine Dankfeier für erlangte Fruchtbarkeit der Menschen, Tiere und Felder. Für die im Laufe des Jahres geborenen Kinder mußte gleichsam als Primitialopfer ein Knabe dargebracht werden.

In China sind Menschenopfer hauptsächlich im Zusammenhang mit der Totenfolge nachweisbar. Sie lassen sich in der Zeit der Shang-Dynastie (16.–11. Jh. v. Chr.) und der Zhou-Dynastie (11.–3. Jh. v. Chr.) belegen. Besonders im shangzeitlichen China scheinen Menschenopfer eine große Rolle gespielt zu haben. Sie sind in Häusern ebenso wie in Opferschächten zu finden, meist wurden Kinder und Kriegsgefangene bevorzugt. In diese Phase der Bronzezeit datiert auch das Grab 1001 von Anyang in der Provinz Honan (Abb. 36); wie üblich hat man die Opfer ohne Kopf bestattet. Der Schriftsteller Ssǔ-Ma Chi'en berichtet von der Bestattung des Wu – des Eroberers des Ts'in-Staates – im Jahre 677 v. Chr., dem 66 Menschen ins Grab folgten. Sein Neffe Mu wurde im Jahre 619 v. Chr. sogar mit 177 Opfern bestattet. Aus dem 6. Jh. v. Chr. sind vier Fälle bekannt, in denen Menschen anläßlich von Totenfolgen lebendig begraben worden sind; die meisten antiken Hinweise auf Totenfolgen liegen aus dem Königshaus der Ts'in vor. Als der Erbauer der großen Chinesischen Mauer, Ts'in Shi Hwang, im Jahre 209 v. Chr. starb, schloß man alle Frauen seines Harems, die ihm keinen Sohn geboren hatten, mit in das Grab ein. Interessant und ungewöhnlich ist auch eine Überlieferung aus der Tatarenfamilie Liao (Sung-Dynastie). Im Jahre 925 wollte sich Shun-khin, die Gemahlin des T'ai Tsu, zusammen mit ihrem Mann bestatten lassen. Nach Einwänden von Verwandten und Offizieren hat sie, statt sich selbst zu opfern, ihre rechte Hand abgeschlagen und sozusagen als pars pro toto mit in den Sarg gelegt. Während der ersten hundert Jahre der Ming-Dynastie haben laut offiziellen Annalen im späten 14. bzw. frühen 15. Jahrhundert zahlreiche Konkubinen die Totenfolge beim Ableben der Herrscher angetreten. Erst im Jahr 1718 verbot der Kaiser Kang-hi, daß gemäß dem Wunsch seiner Mutter vier Mädchen mit ihr begraben würden.

Besonders grausam mutet die japanische Sitte an, die in der ältesten literarischen Quelle Nihongi erscheint. Dort ist von der Fürstenbestattung des Yamato-hiko im 3. Jh. n. Chr. überliefert, daß die Opfer im Kreise um das Grab des Fürsten bis zur Brust eingegraben worden sind, so daß sie eines

Abb. 36. Enthauptete Begleitbestattungen aus Grab 1001 von Anyang (China) nach H. Müller-Karpe.

langsamen, qualvollen Hunger- oder Erstickungstodes sterben mußten. Ein Kaiser soll später über das mehrere Tage und Nächte fortdauernde Jammern der Opfer entsetzt gewesen sein und daraufhin angeordnet haben, künftig statt der Menschen Tonfiguren in die Erde einzugraben.

Geopferte Menschen sind den historischen und archäologischen Quellen zufolge fast ausschließlich den Ahnen eines Herrschers als Dank-, Fürsorge-, Reinigungs- oder Versöhnungsopfer dargebracht worden. Zu den Ausnahmen zählen Menschenopfer für Naturgottheiten bei Umweltkatastrophen. Meist wurden die Opfer in Verbindung mit Tier- oder Sachopfern dargebracht; bei den Opferfeiern hat man bis zu 30 Personen getötet, meist durch Enthauptung. Als Sonderfall darf wohl die Opferung von 100 Menschen anläßlich der „Reinigung" eines im Kriege unglücklich gewesenen Feldherrn angesehen werden.

Menschenopfer in mesoamerikanischen Hochkulturen

Vielen literarischen Quellen zufolge kannten die meisten amerikanischen Hochkulturen Menschenopfer, am ausgeprägtesten die Azteken in ihrer Blütezeit zwischen 1100 und der Eroberung durch die Spanier unter Führung von H. Cortez 1519–21. Demnach glaubten die Azteken, ihre Götter hätten bei der Erschaffung der Welt ihr Herz und ihr Blut der Sonne gegeben; sie müßten ein Opfer bringen, um die Welt im Gleichgewicht zu halten. Den höchsten Blutzoll forderte der Sonnen- und Kriegsgott Huitzilopochtli. Die Indios sollen ihm zur täglichen Stärkung menschliche Herzen und Blut dargebracht haben, damit der Gott den Kampf mit den Mächten der Nacht bestehe und am nächsten Morgen in Gestalt der Sonne wieder am Himmel erscheinen könne. Nach dem Aztekenkalender soll jedes neue Jahr zu Ehren der Regengötter mit Kinderopfern auf Berggipfeln eingeleitet werden. Unklar ist noch, ob es anläßlich von Festen regelhafte Menschenopfer gegeben hat. Nach den Überlieferungen wurde das Opfer mit dem Namen des Idols belegt und mit dessen Tracht geschmückt, dem geopfert werden sollte. Je nach Art des Festes fungierte das Opfer als fleischgewordener Gott. Sechs Monate oder ein ganzes Jahr bekam er zu essen, zu trinken und alle Wünsche erfüllt; wenn er erschien, wurde er verehrt, jedoch auch bewacht, damit er nicht fliehen konnte. Zur Festzeit wurde er getötet, aufgeschlitzt und gegessen. Mit dem Hauptopfer war auch die Schlachtung weiterer Personen verbunden. Die Opferung selbst fand durch einen Priester auf dem sog. Adlerstein (*quauxicalli*) unter großen Zeremonien vor einem Idol aus Mais- und Weizenkuchen statt, der mit Honig angerührt war. Bei der Opferung wurde der Leib aufgeschlitzt und das noch schlagende Herz herausgerissen; mehrere Helfer hielten das Opfer fest. Der Oberpriester war festlich geschmückt, die Opferer hatten Gesichter und Hände schwarz gefärbt. Das Herz wurde in die Sonne gehalten und dann dem Idol ins Gesicht geworfen. Die Leichen, mitunter angeblich bis zu 50 Personen, stürzte man vom Opferstein die Treppe hinunter.

Cortez fragte einst Montezuma, warum er das benachbarte Land von Tlascalla nicht unterworfen habe. Dieser sagte, die Kämpfe mit diesem Volk seien nötig, um die Jugend kampfestüchtig zu halten und um von dort Kriegsgefangene für Menschenopfer zu beziehen. Zur Zeit des älteren Moctezuma war zwischen verschiedenen Stadtrepubliken der sog. „Blumenkrieg" vereinbart worden, der aus einem unglaublichen Gemetzel auf einem genau abgegrenzten Schlachtfeld bestanden hat und im wesentlichen dazu diente, einen Dauervorrat von Kriegsgefangenen für die schon zwanghaft gewordenen Menschenopfer zu sichern.

Die mesoamerikanischen Opferpraktiken sind vor allem aus Beschreibungen spanischer Invasoren bekannt, die binnen vier Jahrzehnten das Aztekenreich vernichteten. Die Aufzeichnungen stammen von Konquistadoren und Priestern, aber auch von den Azteken selbst. Ihre auf Ledertafeln oder Rindenpapier überlieferten Codices oder Annalen, die im Auftrag der Priester entstanden waren, stellen die beste Quelle für diese schriftlose Kultur dar. Die berühmteste Bilderhandschrift der Azteken befindet sich heute in Florenz; sie wurde unter Leitung des Franziskanermönchs Bernardino de

Sahagún in Auftrag gegeben, der bei seiner Missionsarbeit versuchte, die Reste aztekischer Kultur zu retten.

Aus Tenochtitlan ist folgendes Opferritual im großen Tempel überliefert: Ein Priester schneidet das Herz eines Gefangenen heraus, dessen Blut die Treppe hinabläuft. Für diese als Herzopfer bekannt gewordene Hauptform des aztekischen Menschenopfers legte man das Opfer über einen niedrigen Stein, so daß sich die Brust herauswölbte. Während Hilfspriester Arme und Beine festhielten, öffnete der Hauptpriester mit Hilfe eines Steinmessers die Brust und riß das Herz heraus, das mit dem Blut in die steinerne Adlerschale *(quauxicalli)* gelegt und dem Idol dargebracht wurde. Den Körper stürzte man die Stufen der Pyramide hinab und zerstückelte ihn, den Kopf steckte man auf eine Querstange des Schädelgerüstes *(tzompantli).* Das Herzopfer war schon den Tolteken bekannt und wurde bei den Maya, den Mixteken und den Nahua von Puebla angewendet. Man soll auch Kinder in der Hoffnung geopfert haben, ihre Tränen würden Regen bringen. Xipe Totec, ein mit dem Frühling assoziierter Gott, verlangte in einem jährlichen Ritual angeblich folgendes Opfer: Gefangene mußten in einer rituellen Schlacht sterben und wurden anschließend gehäutet; Büßer streiften sich diese Häute über und trugen sie 20 Tage. Bei der Weihe des Haupttempels durch den König Ahuitzotl im Jahre 1487 sollen nach den bescheidensten Angaben in vier Tagen etwa 20.000 Menschen auf den Altären Tenochtitlans verblutet sein; auch wenn diese Zahl zweifellos maßlos übertrieben scheint, steckt wohl doch ein wahrer Kern darin. Der Geschichtsschreiber W. Prescott berichtet von 136.000 Menschenschädeln, die zwei Offiziere aus dem Heer von Cortez auf einem großen Schädelgerüst vor dem Haupttempel Tenochtitlans gezählt haben.

Nach neueren Untersuchungen durch P. Hassler soll es bei den Azteken angeblich gar keine institutionalisierten Menschenopfer gegeben haben. Die während der Zeremonien der Jahresfeste vorgenommenen Tötungen bezögen sich nur auf menschliche Darsteller von Gottheiten, behauptet Hassler. Die dort praktizierten Rituale seien Reaktualisierungen von Mythen mit lediglich angedeuteten, symbolischen Tötungen und keine physisch real vollzogenen Menschenopfer. Nach Hassler gibt es weder archäologische Funde noch Befunde, die Menschenopfer in mesoamerikanischen Kulturen belegen. Aus den historisch überlieferten Quellen allein ließen sich Menschenopfer ebenfalls nicht sicher nachweisen. Hassler führt die Interpretation von institutionalisierten Menschenopfern bzw. sakral rituellen Tötungen auf Mißverständnisse, vorgefaßte Meinungen oder bewußte Irreführung zurück. Dem stehen vor allem Befunde aus Tenochtitlan gegenüber, die allgemein als Bauopfer gedeutet werden. Die große Anzahl von Menschenschädeln in profanen Gebäuden und Tempelunterbauten werden als typisch für Befunde aus Tenochtitlan angesehen.

Neuere Ausgrabungen erbrachten zudem Hinweise auf Menschenopfer in voraztekischer Zeit. So deutet N. Davies einige der Gräber aus dem Tal von Tehuacan als Bestattungen von Opfern. In seiner Studie über Enthauptungen in Mittelamerika führt Chr. L. Moser zahlreiche Beispiele olmekischer Opferhandlungen in Verbindung mit einem ausgeprägtem Kopfkult an. Besonders interessant sind auch die Funde aus Teotihuacán, der wohl berühmtesten Ruinenstätte vorkolumbianischer Kultur, etwa 40 km nordöstlich von Mexico City. Die Teotihuacán-Kultur, die von ca. 500 v. Chr. bis um 670 n. Chr. existierte, beeinflußte nahezu alle Kulturen Mesoamerikas. Im sakralen Bezirk der Stadt beeindruckt als größtes Bauwerk die etwa um Christi Geburt errichtete Sonnenpyramide. An der Südseite des Tempels fanden Archäologen 1983 drei Grabstätten, von denen die größte allein 18 Skelette enthielt. Da die Arme hinter der Wirbelsäule verschränkt waren und die Fußgelenke über Kreuz lagen, kann man davon ausgehen, daß die Personen gefesselt geopfert wurden. Funde aus dem Jahr 1988 von 20 weiteren Skeletten in der zentralen Grabstätte des Tempels werden ebenfalls als Menschenopfer gedeutet. Unter den zahlreichen Funden aus Teotihuacán und Tenochtitlan fallen in diesem Zusammenhang besonders die Opfermesser aus Feuerstein auf, die meist auffällig verziert sind.

In der Religion der Maya-Kultur im Norden Zentralamerikas gab es eine Vielzahl von Göttern, denen in der klassischen Zeit der Kultur von 300–900 n. Chr. manchmal auch Menschenopfer dargebracht wurden. Die ältesten Menschenopfer der Zentral-Region lassen sich in das Präklassikum datieren, während des Frühklassikums nehmen sie ständig zu und sind am häufigsten im Spätklassikum bezeugt. Erst im 16. und 17. Jahrhundert hören die Opfer allmählich auf. Der Geschichtsschreiber Fuentes y Guzmann berichtet noch um 1680 über Opferungen von Kindern in einer Höhle unweit von Mixco Viejo für eine Quelle, die „Mother of the Water" genannt wird. Nach K. Helfrich hat das letzte Menschenopfer in der Süd-Region nahe dem Ort Quetzaltenango im Hochland von Guatemala im Jahre 1917 stattgefunden. Damals opferten fanatische Indios fünf Touristen der Gottheit des Berges Santa María, um einen erneuten Ausbruch dieses noch tätigen Vulkans zu verhindern.

Die Maya hatten eine überaus tolerante Lebensauffassung und eine tief verwurzelte Abneigung gegen jedes Blutvergießen. Diese Haltung steht aber nicht im Widerspruch zu den Menschenopfern, da diese sowohl von den Todgeweihten als auch von der Bevölkerung als Unglück aufgefaßt wurden, in das man sich in gottergebener Resignation zu fügen hatte. Wohl auch aus diesem Grund gab es einige gemilderte Formen bzw. Umformungen der Menschenopfer. Das wirksamste Ersatzopfer war die Darbringung des eigenen Blutes, das Blutlaßopfer. Auf einer steineren Reliefplatte aus Menché in Chiapas – dem südlichsten Staat Mexikos – aus der Zeit um

781 n. Chr. erkennt man einen Mann, der sein Blut vor einem Priester knie-
end opfert. Der Vorgang ist eine strenge Probe religiöser Hingabe; dabei
stieß sich der Opfernde einen Agavendorn durch die Zunge, der an einer
Schnur befestigt war, und zog diese hin und her. Die Blutstropfen fing man
auf einem Stück Papier auf und brachte diese dem Gott als Symbol an Stelle
eines Menschenopfers dar. Blut galt bei den Maya als eine den Göttern
wohlgefällige Gabe, Menschenopfer waren aber dennoch eher selten. Sie be-
durften eines besonderen Anlasses, denn in der normalen, fest verankerten
Liturgie des Ritualkalenders kommen sie bis auf die Blutlaßopfer nicht vor.
Dennoch sind zahlreiche archäologische, ikonographische, epigraphische
und paläographische Belege für Menschenopfer bekannt. K. Helfrich unterscheidet folgende meist aus dem mexikanischen Kulturbereich entlehnte
Opferformen: Enthauptungs-, Herzopfer-, Cenote-, Speer- und Pfeilopfer-,
Todessturz-, Erschlagungs-, Feuer-, Jaguar-, Ballspiel- und Mischrituale.
Der Personenkreis, aus dem die Priester ihre Opfer auswählen konnten, war
umfangreich, aus den Reihen der männlichen Opfer bevorzugte man Sklaven und Kriegsgefangene, Frauen galten als rituell unrein und wurden nur in
Ausnahmefällen geopfert. Eine gewisse Vorliebe für Kinderopfer läßt sich
nicht abstreiten. Die Opfer vollzog man in verschiedenen heiligen Bezirken,
in Tempeln, auf einer Pyramidenplattform, auf der Tempel-Plaza, an einem
Cenote oder auf einem Ballspielplatz. Jede Opferfeier endete in einem fest-
lichen Gelage mit einer rituellen Berauschung der Kultteilnehmer.

Um das Jahr 1000 erlebte die Maya-Kultur in Nord-Yucatán unter dem
Einfluß der aus dem mexikanischen Hochland eingedrungenen Tolteken
eine neue Blüte. Vor allem in Chichén Itzá, einer der berühmtesten Stätten
der Maya-Kultur, gibt es mehrere Belege für Menschenopfer. Seit langem
bekannt ist die Tempelpyramide mit senkrechtem Treppenschacht und
anschließender Schachthöhle (Abb. 37). Der amerikanische Konsul Edward
Thompson entdeckte 1896 in der Cella des Tempels die Öffnung des
Schachtes, der senkrecht durch den ganzen Pyramidenkörper in eine unter
dem gewachsenen Boden gelegene Höhle hinabführt. Auf dem Boden der
Höhle, die 7,6 m breit ist, befand sich ein Schuttkegel mit halbverbrannten
Menschenknochen und Opfergaben aus verschiedenen Gegenden Mesoamerikas. Zudem gab es dort zwei Naturbrunnen (Cenotes), einen zivilen
und einen sakralen, den berühmten „Cenote sagrado", aus denen nach Meinung der Mayas Wind und Regen kommen. Menschenopfer scheinen aber
auch hier zu den selteneren Ausnahmen zu zählen. Der Kult zielte darauf
ab, vom Gott Chac den lebensspendenden Regen zu erlangen. Der dem
Regengott geweihte „heilige Brunnen" hat einen Durchmesser von 60 m.
E. Thompson fand in diesem Brunnen 1904–1907 Reste von Kopalharz, das
man zur Verbrennung bei Opferhandlungen benutzte, Gebrauchsgegen-
stände, Geschirr, Lanzenspitzen, Schmuck (Gold- und Kupferstücke), Ob-

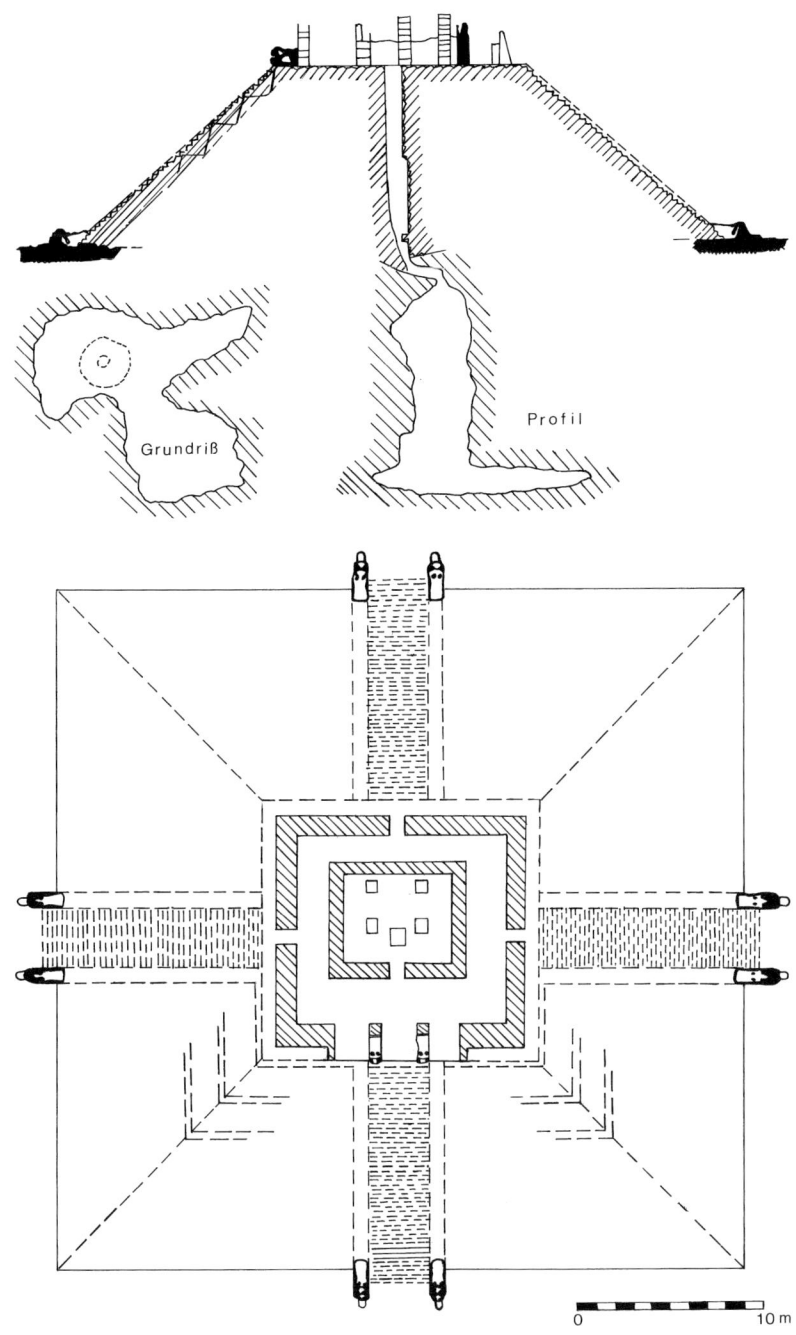

Grundriß

Profil

Abb. 37. Tempelpyramide mit Treppenschacht und Schachthöhle von Chichén Itzá in Yukatan nach J. C. Harrington.

93

sidianmesser, Becher aus Jade und 42 Skelette, die zu 8 Frauen, 13 Männern und 21 Kindern gehören. Besonders eindrucksvoll ist die Darstellung des Herzopferrituals auf der Goldscheibe H aus diesem heiligen Cenote von Chichén Itzá (Abb. 38). Sie zeigt das über dem Altarstein liegende Opfer, das von vier Hilfspriestern festgehalten wird. Die Untersuchungen Thompsons zeigen eine ungebrochene Opferkontinuität von der klassischen Maya-Kultur des 7./8. Jh. bis in die frühspanische Zeit.

Nachdem die Cocom um 1200 Chichén Itzá erobert hatten, verlegten sie das politische Zentrum Yucatans nach Mayapan, einer bis 1450 existierenden Stadt, die nur noch eine schlechte Kopie des großen Vorbildes war. Trotz eines Tiefstandes von Kunst und Religion sind dennoch weiter Menschenopfer praktiziert worden. Über einer Höhle in Mayapan, in der die

Abb. 38. Golddiskus „H" aus dem Heiligen Cenote von Chichén Itzá mit Darstellung eines Menschenopfers.

Gebeine eines angesehenen Fürstenpaares lagen, war der vertikale Zugangsschacht mit Skelettresten von 41 geopferten Gefangenen oder Sklaven vollgestopft.

Aus der Maya-Kultur sind außerdem zeremonielle Präparierungen von Schädeln und Gebeinen der Geopferten bekannt. Außerdem sind Bauopfer unter Altären und aus Pyramidensockeln nachgewiesen. M. Uhle deutet Schädeldeponierungen in den Pyramiden von Cochasquí in der Provinz Pichincha in Ekuador ebenfalls als Bauopfer.

Auch aus zahlreichen mexikanischen Höhlen kennt man Reste von Opferhandlungen. Eines der vielen Beispiele ist die Leichenhöhle „de la Candelaria" in der Provinz Coahuila. Diese etwa 9 m tiefe Schachthöhle enthielt zahlreiche Opfergaben: Menschen- und Tierknochen, Tiergehörne, Muschelamulette, Halsketten, Pfeile und Pfeilspitzen, Speerschleudern und Flechtwaren. Ähnliche Funde liegen aus den Höhlen Balankanche bei Chichén Itzá, Mixco Viejo und aus der Footprint- und Petroglyph-Höhle vor. Angeblich opferte man an einigen mexikanischen Kultplätzen die geschundenen Häute Gefangener; auch die Deponierung von Kinderleibern in Höhlen zum Wohlgefallen der Wassergötter ist überliefert. Eine andere Höhle liegt in einer schwer zugänglichen Gegend bei Santa María Coatlan unweit von Nexapa. Diese diente nach W. Krickeberg und B. de Bourbourg dem Kult eines mythischen Helden namens Petela. Etwa 80 Schritte vom Eingang öffnet sich ein tiefer Schlund, in den man Gefangene als Opfer für Petela zu stürzen pflegte.

Zu den Kultgebräuchen der Zapoteken gehörten unter anderem auch Menschenopfer. Man brachte wie auch andernorts in Mexiko dem Regengott Kinder dar und opferte bei Sonnenfinsternissen Zwerge, weil sie als Geschöpfe der Sonne galten. Im Vergleich zu den Gepflogenheiten der toltekischen und aztekischen Zeit hielten sich diese blutigen Gebräuche jedoch in bescheidenen Grenzen.

Auch von den Totonaken sind Menschenopfer bekannt; besonders häufig kamen sie in Cempoala vor, wo man den Spaniern erzählte, daß man dadurch den Schutz der Saaten vor Ungeziefer, Wolkenbrüchen und Dürre zu erlangen hoffte. Angeblich wurden alle drei Jahre einige Kinder geopfert, deren Blut man mit Ullisaft und etlichen Kräutern zu einem Teig vermengte, der den Namen Toyolliaytlaqual trug.

Zahlreiche Wallfahrtsorte, die auch heutzutage noch viele Menschen anziehen, haben ihren Ursprung wohl in heidnischen Kultplätzen, häufig Höhlen und Schachthöhlen. In Chalma, dem zweitgrößten Wallfahrtsort Mexikos an der Grenze zu Morelos und Guerrero, befinden sich hinter der Basilika eine Kulthöhle und weitere Votivgrotten, die z.T. vollgestopft sind mit Opfergaben. Ein Platz, an dem auch Menschenopfer dargebracht wurden, ist hier wahrscheinlich. Besonders deutlich ist in Chalma die Metamorphose vom indianischen Höhlenheiligtum zum Heiligtum des Sto. Cristo de Chalma spürbar.

Auf dem Gipfel des Plomo in Chile fanden zwei Bergarbeiter 1954 in 6050 m Höhe das Grab eines Inka-Kindes, das als der „Prinz vom Cerro Plomo" in die Geschichte eingegangen ist. Die gefriergetrocknete, wohl am besten erhaltene Mumie der Welt lag zusammengerollt auf der Seite in einer Erdhöhle, die von einer Steinplatte und einem 1,5 m hohen Grabhügel bedeckt war. Der etwa 8–9 Jahre alte Inka-Junge trug eine rot-schwarze Tunika aus Lamawolle und bestickte Mokassins an den Füßen. Ein Stirnband hielt sein schulterlanges, geflochtenes Haar, auf dem Kopf befand sich eine Wollmütze mit Kondorfedern. An Schmuck fanden sich ein schwerer Silberarmreif und ein silbernes Brustgehänge. Zu den Grabbeigaben gehören zwei Lamafiguren, darunter eine aus Gold, eine 20 cm große Silberstatuette einer Inka-Prinzessin mit Federornat, fünf Beutel mit Haarlocken, Zähnen und Nagelabschnitten und eine mit Flamingofedern geschmückte Tasche, in der sich noch Kokablätter befanden. G. Mostny glaubt aufgrund der Kleidung, des Schmuckes und der Haartracht, daß der Junge zum Colla-Stamm gehörte, der am 2000 Meilen vom chilenischen Plomo entfernten Ufer des Titicacasees lebte. Eine Untersuchung durch den Paläopathologen P. Horne 1982–83 legt den Schluß nahe, daß der Inka-Junge erfroren ist, nachdem man ihn lebendig begraben hatte. Man nimmt an, daß das Kind vorher mit einer Droge berauscht wurde. J. Schobinger datiert dieses Menschenopfer in die Zeit zwischen 1470 und 1480. Der archäologische Fund der Inka-Mumie vom Plomo stimmt mit den Berichten überein, die der Abt Cristóbal de Molina im 16. Jh. überliefert hat. Demnach sollen Inka-Priester, die er in Cuzco befragte, eine große Anzahl sorgsam ausgewählter Kinder geopfert haben. Die Kinderopfer, die man „Capacochas" oder „Capac Hucha" nannte, sollen zur Sonnenwendfeier im Juni und Dezember an den 328 geweihten sog. „Huacas" stattgefunden haben, die kreisförmig an der Peripherie Cuzcos lagen. Der katholische Priester Hernández Príncipe berichtet über den Kult der Tanta Carhua im Dorf von Ocros, die im Rahmen eines Capacocha-Opfers wie der Junge von Plomo lebendig begraben worden sein soll und später als Göttin verehrt wurde.

Bevor die Inkas im 15. Jahrhundert an die Nordküste Perus vordrangen, blühte in diesen Tälern das Reich der Chimu, das nach kurzem Kampf dem der Inkas eingegliedert wurde. Durch die Ausgrabungen Max Uhles in den Ruinen von Moche sind viele künstlerisch vollendete zweifarbige Keramiken bekannt, die dieser Früh-Chimu-Kultur zuzurechnen sind. Auf einigen Gefäßen sind auch Darstellungen von Menschenopfern zu sehen (Abb. 39). Besonders interessant ist ein Gefäß, bei dem das Oberteil zu einer Bergkette geformt ist (Abb. 39,1). Das kreisförmig angeordnete Bergmassiv umschließt eine Ebene, die den Schauplatz einer blutigen Opferszene bildet.

2

4

U.R.

Wir unterrichten Sie künftig gern und regelmäßig über unser Verlagsprogramm. Bitte senden Sie diese Karte mit Ihrer Anschrift an den Verlag zurück.

Unser Verlagsgebiet:

Schriftenreihe der Universität Regensburg
Vortragsreihen aus den Geistes- und Sozialwissenschaften

Regensburger Studien und Quellen zur Kulturgeschichte
Geschichte, Kunstgeschichte, Archäologie und Volkskunde

Schriftenreihe der Europa-Kolloquien im Alten Reichstag
Tagungsbände der internationalen Europa-Kolloquien

**Archäologische Reihe des Lehrstuhls für Vor- und Frühgeschichte
der Universität Regensburg**
Hrsg. von Peter Schauer

Tagungsbände und Festschriften

Blick in die Wissenschaft
Forschungsmagazin der Universität Regensburg, erscheint zweimal im Jahr

Ihr Buchhändler wird Ihnen gern jedes Buch unseres Verlages liefern.
Universitätsverlag Regensburg GmbH

mit Darstellung von Men-

Offensichtlich opfert man mehrere Menschen einer am Fuß des Berges thronenden Gottheit mit dämonischem Rang. Im Vordergrund liegt das bis auf ein Schamtuch nackte Opfer auf dem Rücken, ein zweites Opfer liegt bäuchlings auf dem höchsten Gipfel der Bergkette. Ähnlich ist die Szene auf einem zweiten Gefäß (Abb. 39,2). Dort thront die Gottheit auf einer viereckigen Stufenpyramide, das auf dem Boden ausgestreckte, männliche Opfer befindet sich schräg davor. Auch hier liegt ein zweites Opfer kopfüber auf dem Berggipfel, diesmal scheint Blut als dunkler Strom aus dem Opfer herauszulaufen. In der Darstellung auf dem Gefäßrund, das wohl den Fang eines Opfertieres wiedergibt, ist auch ein abgetrennter menschlicher Fuß sichtbar. Dazu paßt auch das dritte, mit einem Halsstrick versehene Opfer, das weggetragen wird, denn diesem Opfer fehlen schon die Beine. Solche Zerstückelungen kehren auch auf anderen Gefäßen dieser Kultur wieder. Ungewöhnlich ist ein weiteres Gefäß, bei dem Volute und Treppenzeichen miteinander kombiniert sind (Abb. 39,3). Dort findet sich auf der untersten Stufe eines dreistufigen Unterbaus eine vom Gipfel herabgestürzte, ausgestreckte Gestalt; das Gegenstück dazu liegt wieder bäuchlings auf der höchsten Bergspitze. Nicht minder grausam ist die Marterszene auf einem weiteren Gefäß (Abb. 39,4). Zwei kleine, einfach gekleidete Gestalten ziehen an dem nur mit Schamtuch und Gürtel bekleideten Mann, zwischen den Figuren liegen bereits abgetrennte Arme und Beine.

Die Menschenopfer der Früh-Chimu-Kultur kamen wohl hauptsächlich durch Herabstürzen zu Tode. Sie wurden vermutlich verschiedenen Gottheiten dargebracht, vor allem einer Reihe von Berggöttern, deren Verehrung als „Huacas" auch in der vorinkaischen Zeit eine wichtige Rolle gespielt haben muß.

Für einen der bedeutendsten Höhlenwallfahrtsorte Mittelamerikas, Santa Eulalia, werden Kinderopfer in der Tiefe der Höhle zwar erwähnt und sind Blutopfer nachgewiesen, archäologische Belege für Menschenopfer aus dieser wichtigen Kultstätte stehen aber noch aus.

Menschenopfer in Deutschland und angrenzenden Gebieten

Verzeichnis aller wichtigen archäologischen Fundstellen

Archäologische Belege für Menschenopfer

Vorwort zum Fundstellenverzeichnis

Die Schwierigkeiten, archäologische Nachweise für Menschenopfer zu erbringen, ist bereits weiter oben angesprochen worden. In dem nun folgenden Fundstellenverzeichnis sollen die wichtigsten anhand der Literatur recherchierbaren und an anderen Stellen als Menschenopfer angesprochenen Funde und Befunde aus Deutschland und angrenzenden Gebieten kurz vorgestellt werden. Nicht alle Interpretationen sind zweifelsfrei, aber die meisten doch wohl eindeutig und meist anhand manipulierter Knochen belegbar; gute Erhaltungsbedingungen der Fundstellen sind naturgemäß Voraussetzung dafür.

Allgemein zeichnen sich für die unterschiedlichen Kulturstufen der Vor- und Frühgeschichte folgende Tendenzen der Menschenopferpraktiken ab: Im Paläolithikum finden sich fast ausschließlich Kopfbestattungen und Hinweise auf Kannibalismus (Anthropophagie). Im Neolithikum fallen häufiger Kollektivbestattungen auf, und besonders charakteristisch für die Münchshöfener Gruppe in Süddeutschland sind die Deponierungen von Menschen in rundlichen Gruben. Während der Bronzezeit sind wir bis auf die wenigen Siedlungsbefunde auf, Höhlendeponierungen angewiesen, von der Urnenfelder- bis zur Frühlatènezeit sind die meisten Menschenopfer aus Schachthöhlen bekannt. In der Mittel- und Spätlatènezeit haben wir es vor allem mit Opferresten in künstlich angelegten Schächten in Heiligtümern und einigen möglicherweise als Bauopfer zu interpretierenden Menschenopfern in Oppida zu tun.

Gemein ist den meisten Überresten einer Opferhandlung das Versenkungsmotiv, das auch bei Gewässerdeponierungen eine Rolle spielt. Vermutlich läßt sich das Versenken der Opferreste auf Kulte für chthonische, d.h. in der Erde wohnende und wirkende Götter (z.B. Pluto), zurückführen. Häufig haben auch gesonderte Plätze ihre Bedeutung, eine einheitliche Zielsetzung läßt sich jedoch nicht erkennen.

Die Anlässe für Menschenopfer sind unterschiedlich. Wir finden sie im Zusammenhang mit Kriegen vor dem Kampf bzw. nach dem Sieg, bei Hungersnöten, Unternehmungen zur See, Ursprungsfeierlichkeiten und im Rahmen der Religiosität einer Gemeinschaft. Rein individuelle Kultausübung als Ausdruck privater Frömmigkeit ist wohl auszuschließen; Menschenopfer betrafen immer Gemeinschaften. Wichtige Entscheidungen über Leib und Leben werden stets von einer übergeordneten Gemeinschaftsordnung, letzlich dem Staat, getroffen. Und genau hierin liegt auch ein Bezug zur Neuzeit, denn das Recht des Menschenopfers geht mit der Entwicklung des öffentlichen Strafrechtes parallel.

Paläolithikum und Mesolithikum
(Alt- und Mittelsteinzeit, etwa 50.000–6.000 v. Chr.)

Menschenopfer im Paläolithikum und Mesolithikum

Belege für Menschenopfer im Paläolithikum sind sehr selten. Zumindest seit dem Mittelpaläolithikum sind aber zumindest Schädeldepositionen bekannt. In den meisten Fällen weisen diese Schädel schwere Verletzungen auf, die den Tod der betreffenden Individuen herbeigeführt haben dürften, außerdem sind oft die Hinterhauptslöcher erweitert. Deshalb ist eine Ritualtötung bei diesen Personen anzunehmen. Leider sind die Fundumstände nicht immer eindeutig oder der Erhaltungszustand der Knochen schlecht, so daß bei den Schädeln und Unterkiefern aus den französischen Höhlen La Quina, Le Petit-Puy-Moyen, La Chaise Gourdan, Marlanaud, Estelas, Aubert, Isturitz und Salllèles-Carbardès die Deponierung rituellen Charakters nur vage vermutet werden kann.

Auch Kannibalismus ist für mehrere paläolithische Fundorte beschrieben worden. So zeigen Menschenknochen des Sinanthropus in Choukoutien und des Homo erectus in Zhoukoudian (China), Ngandong (Java), Bilzingsleben (Deutschland), solche des Neandertalers in Steinheim und Weimar-Ehringsdorf (Deutschland), Monte Circeo (Italien) und solche des Homo sapiens z.B. in Balla (Ungarn), Cioclovina (Rumänien), Mladec V (Tschechien), Castillo (Spanien), Laugerie-Basse, La Madeleine (Frankreich) und Unterwisternitz (Mähren) Spuren gewaltsamer Einwirkung, die auf Kannibalismus hinweisen.

Abgesehen von einzelnen Knochenfunden existieren auch archäologisch ergrabene Befunde, die sich als Menschenopfer ansprechen lassen.

Aus dem Bereich des sog. Natufien am Übergang zum Neolithikum im 8./7. Jahrtausend v. Chr. gibt es mehrere Belege für Zerstückelung von Toten und Beisetzung von Körperteilen, vor allem von Gliedmaßen und Schädel. Bekannt geworden sind besonders die plastisch modellierten Schädel aus Palästina.

In einer präkeramischen Phase von Jericho (Palästina) gab es eine besondere Behandlung und gruppenweise angeordnete Aufbewahrung von Schädeln, die einen Gipsüberzug aufweisen. Manchmal finden sich Kaurimuscheln als Augenersatz. Solche Schädel erinnern eher an den Ahnenkult zahlreicher Naturvölker als an Menschenopfer. Aus Beidha am Toten Meer (Palästina) sind schädellose Beisetzungen bekannt, die sich unter Vorbehalt als Opfer ansprechen lassen.

Lit.: I. K. Ivanova, Das geologische Alter des fossilen Menschen. Archaeologica Venatoria 1 (Stuttgart 1972). K. M. Kenyon, Archaeology in the Holy Land (1960). Kusch 1993. Narr 1961, 1966 und 1975, 44–51. Müller-Karpe 1966.

Kopf- und Schädeldeponierungen in Höhlen

Monte Circeo, sog. „Grotta Guattari" (Prov. Latina/Italien)

In der aus mehreren Räumen bestehenden Grotta Guattari (Reg. Lazio) fand man in einer der Grabungskampagnen zwischen 1936 und 1953 unter Leitung von A.C. Blanc den von Knochen umgebenen Schädel eines Neandertalers auf einem kleinen ovalen Steinkranz (Abb. 40). Die rechte Augenhöhlenpartie weist einen Bruch von einem oder mehreren Schlägen auf, die den Tod verursacht haben sollen; zudem soll der Schädel am Hinterhauptsloch erweitert sein, was auf Entnahme des Gehirns schließen läßt. Der mittelpaläolithische Fund läßt eher den Überrest einer Totenzeremonie als eine Kannibalenmahlzeit vermuten.

Lit.: A.C. Blanc, I palaeantropi di saccopastore e del Circeo, Quartär 4, 1942, 1–37. Müller-Karpe 1966, 326. H. Ullrich, Totenriten und Bestattung im Paläolithikum. In: Bestattungswesen und Totenkult (Berlin 1991) 23–34.

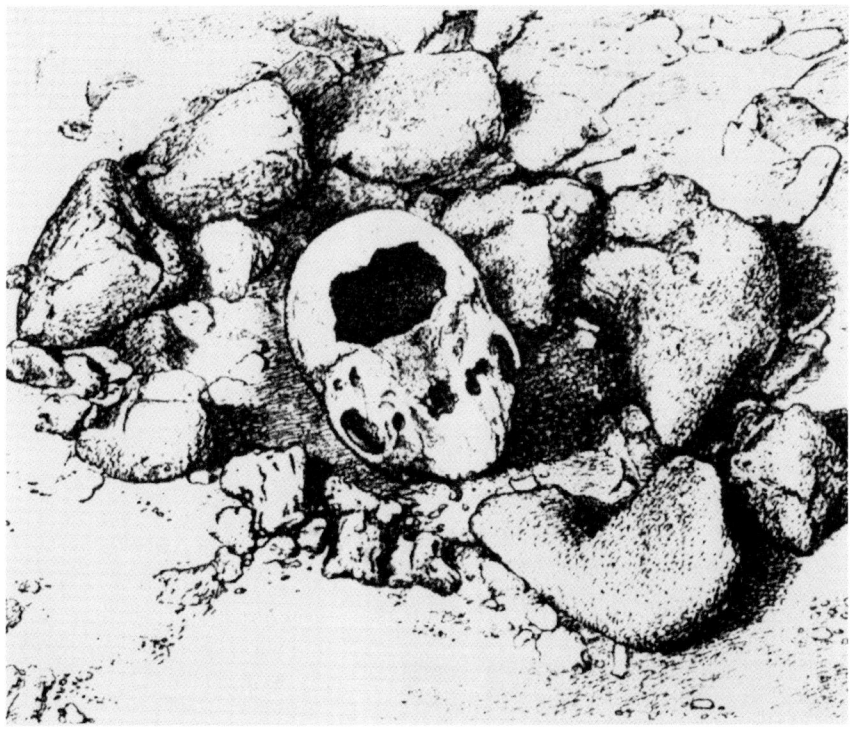

Abb. 40. Monte Circeo (Italien). Schädeldeposition eines Neandertalers (Mittelpaläolithikum, um 40.000 v. Chr.) nach K. J. Narr.

Le Placard (Dép. Charente/Frankreich)

Aus den jungpaläolithischen Schichten der Höhle von Le Placard bei Vilhonneur – vor allem aus der oberen Solutréenschicht – stammen mehrere Teile menschlicher Schädel und eine Schädeldeposition. Die ältesten Ausgrabungen gehen auf das Jahr 1873 unter A. Fermond und M. de Maret zurück. Aus der unteren Magdalénien-Schicht stammen fünf Schädel, die beieinander lagen, darunter auf einem Felsblock nahe am Eingang auch ein isoliert gelegener, mit reichlich Muschelschmuck ausgestatteter Frauenschädel mit Unterkiefer vom Cro-Magnon-Typ. Der den Schädel umgebende Schmuck besteht aus 29 z.T. durchbohrten, fossilen und 139 rezenten Konchylien aus dem Atlantischen Ozean. Außerdem wurden zwei zu Schalen geschnittene Schädelkalotten gefunden, bei denen nicht sicher ist, ob es sich um Schädelbecher handelt (Abb. 41).

Lit.: Müller-Karpe 1966, 240; 279.

Abb. 41. Le Placard (Frankreich). Zu Schalen geschnittene Schädelkalotten (Schädelbecher?) aus dem Jungpaläolithikum (Solutréen, um 35.000 v.Chr), nach H. Müller-Karpe.

La Ferrassie (Dép. Dordogne/Frankreich)

Auffällig ist das 1921 im Friedhof von La Ferrassie, Com. Le Bugue, von D. Peyrony entdeckte Grab 6. In einer 1,25 m langen Grube lag das Skelett eines Kindes mit drei Silexwerkzeugen. Die Bestattung war ost-west-orientiert, die Beine waren angezogen. Der nicht vollständig erhaltene Schädel war offensichtlich vom Skelett getrennt und 1 m vom Körper entfernt am Rand der Grube gesondert beigesetzt. Der Schädel war mit einer 0,8 m breiten Steinplatte abgedeckt, die auf der Unterseite künstliche Vertiefungen aufweist.

Lit.: Müller-Karpe 1966, 264–265. D. de Sonneville-Bordes, Paléolithique supérieur Périgord (Bordeaux 1960), 43–193.

Mas d'Azil (Dép. Ariège/Frankreich)

In einer nischenartigen Wandaushöhlung der seit 1884 ergrabenen Tunnel-
höhle von Mas d'Azil lag ein Schädel ohne Unterkiefer (Abb. 42). Die
Zähne fehlten, man kann wohl davon ausgehen, daß diese gewaltsam extra-
hiert wurden. In der linken Augenhöhle befand sich als Einsatz eine sorgfältig aus einem Cervidenwirbel zurechtgeschnittene Knochenplatte, unweit
davon fand man eine zweite. Die Deposition läßt sich in das Magdalénien
datieren.

Lit.: Müller-Karpe 1966, 276.

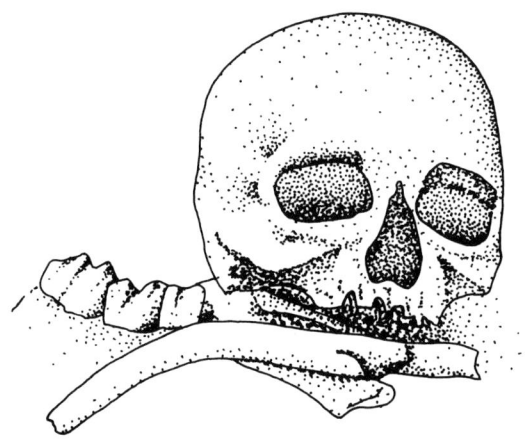

Abb. 42. Mas d'Azil (Frankreich). Schädeldeposition ohne Unterkiefer nach H. Müller-Karpe.

Ofnet-Höhlen im Nördlinger Ries, Gde. Holheim, Lkr. Donau-Ries (Schwaben)

Erste Ausgrabungen in den Ofnethöhlen gehen auf O. Fraas (1875) zurück;
R. R. Schmidt legte 1907–08 ein 2,5 m mächtiges Profil mit neun Schichten
an. Schicht VII enthielt in zwei nur einen Meter voneinander entfernten,
flachen Gruben mehrere Kopfbestattungen (Abb. 43). In einer Grube lagen
27 Schädel, in der anderen 6 Schädel mit Halswirbeln und Unterkiefern. Das
Gesicht war einheitlich nach Westen zum Höhleneingang hin gewandt, die
Füllerde der Grube war intensiv von Ocker rotgefärbt. Schnittspuren an
den Wirbelkörpern deuten auf ein Abtrennen der Köpfe von den Rümpfen
unmittelbar nach dem Tod, dies spricht für eine echte Kopfdeponierung.
Insgesamt handelt es sich um 20 Kinder bzw. Jugendliche, 9 Frauen und
4 Männer. Vom anthropologischen Befund her handelt es sich um unterschiedliche Menschentypen. Die Schädel der Frauen und Kinder waren

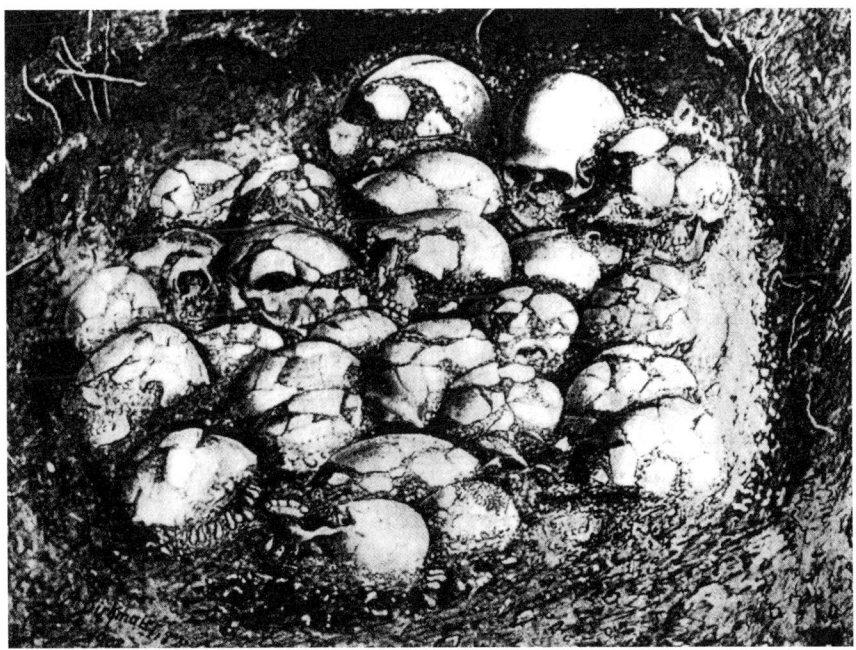

Abb. 43. Anordnung der Kopfbestattungen in der Ofnet-Höhle nach A. Birkmaier.

reich geschmückt: Über 200 gelochte Hirschgrandeln und über 4000 durchbohrte Schnecken gehören wohl zu einer Kopfbedeckung oder Frisur.

Die Datierung des einzigartigen Befundes ist schwierig. Die Kopfbestattungen lassen sich nur vage zwischen das jungpaläolithische Magdalénien
(ca. 11.000 v. Chr.) und das Mesolithikum (bis ca. 6000 v. Chr.), das durch
Mikrolithen in der Grube belegt ist, datieren.

Lit.: Frei/Krahe 1988, 123–128. Weißmüller 1986, 182–198; 254–285.

Hohlerstein bzw. Hohlenstein, sog. „Stadelhöhle" im Lonetal, Gde. Asselfingen, Lkr. Ulm (Baden-Württemberg)

Am Eingang zum Stadel fanden R. Wetzel und O. Völzing 1937 eine Kopf-
bestattung von drei Schädeln (Abb. 44), die eine Sonderstellung innerhalb
der europäischen Mesolithiker einnehmen, denn sie passen zu keiner der bekannten morphologischen Gruppen dieser Zeit. Die Datierung ist nicht
unproblematisch; die Grube, in der die Schädel lagen, war in eine jungpaläolithische Schicht eingetieft, die wiederum von einer neolithischen Schicht
überdeckt war. Aus diesem Grund wird allgemein eine mesolithische Zeitstellung angenommen. Die drei Schädel gehören zu einem Mann, einer Frau
und einem eineinhalbjährigen Kind. Sie ruhten im Unterteil in einer Rötel-

packung auf drei übereinandergelegten Steinschichten mit einer einheit-
lichen Ausrichtung der Gesichter nach Südwesten; der Höhleneingang befindet sich im Norden. Beim Frauenschädel fanden sich noch fünf Halswirbel, beim Mann vier, beim Kind drei; die untersten Halswirbel zeigen
Schnittspuren. Alle Schädel weisen alte Hiebverletzungen auf; das Kind war
ein Hydrokephalus (Wasserkopf). Schaltknochen in der Hinterhauptsnaht
und das Ensemble von Vater, Mutter und Kind sprechen für eine Familien-
bestattung. Um den Frauenschädel lagen 12 Schlundzähne eines Fisches.

Lit.: A. Czarnetzki, Zur Entwicklung des Menschen in Südwestdeutschland. In: H.
Müller-Beck (Hrsg.), Urgeschichte in Baden-Württemberg (Stuttgart 1983) 217–240.
K. Keller, Die Menschenknochen der Knochentrümmerstätte des Stadels im Hohlen-
stein (Lonetal). Diss. 1945. Müller-Karpe 1966, 297; Probst 1991, 181 bzw. 216 oben. R.
Wetzel, Die Kopfbestattungen und die Knochentrümmerstätten des Hohlensteins im
Rahmen der Urgeschichte des Lonetals. In: Verhandl. der deutschen Ges. f. Rassen-
forschung 9, 1938, 193–212.

*Abb. 44. Rekonstruktion der Kopfbestattungen aus der Höhle Hohlenstein-Stadel bei Assel-
fingen, um 5800 v.Chr. Nach A. Czarnetzki.*

Neolithikum

(Jungsteinzeit, etwa 5500–2300 v. Chr.)

Menschenopfer im Neolithikum

Die ältesten neolithischen Menschenopferreste finden sich in bandkeramischen Gräbern, Höhlen und Gruben. Eine Zusammenstellung der Funde aus Siedlungen hat zuletzt E. Hoffmann vorgenommen. Zu den berühmtesten Kulthöhlen der Jungsteinzeit gehört die Jungfernhöhle bei Tiefenellern.

Nachweise von Menschenresten in Siedlungen außerhalb Deutschlands gibt es im Bereich der Starcevo-Kultur, der Luzianky- und Theiss-Kultur (Serbien, Jugoslawien, Banat, Südungarn) und in der Trichterbecherkultur (Dänemark, Südschweden).

Aus dem burgenländischen Taborac (Österreich) stammt eine künstlich eingetiefte Grube mit Schädeln, die z. T. als „Schädelbecher" zugerichtet sind. Ähnliche Funde sind aus verschiedenen Stellen des Balkanraumes bekannt. Im niederösterreichischen Ossarn lagen zerschlagene und angebrannte Menschenknochen in Gruben mit Gefäßen und Beilen. Die sog. Kultgrube von Poigen in Niederösterreich enthielt sechs menschliche Schädel.

Sicherlich in den kultischen Bereich gehört auch ein Befund aus der sog. Usatovo-Gruppe der Kurgan-Kultur am Rande des Tripolje-Gebiets nördlich von Odessa. Im Südteil von Hügelgrab 2 innerhalb des äußeren Steinringes kam eine 1 m breite, mit einer Steinplatte abgedeckte Grube mit fünf menschlichen Zähnen, vier Gefäßen, vier stilisierten Menschenfigürchen, Ockerresten und einem aus einer Steinplatte geschnittenen Stierkopf zutage.

Die zahlreichen neolithischen Idole können zumindest teilweise wohl als Ersatz für Menschenopfer im Sinne eines „Ersatzleibes" angesehen werden.

In der zur Bükk-Kultur zählenden Istállóskö-Höhle lagen neben Scherben, Stein- und Knochengeräten, Tierknochen und Ockerresten auch Menschenknochen von mindestens 25 Individuen, von denen drei Viertel zu Personen gehören, die jünger als 18 Jahre waren. Die Schädel liegen nur in Bruchstücken vor, die Knochen sind vielfach angebrannt. Ähnliche Befunde stammen aus den Höhlen von Liszkova und Ajdovska Jama (Slowenien). In letzterer konnte man ein „Schädelnest" freilegen sowie Feuerstellen mit Keramik, Stein-, Knochen- u. Geweihgeräten, Schmuckstücke, Getreide und Reste von zwei Erwachsenen und zwei Kindern.

Einige Mehrfach- und Doppelbestattungen lassen die Wurzeln der Witwenopfertradition bis in die Jungsteinzeit zurückverfolgen. Zahlreiche bandkeramische Gräberfelder weisen Doppel- und Mehrfachbestattungen auf, besonders drei Befunde von Mlynárce in der Slowakei und Sondershausen in Thüringen sieht Chr. Peschel als Belege für erzwungene Totenfolge. Aber nicht jede nachgewiesene Doppelbestattung muß sich als Opfer bzw.

Totenfolge interpretieren lassen; wie N. Nieszery betont, enthalten die wenigen Doppelbestattungen vor allem Kinder. Einige Bestattungen der Bernburger Kultur weisen ähnlich wie solche der Münchshöfener Kultur zumindest Merkwürdigkeiten auf, die an Menschenopfer denken lassen. Dazu zählen Doppel- und Mehrfachbestattungen und Manipulationen am Skelett. In dem 1901 ergrabenen Gräberfeld von Chamblandes in der Nähe des Genfersees bargen fünf Gräber mehrere Tote verschiedenen Geschlechts. In allen Fällen kann man von einer gleichzeitigen Niederlegung der Bestatteten ausgehen, da die Toten aufeinander lagen. J. Maringer betont, daß es sich hier wegen des Altersunterschieds der Geschlechter nicht um Witwenopfer handeln kann. Er glaubt an gewaltsame Opferung derer, die dem Toten als besonders lieb galten. Ob man die älteste europäische Brandbestattung des Neolithikums aus Gorzsa in der ungarischen Provinz Csongrád tatsächlich als Menschenopfer deuten kann, muß letztlich offen bleiben. Ungewöhnlich bleibt diese Brandbestattung eines Kindes in einem anthropomorphen Gefäß der Körös-Kultur allemal.

Aus Lengyel in Süd-Ungarn sind schädellose Körperbestattungen bekannt, die man besonders gut mit Beigaben ausgestattet hat. Eine Besonderheit ist hier, daß die menschlichen Unterkiefer durch Schweinekiefer ersetzt wurden.

Die Diskussion über den Kannibalismus ist in letzter Zeit vor allem durch die Funde aus der südfranzösischen Höhle von Fontbrégoua neu entfacht worden. Spuren von Kannibalismus liegen auch aus den belgischen Fundorten Furfooz, Prov. Namur, und Spiennes vor.

Als Beispiel für Totenfolge führt J. Maringer ein schnurkeramisches Grab von Vážany in Mähren an. In dem von A. Procházka freigelegten Grabhügel lag zuunterst ein männliches Skelett mit reichen Beigaben. Über dieser Bestattung vermutet man eine Holzdecke, an den Ecken des Grabes fanden sich Pfostenstandspuren. Über der Holzabdeckung lagen wirr durcheinander drei weitere Skelette, die den Eindruck erwecken, als ob man die Toten ohne große Sorgfalt in das Grab hineingeworfen hätte.

Lit.: J. Courtin, La Baume Fontbrégoua. Livret-guide de l'excursion Ixe Congrès UISPD (Nice 1976) 21–37. Hoffmann 1971, 1–27. D. Kaufmann, Kultische Äußerungen im Frühneolithikum des Elbe-Saale-Gebietes. In: Schlette/Kaufmann 1989, 111–139. Kunkel 1955. Maringer 1942/43, 48–54; 98–99. Müller-Karpe 1968, 345–348; 367. Narr 1975, 664–666. N. Nieszery, Linearbandkeramische Gräberfelder in Bayern. Internationale Archäologie 16 (Espelkamp 1995) 83–84; 89–90. Chr. Peschel, Regel und Ausnahme – Linearbandkeramische Bestattungssitten in Deutschland und angrenzenden Gebieten unter besonderer Berücksichtigung der Sonderbestattungen. Internationale Archäologie 9 (Buch am Erlbach 1992) 222–225. Peter-Röcher 1994, 104–108. P. Villa, J. Courtin, D. Helmer et al., Cannibalisme dans la grotte de Fontbrégoua. Archeologia Paris 1987, 40–52. Dies., Un cas de Cannibalisme au Néolithique. Gallia Prehistoire 29, 1986, 143–171.

Linienband- und Stichbandkeramik
(etwa 5500–4500 v. Chr.)

Jungfernhöhle von Tiefenellern, Lkr. Bamberg (Oberfranken)
Seit der Ausgrabung durch O. Kunkel 1952–54 ist die Jungfernhöhle wohl die bekannteste bandkeramische Kulthöhle. Das Höhleninnere war angefüllt mit verstreuten Knochen von 38 Personen sowie Tierknochen und Gefäßscherben. Die eigentlichen rituellen Handlungen fanden außerhalb der Höhle statt, erst im Anschluß daran schüttete man die Überreste durch eine Felsöffnung. Die Menschenknochen – es handelt sich um Schädelreste von 2 Männern, 4 Frauen und 14 Kindern – sind alle zerschlagen, die Hinterhauptslöcher sind oft gewaltsam erweitert, was der Ausgräber als Hirnentnahme bzw. Entnahme von Knochenmark interpretiert hat. Die Skelettreste sind wie Abfall durch die kleine Höhlenpforte bzw. durch den engen Kamin im Höhlendach geworfen worden und mit großer Wucht auf dem schräg verlaufenden Höhlenboden aufgetroffen. Auffällig ist das Fehlen bestimmter Zähne: Sämtliche Schneide- und Eckzähne fehlen, wenn bereits vordere Backenzähne vorhanden waren, fehlen auch diese. Fehlende Lückenschließung am Knochenmaterial deutet auf Zahnziehen kurz vor oder nach der rituellen Handlung, insgesamt fehlen mindestens 500 Zähne. Möglicherweise hat man die Zähne zur Wiederverwendung als Amulette wie im Grab 19 von Nitra benutzt. Dort fand man bei einem etwa 40jährigen Mann eine Kette aus fünf durchbohrten menschlichen und tierischen Zähnen; auch aus einer Grube in Zeuzleben, Lkr. Schweinfurt, stammen 29 durchbohrte Menschenzähne in einer Grube.

    O. Kunkel und G. Asmus deuteten den Befund als Menschenopfer mit anthropophagem Einschlag bei einem Fruchtbarkeitskult; demnach sollen Bandkeramiker einer 500 m entfernten Siedlung die „mittelsteinzeitliche Restbevölkerung" geopfert haben. H. Peter-Röcher betont, daß sich an den Knochen keine Schnittspuren erkennen lassen; ihrer Meinung nach ist die Interpretation der Funde als Überreste eines kannibalistischen Opferrituals wenig überzeugend, sie vermutet eher Sekundärbestattungen.

    Lit.: Berg/Rolle/Seemann 1981, 119–120. Kunkel 1955. N. Nieszery, Linearbandkeramische Gräberfelder in Bayern. Internationale Archäologie 9 (Espelkamp 1995) 26–28. Peter-Röcher 1994, 99–104.

Hanseles Hohl, Gemeinde Fronhofen (Schwaben)
In den Jahren 1923–25 von F. Birkner, E. Frickhinger und P. Zenetti durchgeführte Grabungen erbrachten Siedlungsschichten der Bandkeramik, der Stichbandkeramik und des Spätneolithikums.

    Auf einem neolithischen Feuerplatz fanden die Ausgräber auch eine Anzahl aufgeschlagener und z. T. angekohlter Menschenknochen. W. Weißmüller errechnete eine Mindestindividuenzahl von 11 Personen.

    Lit.:Frei/Krahe 1988, 216–220. Weißmüller 1986, 37–40; 156–162; 207.

Menschenreste in Siedlungen

Quedlinburg, Bez. Halle (Sachsen-Anhalt)

In Quedlinburg fand man neben Gruben mit linien- und stichbandkerami-schen Scherben und Körperbestattungen mit Gefäßbeigaben seitlich des Kopfes auch die Schädelbestattung eines Kindes der linienbandkeramischen Kultur in einer großen, unverzierten Schale, über die ein kleineres, bauchi-ges Gefäß gestülpt war.

Lit.: Peter-Röcher 1994, 105. Probst 1991, 261.

Eilsleben, Lkr. Wanzleben (Sachsen-Anhalt)

Aus Eilsleben ist eine gemeinsame Opferung von Tier und Mensch bekannt. Über einer 17–19jährigen Frau fand man den Schädel eines weiblichen Auerochsen mit abgeschlagenen Hornzapfen und Schlagverletzungen an der Stirn.

Lit.: Probst 1991, 263.

Wiederau-Zauschwitz, Gde. Weideroda, Lkr. Borna (Sachsen)

In Zauschwitz, etwa 30 km von Leipzig entfernt, stieß man in der Nähe der Ziegelei 1957 auf eine 0,25 m tiefe, rundliche Grube. Darin lagen eine große Menge Menschenknochen, ein Mahlstein, Tierknochen und Silices sowie grobe bandkeramische Siedlungskeramik. Insgesamt liegen fünf Individuen verschiedenen Alters vor; Schädelteile und Röhrenknochen sind absichtlich zertrümmert bzw. abgeschlagen, was auf Mark- bzw. Hirngewinnung schließen läßt. Die Körperteile sind nicht vollständig, Brandspuren aus-schließlich an Schädelresten deuten darauf hin, daß man vielleicht in einzel-nen Schädelteilen gekocht bzw. gebraten hat.

Lit.: W. Coblenz, Bandkeramischer Kannibalismus in Zauschwitz. In: Ausgrabun-gen und Funde 7, 1962, 67–69. Herrmann 1989, 428–429. Hoffmann 1971, 23–24.

Rehmsdorf, Lkr. Burgenlandkreis (Sachsen-Anhalt)

Im Braunkohlentagebau „Neuglück" fand man einen mit Eichenhölzern ausgezimmerten Schacht mit quadratischem Grundriß. Die Seitenlänge be-trug ebenso wie die Tiefe 1 m, die ursprüngliche Tiefe wird auf ca. 5 m ge-schätzt. Im Inneren ragten fünf senkrecht stehende Pfähle bis zur Mündung, einer in der Mitte und vier an den Ecken. Der linienbandkeramische Schacht enthielt Keramikscherben von etwa 30 Gefäßen, eine Holzschale, Steingerä-te, Menschen- und Tierknochen. Eine Interpretation als kultisch genutzter Brunnen scheint nicht abwegig.

Lit.: Hoffmann 1971, 23.

Talheim, Lkr. Heilbronn (Baden-Württemberg)

Im März 1983 und 1984 legte das Landesdenkmalamt in Stuttgart am Orts-
rand von Talheim einen neolithischen Befund frei, dessen Interpretation
fraglich ist. Ca. 35–40 cm unter der Oberfläche entdeckte man in einer etwa
3 × 1,5 m großen, ovalen Grube ein bandkeramisches Massengrab. Im Bereich der Grubensohle konnte man die Lage einzelner Skelette erkennen
bzw. rekonstruieren. Demnach sind einige Personen wohl sicher hingelegt,
andere hineingeworfen worden. An den Skeletten lassen sich Hiebspuren
von Beilklingen beobachten. Die Gesamtindividuenzahl beläuft sich auf
etwa 20–25 Männer, Frauen, Jugendliche und Kinder. J. Wahl führt als Er-
klärungsmöglichkeit für den außergewöhnlichen Befund eine Epidemie
oder einen kriegerischen Überfall an; ebenso gut kann es sich hierbei allerdings um Menschenopfer handeln.

Lit.: Probst 1991, 252; 261. J. Wahl, Ein neolithisches Massengrab bei Talheim,
Landkreis Heilbronn. Arch. Ausgrabungen in Baden-Württemberg 1984 (Stuttgart
1985) 30–32.

Taubach, Lkr. Weimar (Thüringen)

Eine Schädelbestattung der Stichbandkeramik liegt aus einer Siedlungsgrube bei Taubach vor. Es handelt sich um den Schädel eines knapp zweijähri-
gen Kindes ohne Unterkiefer, über den man das Unterteil eines stichband-
keramischen Tongefäßes gestülpt hatte. E. Hoffmann ordnet ihn zusammen
mit anderen Schädeln aus Gruben der Ahnenverehrung zu, schließt aber
auch eine Nutzung als Schädeltrophäe nicht aus; E. Probst vermutet hier ein
Opfer im Rahmen der Fruchtbarkeitsmagie.

Lit.: Hoffmann 1971, 1. Peter-Röcher 1994, 105. Probst 1991, 275.

Münchshöfener Kultur
(etwa 4200 – 3800 v. Chr.)

Langenhettenbach, Lkr. Landshut (Niederbayern)

1972 konnte G. Spitzlberger in einer Siedlung der Münchshöfener Kultur,
die zahlreiche Gruben mit hervorragend erhaltenen Getreidekörnern enthielt, auch zwei merkwürdige Befunde ausgraben, die sich als Menschenopfer ansprechen lassen. In einer Grube fand er zwischen üblichem Sied-
lungsabfall die Hälfte eines 3–4jährigen Kinderschädels. Aus einer zweiten
Grube stammt das Skelett eines lieblos hineingeworfenen, etwa fünfzehn-
jährigen Menschen mit einem ebenfalls halbierten Schädel.

Lit.: G. Spitzlberger, 4500 Jahre alten Weizen bei Langenhettenbach gefunden. In:
Münchner Kurier 4, 1973.

Straubing-Wasserwerk, Stadt Straubing (Niederbayern)

Auf einer Ausgrabung der Stadtarchäologie kam 1993 am Ostrand von Straubing in einer vorgeschichtlichen Siedlung ein Doppelgrab der Münchshöfener Kultur zutage. Inmitten einer 10 × 7,5 m großen sog. „Lehmentnahmegrube" befand sich eine beutelförmige Grube, die in 1,35 m Tiefe die Doppelbestattung enthielt (Abb. 45). Der Bestattungsvorgang wird von K. Böhm und R. Pielmaier wie folgt rekonstruiert: Im Nordwestteil hatte man zunächst einen Leichnam in rechter Hockerstellung niedergelegt. Es handelt sich hier um eine jüngere erwachsene Frau, die Daumen und Zeigefinger der rechten Hand in den Mund gesteckt hat. Der zweite Tote, ein jüngerer erwachsener Mann, lag im Grubenzentrum auf dem Rücken mit seinen Beinen über dem anderen Skelett. Der linke Unterschenkel ragte unnatürlich nach oben, der rechte war zum Becken hin angezogen. Am linken Ohr des Mannes befand sich ein 4 mm breiter Kupferohrring mit 8,5 mm Durchmesser; dies ist der älteste Metallfund Altbayerns. In der Grubenverfüllung lagen außerdem lediglich zwei Münchshöfener Scherben: ein Bodenfragment und der Teil eines Schöpfers. Eine Deutung des Befundes ist schwierig. Gegen eine reguläre Bestattung sprechen die Niederlegung in-

Abb. 45. Doppelbestattung der Münchshöfener Kultur aus Straubing.

Abb. 46. Thalham, Stadt Landau/Isar. Skelett einer zwergwüchsigen Frau in einer Keller-grube der Münchshöfener Kultur.

mitten einer Siedlung und die Deposition von zwei Individuen, zumal in solch merkwürdiger Anordnung. Auffällig ist auch die Handhaltung der Frau mit dem Daumen im Mund, was darauf hinweisen könnte, daß die Frau lebendig begraben worden ist.

Lit.: K. Böhm/R. Pielmaier, Der älteste Metallfund Altbayerns in einem Doppel-grab der Münchshöfener Gruppe aus Straubing, Niederbayern. In: Arch. Jahr Bayern 1993, 40–42.

Thalham, Stadt Landau a. d. Isar (Niederbayern)

L. Kreiner konnte 1984 beim Bau der Erdgasleitung in der Gemarkung Frammering südlich von Thalham außer einer Kellergrube der Münchs-höfener Kultur auch eine kreisrunde Grube mit 2 m Durchmesser ergraben, die sich unter Vorbehalt als Opfergrube ansprechen läßt (Abb. 46). Zu-nächst machte die Grubenverfüllung den Eindruck einer typischen Abfall-grube, denn sie enthielt Tierknochen, Scherben, Hüttenlehm und ein Reib-steinfragment. Am östlichen Grubenrand kamen dann aber zwei Skelette und ein vollständig erhaltenes Gefäß mit pilzförmiger Schulter und Trich-terrand zum Vorschein. Dicht unterhalb des Gefäßes lag in südwest-nord-östlicher Rückenlage das Skelett einer zwergwüchsigen Frau. Die Arme wa-ren vor der Brust verschränkt, die Beine extrem angewinkelt; man hatte die Tote sorgfältig auf ein Scherbenpflaster gelegt. Direkt unterhalb des Pfla-

sters lag in entgegengesetzter Richtung das Skelett eines ebenfalls zwergwüchsigen jungen Mannes, dem Arme, Beine sowie der Unterkiefer abgetrennt worden waren.

Lit.: L. Kreiner, Grabfunde der Münchshöfener Kultur im Landkreis Dingolfing-
Landau. In: Vorträge 13. Niederbayer. Archäologentag (Deggendorf 1995) 71–84.

Wildenberg, Lkr. Kelheim (Niederbayern)

Am Rande einer mittelneolithischen Siedlung im Wildenberger Baugebiet
„Eschenharter Str. III" kam in einer Notgrabung der Kreisarchäologie Kelheim 1993 ein zerteilter Körper in einer als Objekt 9 bezeichneten Grube
der Münchshöfener Kultur zutage. Kopf, Schulter und ein Arm lagen
abgetrennt im nordwestlichen Grubenteil, der zweite ebenfalls vom Rumpf
getrennte Arm befand sich neben dem Oberschenkel (Abb. 47). Den arm-
und kopflosen Rumpf hatte man bäuchlings niedergelegt. Die Extremitäten
müssen bei der Deposition noch im Fleisch- bzw. Sehnenverband gewesen
sein. Auffallend ist das Fehlen beider Kniescheiben, eines Schienbeins und
beider Wadenbeine, der Fuß- und der meisten Handknochen. Die Schädelkalotte zeigt im Bereich der Halswirbel eine deutliche Schlagmarke am
Hinterhaupt. Eine Tötung an Ort und Stelle ist anzunehmen. Nach der anthropologischen Untersuchung durch P. Schröter handelt es sich um einen
erwachsenen, überaus zierlichen jungen Mann. Nur ein einziger Keramik-

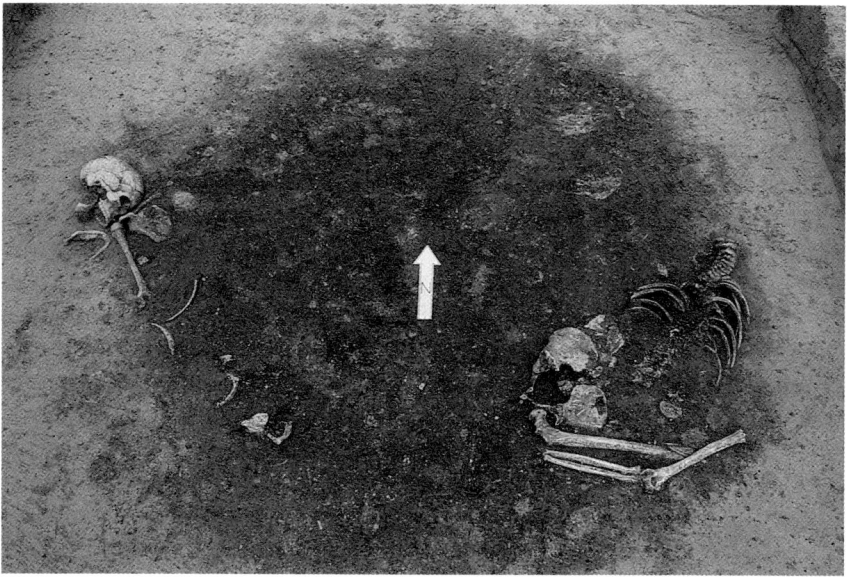

*Abb. 47. Wildenberg, Lkr. Kelheim. Opfergrube mit seziertem Menschen der Münchshöfe-
ner Kultur um 4000 v.Chr.*

fund, ein Schalenfragment mit Knubbe, läßt sich unter Vorbehalt der Münchshöfener Kultur zuweisen. Das 14C-Datum einer Holzkohleprobe gehört in den Zeitraum 5590 ± 150 BP, was erwartungsgemäß einem Datum der jüngeren Münchshöfener Kultur entspricht.

Lit.: M. M. Rind, Eine bemerkenswerte, mittelneolithische Bestattung im Wildenberger Baubegiet „Eschenharter Str. III". In: Scherben, Schädel, Schratzellöcher (Regensburg 1994) 40–43.

Rössener Kultur
(etwa 4600–4300 v. Chr.)

Gipskarstdoline bei Ergersheim, Lkr. Neustadt a. d. Aisch-Bad Windsheim (Mittelfranken)

Durch Gipsabbau kam 1994 eine Doline, genauer gesagt ein Ponor, d. h. ein periodisch aktiver Wasserschlinger, zum Vorschein, der vollständig ausgegraben werden konnte. Der trichterförmige Schacht war noch etwa 4 m tief, ursprünglich betrug die Maximaltiefe mit Abflußkanal etwa 8,5 m, der Randdurchmesser lag bei ca. 12–15 m. In Schicht 7 kam eine Scherbe der Rössener Kultur (um 3800 v. Chr.) zutage. Zu den Funden zählen Tonscherben, zwei menschliche Schädel und Skeletteile, die durch einströmendes Wasser verlagert waren. In etwas höherem Niveau fanden sich Kulturreste der Schnurkeramik, ebenfalls mit Überresten von zwei Menschen. Die letzte Verfüllungsschicht der Doline (Schicht 8) enthielt auch frühbronzezeitliche Keramikscherben, Holzkohle und Tierknochen.

Lit.: M. Nadler/F. Leja, Wasserkult oder Versenkungsopfer? – Ausgrabung eines Ponors im Gipskarst bei Ergersheim, Lkr. Neustadt a.d. Aisch-Bad Windsheim, Mittelfranken. In: Arch. Jahr Bayern 1994, 62–66.

Hohlenstein im Lonetal, Alb-Donau-Kreis (Baden-Württemberg)

Beim Hohlenstein im Lonetal handelt es sich um eine Höhlenfundstelle der Rössener Kultur mit Überresten von mindestens 44 Menschen, zumeist Frauen und Kinder, nur wenige Männer. Mehrere Schädelknochen zeigen Hieb- und Schnittspuren sowie Feuereinwirkung. Es lassen sich ähnliche rituelle Tötungen in Verbindung mit kultischem Kannibalismus vermuten wie in der Höhle Hanseles Hohl (Lkr. Donau-Ries) und in den Freilandfundstellen von Ober-Hörgern (Wetteraukreis/Hessen) und Wiesbaden-Erbenheim (Hessen).

Lit.: W. Gieseler, Die süddeutschen Kopfbestattungen und ihre zeitliche Einordnung. Naturwiss. Monatsschr. „Aus der Heimat" 59, 1951, 291–298. Probst 1991, 293–296. O. Völzing, Die Grabungen 1937 am Hohlestein im Lonetal. Fundber. Schwaben NF 9, 1938, 1–9.

Michelsberger Kultur
(etwa 4300–3500 v. Chr.)

Heidelsheim bei Bruchsal, Lkr. Karlsruhe (Baden-Württemberg)
In einer befestigten Siedlung der Michelsberger Kultur auf dem Altenberg konnten insgesamt vier Grabenstücke und eine Grube ausgegraben werden. In den Grabenverfüllungen 1–4 entdeckte man regellos verteilte Schädelreste von mindestens 20 Menschen. Graben 4 enthielt allein im Nordostende Schädelreste von etwa 8–11 Individuen auf einer etwa 1,2 m breiten Fläche. Die Deutung des Befundes ist unklar.

Lit.: J. Lüning, Die Michelsberger Kultur. Ihre Funde in zeitlicher und räumlicher Gliederung. Ber. RGK 48, 1967, 233–236. Probst 1991, 316–321.

Heidelberg-Handschuhsheim, Rhein-Neckar-Kreis (Baden-Württemberg)
In einer etwa 3,6 × 4 m großen Lehmentnahmegrube der Michelsberger Kultur, die man 1985 im Zuge von Ausschachtungsarbeiten entdeckte, lagen drei Erwachsene und drei Kinder, alle wurden offensichtlich erschlagen (Abb. 48). Es handelt sich um zwei Männer zwischen 40 und 50 Jahren, eine

Abb. 48. Heidelberg-Handschuhsheim. Mehrfachbestattung erschlagener Menschen in einer Grube der Michelsberger Kultur, um 4000 v. Chr.

ca. 25 jährige Frau, einen männlichen, etwa 12 jährigen Jugendlichen, ein 4–5 Jahre altes Kind und einen einjährigen Säugling. Alle waren sorgfältig in der Grube deponiert, die Gesichter der Erwachsenen blickten nach Süden. Die Beine waren zum Körper hin in Hockerstellung angezogen, extrem eng angewinkelte Unterschenkel lassen Fesselung der Beine vermuten: Spiegelt sich hier die Angst vor einer Wiederkehr der Toten? Auffällig ist die überaus reiche Ausstattung an Beigaben mit etwa 65 Tongefäßen.

Lit.: Probst 1991, 316–320. J. Wahl/B. Höhn, Eine Mehrfachbestattung der Michelsberger Kultur aus Heidelberg-Handschuhsheim, Rhein-Neckar Kreis. Fundberichte Baden-Württemberg 13, 1988, 123–198.

Michelsberg bei Untergrombach, Stadt Bruchsal, Lkr. Karlsruhe (Baden-Württemberg)

Am namengebenden Fundort der Michelsberger Kultur bei Untergrombach fand man in 10 Gruben unvollständige Skelettreste von 34–46 Personen, darunter auffällig wenig Schädelreste. Die meisten Knochen sind schwer beschädigt oder nur bruchstückhaft erhalten. 14 % der Individuen waren Jugendliche oder Kinder.

Lit.: Probst 1991, 320–321.

Ilsfeld, Lkr. Heilbronn (Baden-Württemberg)

In einer großen, durch Wall- und Grabenanlage befestigten Siedlung der jungneolithischen Michelsberger Kultur konnte das Landesdenkmalamt in Ilsfeld von 1974 bis 1979 umfangreiche Ausgrabungen durchführen. Die Siedlung wird von einem ovalen Grabensystem umgrenzt, dessen Ausdehnung etwa 400 auf 300 m beträgt, die Innenfläche umfaßt etwa 13 ha. Spektakulär ist nach J. Wahl der Schädel eines 30–40 jährigen, ausgesprochen großen und robusten Mannes, der zwei unverheilte Hiebverletzungen und eine künstliche, symmetrische Erweiterung des Hinterhauptsloches aufweist. Die normale Ilsfelder Population der Michelsberger Kultur zeichnet sich dagegen durch grazilen Knochenbau aus (Abb. 49). Wahl vermutet, daß in diesem Fall ein Fremder erschlagen wurde. Außerdem ist das Schädeldach von innen nach außen durchstoßen. Verwitterungsspuren an der Oberfläche der Schädelkalotte sprechen dafür, daß der Kopf im Eingangsbereich des Grabenwerkes aufgespießt und längere Zeit als Trophäe zur Schau gestellt wurde (Abb. 50).

Lit.: J. Biel, Eine Befestigung der Jungsteinzeit bei Ilsfeld, Landkreis Heilbronn, Denkmalpflege in Baden-Württemberg 4, 1975, 28–30. J. Wahl, Manipulierte Menschenknochen. In: Archäologie in Deutschland 1/95, 32–33.

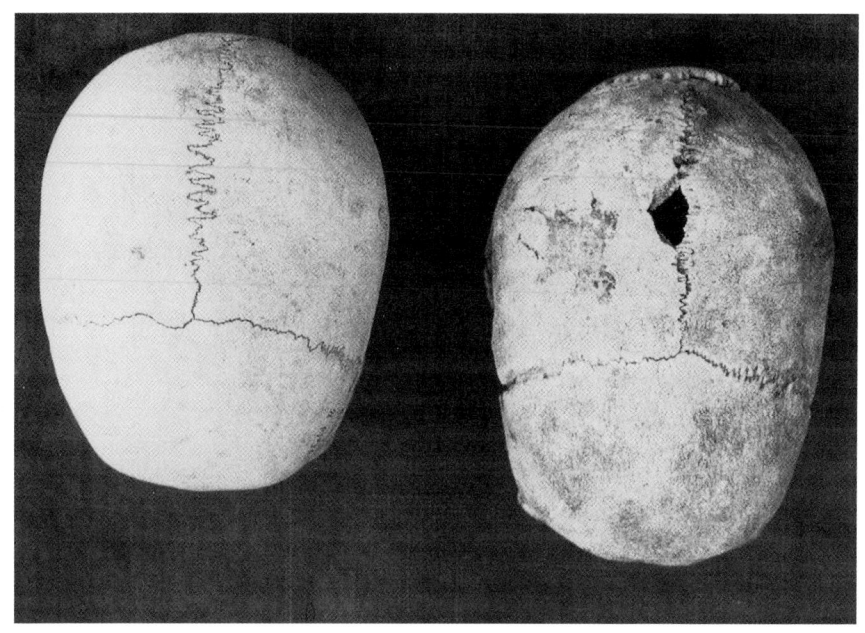

Abb. 49. Ilsfeld, Lkr. Heilbronn. Schädel der Ilsfelder Population (links) im Vergleich zum robusteren Trophäenschädel (rechts) nach J. Wahl.

Abb. 50. Ilsfeld. Rekonstruktion des Einganges mit Trophäenschädel am Erdwerk der Michelsberger Kultur.

Silogrube von Inningen, Lkr. Augsburg (Schwaben)

1937 wurden bei der Ziegelei Inningen insgesamt vier Gruben mit jungneo-lithischen Skeletten ausgegraben. Leider sind die Aussagen zu diesem wichtigen Befund wegen schlechter Dokumentation und Verlust einiger Funde heute nur begrenzt. In der schachtartigen Grube I lagen ein stark verkrümmtes Skelett und ein neolithisches Gefäßbruchstück, das sich nur vage in die Michelsberger oder Altheimer Kultur datieren läßt. Die siloartige Grube II mit etwa 1,6 m Durchmesser enthielt Reste von sechs gewaltsam getöteten Menschen (Abb. 51) sowie weitere, nicht zu diesem Skelett gehörende Knochenreste; dazwischen lagen Knochen von erschlagenen Tieren. Nach der Erinnerung von E. Breitinger seien die „ … regellos ineinander geschichteten Individuen getötet worden durch Hiebverletzungen am Schädel, die durch keulenartige Instrumente verursacht sein mußten." Aus den Gruben III und IV stammen Tier- und Menschenknochen, unter anderem auch ein hockerartig liegendes Skelett.

Lit.: R. A. Maier, „Michelsberg-Altheimer" Skelettgruben von Inningen bei Augsburg in Bayerisch-Schwaben. Germania 43, 1965, 8–16. Probst 1991, 322.

Abb. 51. Skelettgrube II der Michelsberger oder Altheimer Kultur von Inningen nach R. A. Maier.

119

Baalberger Kultur
(etwa 4300–3700 v. Chr.)

Alsleben, Lkr. Bernburg (Sachsen-Anhalt)
Bei einer Bauausschachtung in der Florian-Geyer-Siedlung kamen 1951 zwei Trichterbecher der Baalberger Gruppe zutage, die mit menschlichen Knochen zusammengelegen haben sollen.

> Lit.: H. Behrens, Fundbericht in Jahresschrift f. Mitteldeutsche Vorgesch. 39, 1955, 195. J. Lichardus, Rössen-Gatersleben-Baalberge. Saarbrücker Beitr. z. Altertumskunde 17 (Bonn 1976) 292. Preuß 1966, 132.

Deuben-Wildschütz, Lkr. Burgenlandkreis (Sachsen-Anhalt)
Bei Ausschachtungsarbeiten für einen Wohnblock stießen Arbeiter 1954 auf ein menschliches Skelett. Eine sofort eingeleitete Ausgrabung unter Leitung von B. Schmidt ergab folgenden Befund: In einer Tiefe von etwas mehr als einem Meter lagen drei Skelette am Rand einer Grube rings um mehrere zerscherbte Gefäße der Baalberger Kultur (Abb. 52). Einzelne Skeletteile lagen nicht mehr im anatomischen Verband. Der Schädel des ersten Skelettes lag im Becken des zweiten, der Schädel vom zweiten Skelett war abgetrennt

Abb. 52. Kollektivbestattung der Baalberger Kultur in einer Grube von Deuben-Wildschütz.

und lag beim ersten Skelett. Das erste Skelett stammt von einer 30–40jährigen Frau, das zweite von einem 10–11jährigen Kind. Die Beine des zweiten Skeletts waren extrem angewinkelt, der Leichnam war in Rückenlage deponiert. Die meisten Knochen des dritten Skeletts sind leider den Ausschachtungsarbeiten zum Opfer gefallen, nur das linke Bein befand sich noch in Originallage am südlichen Grubenrand. Diese Knochen gehören zu einem 6–8jährigen Kind.

Lit.: Ortsakt Wildschütz im Landesamt für archäologische Denkmalpflege Sachsen-Anhalt. Preuß 1966, 193–194.

Melchendorf, Stadt Erfurt (Thüringen)

Am Südrand von Erfurt traf man 1984 in einem umfangreichen Gräberfeld der Urnenfelderzeit auch auf neolithische Gruben. Die obere Grubenverfüllung der 1,2 m tiefen, kreisrunden Kultgrube von Melchendorf war von einer urnenfelderzeitlichen Grabgrube gestört. Im oberen Grubenteil fand man eine Abdeckung aus kleinen Steinplatten und großen Bruchstücken

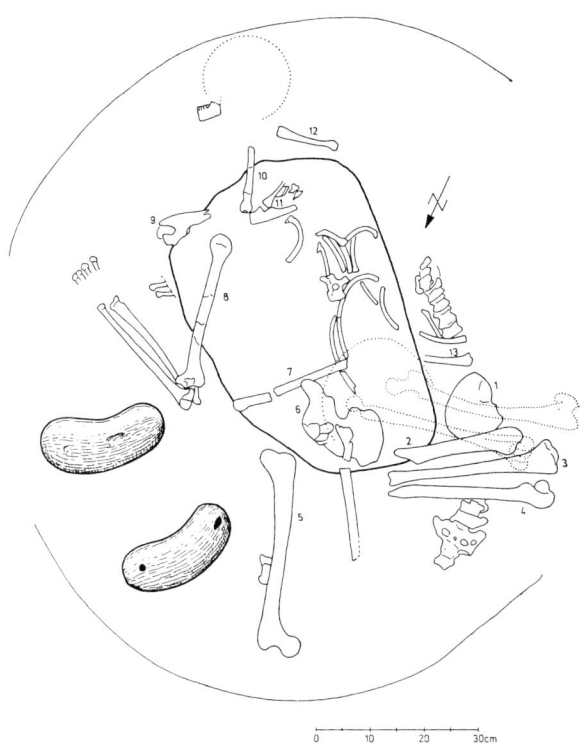

Abb. 53. Kultgrube der Baalberger Kultur von Melchendorf nach Schlette/Kaufmann.

dickwandiger Gefäße. Am Rand der Grube lagen ringförmig angeordnet größere Steine und Scherben. In der Grubenmitte deckte ein mächtiger, sattelförmig eingeschliffener Steinblock die Bestattung eines erwachsenen Mannes ab (Abb. 53). Auf dem Stein lagen Rippen, Wirbel und ein Rinderknochen. Alle weiteren Skeletteile fanden sich nach dem Abbau der Decksteine um den Block herum auf der Grubensohle sowie am Westrand eine Beckenhälfte, am Südrand der Unterkiefer, zu dem der übrige Schädel fehlt. Zwei nierenförmige Gebilde aus schwach gebranntem Ton lassen ihren Sinn bisher nicht erkennen. Bei der Keramik handelt es sich um Tonware der Baalberger Kultur. B. W. Bahn deutet den Befund wegen des großen Steinblocks, der Überreste des Leichnams und einer Vertiefung, in der ein Feuer gebrannt haben muß, als Überrest einer Opferhandlung in einer Kultgrube. Die Dokumentationslage läßt die Rekonstruktion der ursprünglichen Lage des Toten leider nicht zu. A. Bach und H. Bruchhaus haben am Skelettmaterial selbst keine Hinweise auf die Todesursache des Mannes finden können, Schnittspuren an den Knochen fehlen.

Lit.: A. Bach/H. Bruchhaus, Das Skelettmaterial aus der neolithischen Grube von Melchendorf, Kr. Erfurt. In: Schlette/Kaufmann 1989, 171–174. B.W. Bahn, Eine Grube der Baalberger Kultur mit kultischem Befund von Melchendorf, Kr. Erfurt-Stadt. In: Schlette/Kaufmann 1989, 165–170.

Glockenbecherkultur
(etwa 2500–2200 v. Chr.)

Pilsting-Kellerfeld, Lkr. Dingolfing-Landau (Niederbayern)
Etwa 90 m westlich eines kleinen Friedhofes der späten Glockenbecherkultur bzw. frühen Bronzezeit konnte die Kreisarchäologie Dingolfing-Landau 1995 auch eine „merkwürdige" Grube gleicher Zeitstellung ausgraben. In einer 1,7 × 1,4 m großen, ovalen Grube mit nur 0,2 m Tiefe kamen neben drei Webgewichten, Hüttenlehm, Tierknochen und Keramik auch ein menschlicher Oberschenkelknochen und ein manipulierter Schädel zutage. Der Schädel weist auf dem Schädeldach eine Öffnung auf, die auf eine symbolische Trepanation oder auf Wundsäuberung schließen läßt. Zudem fand sich in der Grubenfüllung auch ein lanzettförmiges Bronzegerät mit Fischgrätverzierung, das möglicherweise als medizinisches Instrument benutzt worden sein könnte. Eine genaue Untersuchung des Werkzeugs und des Schädels stehen noch aus.

Lit.: L. Kreiner / W. Fischer, Ein glockenbecher-/frühbronzezeitlicher Friedhof und eine zeitgleiche „merkwürdige" Grube aus Pilsting-Kellerfeld, Ldkr. Dingolfing-Landau, Niederbayern. In: Arch. Jahr Bayern 1995 (im Druck).

Bronze- und Urnenfelderzeit

(etwa 2300–800 v. Chr.)

Menschenopfer in der Bronze- und Urnenfelderzeit

Kultplätze mit Menschenopfern aus der Bronze- und Urnenfelderzeit sind immer noch relativ selten, wenngleich die Zahl der Belege für kultische Opferreste mit zerstückelten Tieren und Menschen gegenüber jungsteinzeitlichen Fundstellen zunimmt. Während man früher fast ausschließlich Funde aus Höhlen und Spalten als Opferreste interpretiert hat, lassen sich mittlerweile auch einige wenige Befunde aus Siedlungen nur in kultischem Kontext sinnvoll erklären. Dennoch stammen nach wie vor die meisten kultisch interpretierten Funde aus Naturheiligtümern wie markanten Höhlen, Felsüberhängen und Spalten.

Auch aus der klassischen Antike gibt es nicht nur in der literarischen Überlieferung unzählige Belege für Opfer in Höhlen, Felsspalten und Schächten. Zudem sind aber auch künstliche Opferplätze bekannt, wie z. B. Anemospilia auf Kreta.

Aus einem bronzezeitlichen Opferbrunnen in Budsene auf Møn stammen Reste von Tierknochen und Zubehör einer weiblichen Tracht.

In einem frühbronzezeitlichen Brunnenschacht im tschechischen Ganovce fanden sich unter anderem auch intentionell zerschlagene Menschenknochen, darunter zwei Unterarmknochen eines jungen Mädchens mit Bronzearmringen und eine eiserne Dolchklinge der Aunjetitzer Kultur.

Menschenopfer und Anthropophagie lassen sich häufiger wieder in Freilandfundplätzen der spätbronzezeitlichen Knovicer Kultur beobachten. In der namengebenden Siedlung von Knovice kamen Reste von mindestens acht Individuen zutage. Die Knochen sind angebrannt und zerstückelt, manche lassen auch Schnittspuren erkennen. Drei Gruben aus der Unstrut-Gruppe von der Altenburg bei Nebra könnten auf ähnliche Opferhandlungen hinweisen.

Mehrfachbestattungen scheinen auch den Brauch der Witwenopferung schon in der Bronzezeit zu belegen. J. Maringer zitiert für Süddeutschland die schon bei G. Kraft 1926 erwähnten Überlegungen: „Interessant sind die nicht seltenen Doppelbestattungen von Mann und Frau, entweder Brust gegen Brust oder wechsellagernd, so daß die Füße des Mannes neben dem Kopf der Frau bzw. umgekehrt lagen." G. Ekholm und J. Maringer deuten auch die Bestattungen des 1902/03 ergrabenen, unweit von Uppsala gelegenen Kung Björns Hög, des größten und reichsten Grabhügels Skandinaviens, und die Brandbestattungen aus dem 1899 untersuchten Königsgrab von Seddin in der Prignitz als Belege für Totenfolge.

Interessante Befunde von Kollektivbestattungen liegen auch aus Österreich vor. Neben dem bereits weiter oben erwähnten Fundplatz von Schleinbach mit dem Witwenopfer gibt es eine Mehrfachbestattung bei Jois im Burgenland, die 14 mit bestattete, wirr durcheinanderliegende Menschen barg, deren Schädel zertrümmert waren. Lediglich der „Grabherr" war unversehrt; über ihm lag ein weibliches Skelett, in dcm man wohl die Gattin erblicken darf. Ähnliche Frauenopfer finden sich relativ häufig auch in kupferzeitlichen Gräbern Südrußlands im pontisch-kaspischen Raum.

Lit.: Geschwinde 1988, 122. S. Heidelk-Schacht, Jungbronzezeitliche und früheisenzeitliche Kultfeuerplätze im Norden der DDR. In: Schlette/Kaufmann 1989, 225–240. Herrmanns 1989, 166–176. F. Horst, Jungbronzezeitliche Kultplätze im Nordischen Kulturbereich. In: Schlette/Kaufmann 1989, 219–224. J. Hrala, Kultbräuche im Bestattungswesen der Knovízer Kultur. In: Schlette/Kaufmann 1989, 245–249. Hughes 1991, 18–48. G. Kraft, Die Kultur der Bronzezeit in Süddeutschland (Augsburg 1926). D. Mania, Eine jungbronzezeitliche und eine jüngere Befestigungsanlage auf der Altenburg bei Nebra (Unstrut). Jahresschr. Halle 55, 1971, 169 ff. Maringer 1942/43, 37–48; 96–98. Müller-Karpe 1980. C. A. Nordmann, Offerbrunnen från Budsene. Aarbøger 40, 1920, 63 ff. O'Connor-Visser 1987, 212–214. Schauer 1981. E. Vlček/L. Hájek, A Ritual Well and the Find of an Early Bronze Age iron Dagger at Ganovce near Pobrad (Czechoslowakia). In: Festschrift f. R. Bosch-Gimpera (1963) 427 ff.

Höhensiedlung auf dem Hesselberg (Mittelfranken)

Am Nordwall der befestigten Höhensiedlung vom Hesselberg wurde 1939 eine Körperbestattung in Bauchlage ausgegraben, die A. Berger unter Vorbehalt als Bauopfer angesprochen hat (Abb. 54). Das vollständige Skelett befand sich quer zum Wallverlauf unter dem Wallkörper in einer Brandschicht; Teile der Knochen zeigen Brandspuren. Die Unterarmknochen lagen unter dem Oberkörper, die Hände vor dem Gesicht. In der Fußgegend entdeckte man eine Sichel- oder Messerspitze, eine Dornpfeilspitze, einen Gußbrocken (?) und eine kleine Keramiktasse. Eine bewußte Deponierung an der Stelle und eine ungefähre Gleichzeitigkeit mit dem Bau der Befestigung kann angenommen werden. Bauchlage des Toten und Teilverbrennung deutet Berger als Bannmittel gegen „gefährliche" Tote.

Lit.: A. Berger, Der Hesselberg – Funde und Ausgrabungen bis 1985. Materialhefte zur Bayer. Vorgeschichte A 66 (Kallmünz 1994) 47–49.

Kosakenberg bei Bad Frankenhausen im Kyffhäusergebirge (Thüringen)

Im engen Spalthöhlensystem des Kyffhäusergebirges entdeckte G. Behm-Blancke ein Höhlenheiligtum, das von der Bronze- bis zur Hallstattzeit benutzt worden ist. In mehreren Höhlen und Spalten grub Behm-Blancke zahlreiche menschliche Knochen aus, die sich aber nie zu vollständigen

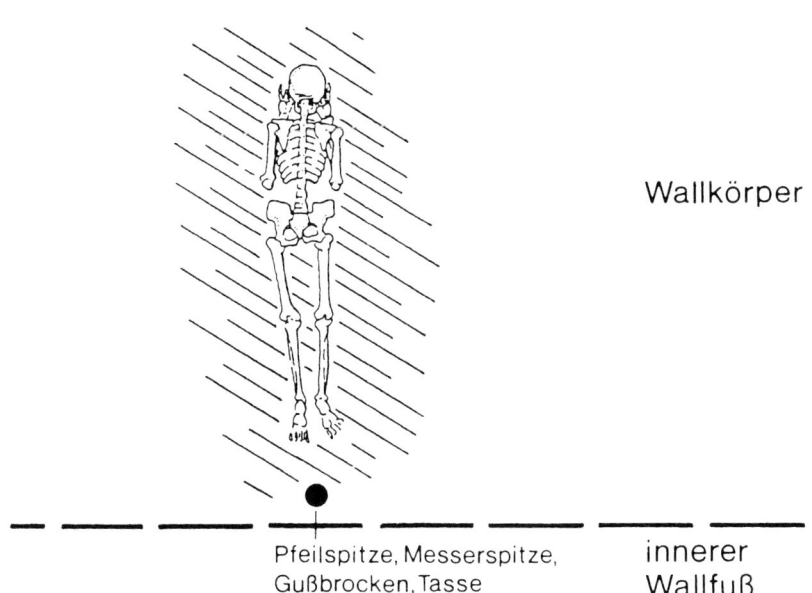

Wallkörper

Pfeilspitze, Messerspitze,
Gußbrocken, Tasse

innerer
Wallfuß

Depot 7/1939

Depot 8/1939

Abb. 54. Bauopfer vom Hesselberg (Grabung am sog. Röckinger Berg 1939) nach A. Berger.

Skeletten ergänzen ließen. Auffallend ist die Vermengung mit Tierknochen; häufig sind menschliche Röhrenknochen aufgeschlagen, Schädel zertrümmert, viele Knochen zeigen Brand- und Schnittspuren. Der Ausgräber vermutet hier auch die Ausübung eines sakralen Kannibalismus. Allein Höhle 7 enthielt Reste von 50 Individuen, insgesamt stammen aus den Höhlenheiligtümern des Kyffhäusers über 100 Menschenopfer. Besonders hervorzuheben sind die hervorragenden Erhaltungsbedingungen für organische Substanzen.

Schachthöhle I am Kosakenberg im Zechsteingebiet des südlichen Kyffhäusergebirges:

Es lassen sich zwei Komplexe unterscheiden. Komplex I ist eine Opferstätte der Hügelgräberbronzezeit mit Resten von Kultmahlzeiten wie verschiedenen Tierknochen, gerösteten Getreidekörnern, Keramik, aber auch Schmuck, Kleidungszubehör und zerstückelten Menschen, die allesamt durch einen Schacht in die Tiefe gestürzt wurden. Mehrere Steinschichten decken einzelne Opferhorizonte ab und weisen auf Opferhandlungen in Intervallen hin. Zu Komplex II siehe unter Urnenfelderzeit.

Aus einer kleinen Höhle, die zu den Heiligtümerkomplexen Nord und Süd gehörte, stammen Briquetagen, die man zur Salzherstellung benötigte.

Lit.: Berg/Rolle/Seemann, Der Archäologe und der Tod (München/Luzern 1981) 120–121. G. Behm-Blancke, Bronze- und hallstattzeitliche Kulthöhlen im Gipsgebirge bei Bad Frankenhausen (Kyffh.). Ausgrabungen und Funde 1, 1956, 276–277. Behm-Blancke 1958 und 1989. Herrmann 1989, 166–174. Peter-Röcher 1994, 97–98. D. Walter, Thüringer Höhlen und ihre holozänen Bodenaltertümer. Weimarer Monographien zur Ur- und Frühgeschichte 14 (Weimar 1985).

Rothesteinhöhle, Nasensteinhöhle und Kinderhöhle im Ith (Niedersachsen)

Die Rothesteinhöhle bei Holzen ist eine etwa 57 m lange, gangartige Spalte. Ausgrabungen begannen unter A. Wollemann 1883. Später (1909) führten Jörres und Württemberger und anschließend H. Kohl, F. W. von Hase und K. Grote kleinere Untersuchungen durch. An Funden liegen ein Randleistenbeil, eine Dolchklinge, ein Spiraltutulus, eine eiserne, gekröpfte Nadel, eine Knochennadel und Menschenknochen von min. 14 Individuen vor. Metall- und Keramikfunde lassen sich in die Frühbronzezeit und in die Latènezeit datieren.

In der Südspalte der Nasensteinhöhle fand sich ein bis auf wenige Fußknochen vollständiges Skelett (Abb. 55) mit einem Knochenpfriem in der linken Augenhöhle. In der Nordspalte lagen menschliche Knochen „nesterweise" angeordnet. In unmittelbarer Nähe der Nasensteinhöhle fand man 1911 in der sog. „Kinderhöhle" menschliche Knochen, u. a. zwei Kinderhirnschalen.

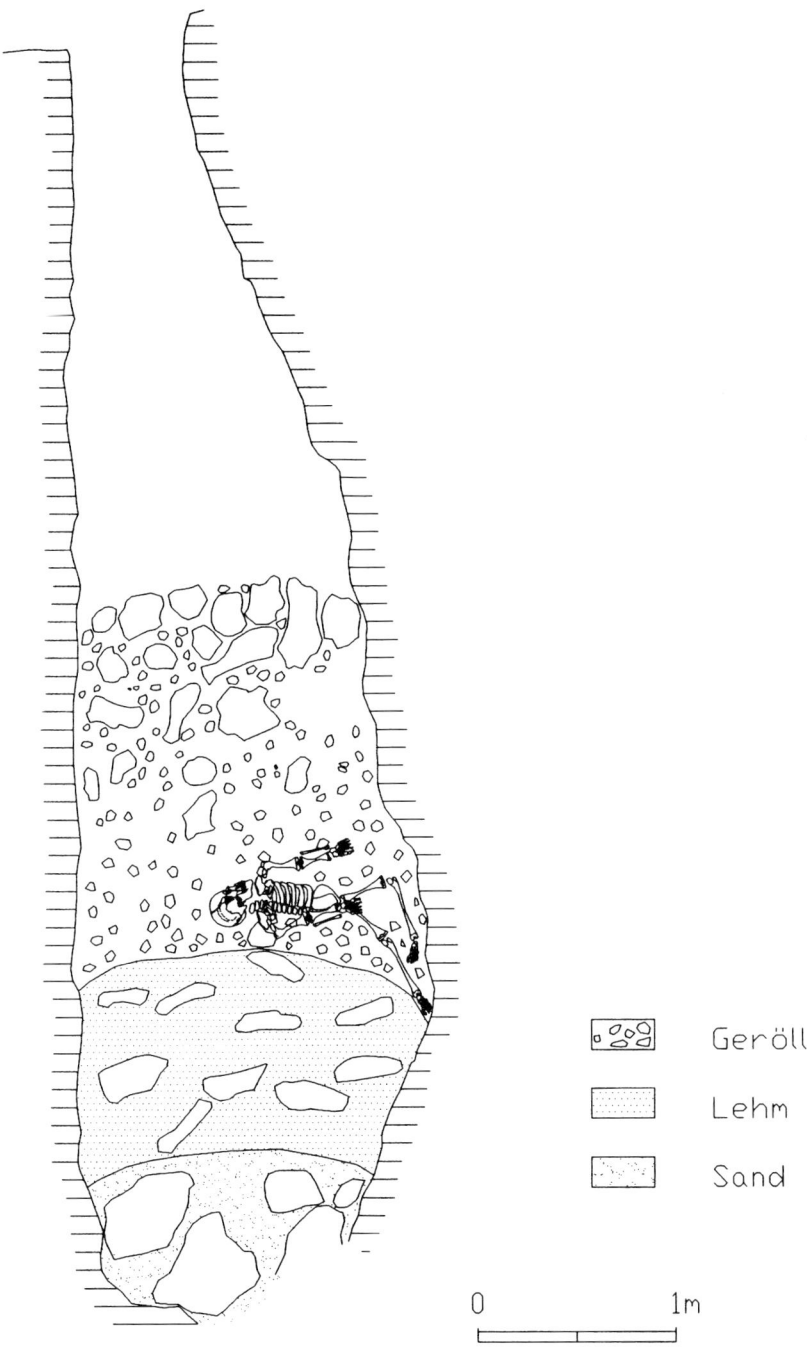

Geröll

Lehm

Sand

0   1m

Abb. 55. Nasensteinhöhle. Rekonstruiertes Profil im Südspalt nach M. Geschwinde.

M. Geschwinde deutet alle drei Höhlen als Opferstätten bzw. Kulthöhlen. Dem widerspricht H. Peter-Röcher, die sich für eine Interpretation der Höhlen als Bestattungsplatz ausspricht.

Lit.: Geschwinde 1988. G. Jacob-Friesen, Einführung in Niedersachsens Urgeschichte 2 (Hildesheim 1963) 246–252. Peter-Röcher 1994, 74–81.

Burghöhle von Dietfurt, Lkr. Sigmaringen (Baden-Württemberg)

In der Burghöhle von Dietfurt in der Gemeinde Vilsingen im oberen Donautal, die Begehungsspuren seit dem Spätpaläolithikum aufweist, fanden sich Knochen einer jugendlichen Person, die von P. Schauer als bronzezeitliches Menschenopfer gedeutet werden. In der Nähe der Knochen lagen Fragmente einer bronzezeitlichen Amphore, eine kleine Sandsteinplatte mit nahezu parallel verlaufenden Rillen und ein Pfeilschaftglätter.

Lit.: H.-W. Dämmer / H. Reim / W. Taute, Probegrabungen in der Burghöhle von Dietfurt im oberen Donautal. Fundberichte Baden-Württemberg 1, 1974, 1–25. Schauer 1981, 407–408.

Westliche Weiherholzhöhle bei Mariaort im unteren Naabtal (Oberpfalz)

Die Westliche Weiherholzhöhle ist eine kleinere Höhle mit engem Eingangsteil und anschließender Schachtstufe. Eine kleine Ausgrabung durch M. Moser 1960 erbrachte fast ausschließlich bronzezeitliche Funde und Schädelreste von mindestens vier Individuen: zwei Kinder und zwei Erwachsene.

Lit.: Frdl. mdl. Mitt. F. Leja 1995. Moser 1968, 15. Stroh 1975, 276.

Höhle von Loch, Lkr. Amberg-Sulzbach (Oberpfalz)

Einzelfunde menschlicher Knochen und Bronzen entdeckte man in den Jahren 1923, 1954 und 1957. In einer engen Höhlenspalte 120 m im Berginnern fanden sich Skeletteile, die nach P. Schröter zu mindestens 10–12 Individuen gehören, darunter 3 männliche und weibliche Erwachsene und auffallend viele Kinder bzw. Jugendliche. Aus der Endkammer der Höhle, die man nur kriechend durch einen 30 × 30 cm kleinen Schluff erreichen kann, stammen Menschenknochen, Bronzefunde und Bernsteinperlen; auch im Gang vor der Kammer lagen Menschenknochen. Die urnenfelderzeitlichen Funde bestehen aus Bernsteinperlen, Spiraldrahtröllchen, verschiedenen Ringen, Knöpfen mit Ösen, Nadelfragmenten und nur zwei Keramikscherben. Auffällig ist die Deponierung der Knochen in den entlegensten Winkeln der Höhle.

Lit.: F. Leja, Ungewöhnliche urnenfelderzeitliche Skelettfunde in der Höhle von Loch. Arch. Jahr Bayern 1990, 50–52.

Hirschberghöhle, Gde. Vorra, Lkr. Nürnberger Land (Mittelfranken)

Die Hirschberghöhle ist eine neu entdeckte, 6 m breite und 2 m hohe Grotte, die 1988–90 durch die Höhlengruppe Frankenkarst in Zusammenarbeit mit dem Bayer. Landesamt für Denkmalpflege ergraben wurde. Nachdem man sich durch eine abwärts führende, nur 0,5 × 0,5 m große Schlufföffnung 8 m in den Berg vorgearbeitet hatte, stieß man auf fossile Tierknochen; 1 m davon entfernt lagen wider jegliche Wahrscheinlichkeit zwei gut erhaltene menschliche Schädel ohne Unterkiefer. Die weiträumig verlagerten Knochen gehören zu einem 14jährigen und einem adulten, männlichen Individuum. Insgesamt konnten etwa 20 m der max. 31 m langen Höhle ausgegraben werden; das Höhlensediment enthielt immer wieder regellos fossile Tierknochen, Tonscherben und Menschenknochen. Ein Bruchstück eines Trichterrandgefäßes ist wohl urnenfelderzeitlich.

Lit.: F. Leja, Vorgeschichtliche Funde aus einer neuentdeckten Höhle in der nördlichen Frankenalb. In: Höhlengruppe Frankenkarst, Heft 1, Selbstverlag Fürth.

Brunnerschacht bei Vorra, Lkr. Nürnberger Land (Mittelfranken)

Die von G. Brunner entdeckte Schachthöhle wurde 1929–30 unter Leitung von J. Erl und der NHG Nürnberg ausgegraben. Aus einem mehr oder weniger unstratifizierten Schuttkegel hat man zahlreiche menschliche und tierische Knochen, Keramik und Bronzefunde geborgen. Ein menschlicher Wirbel lag zusammen mit einem Unterkiefer in einer gut erhaltenen bronzezeitlichen Schale. Die menschlichen Überreste gehören zu mindestens sechs Individuen. Es handelt sich um einen 30–40jährigen Mann, vier Kinder zwischen 7 und 13 Jahren und ein Neugeborenes; an einem Unterkiefer ließ sich eine Schnittspur nachweisen. Die Lage des engen und schwer zugänglichen Schachtes läßt die Deutung als Wohnhöhle nicht zu, die Depositionen von einem vollständig erhaltenen Gefäß und die Menschenknochen lassen hier eher an eine Opferhöhle bzw. einen Opferschacht denken.

Lit.: H. Reisenhauer, Bronzezeitliche Funde aus dem Brunnerschacht bei Vorra, Ldkr. Nürnberger Land. In: Schröter 1977, 97–104.

Menschenopfer in Siedlungen

Greding-Günzenhofen, Lkr. Roth (Mittelfranken)

Bei einer Notgrabung auf der neuen ICE-Trasse wurde 1995 bei Greding eine flache, kleine Siedlungsgrube ausgegraben, die nach der Befundsituation in die Urnenfelderzeit oder eine jüngere Periode gehört. In der Grubenverfüllung lag eine menschliche Schädelkalotte über einem flachen Stein. Da in der Urnenfelderzeit normalerweise die Brandbestattung in Urnen auf größeren Gräberfeldern vorherrscht, könnte dieser Grubenbefund auf ein Menschenopfer hinweisen.

Lit.: Unpubl., frdl. mdl. Mitt. M. Nadler, Bayer. Landesamt für Denkmalpflege Nürnberg.

Geiselhöring, Lkr. Straubing-Bogen (Niederbayern)

Bei der bauvorgreifenden Ausgrabung im Baugebiet B 17 in Geiselhöring wurden 1993–94 auf 5,2 ha Fläche knapp 6700 Siedlungsbefunde dokumentiert. Unter den meist mittelneolithischen Befunden gibt es außer einem hallstattzeitlichen Herrenhof auch unregelmäßig verstreute Befunde der

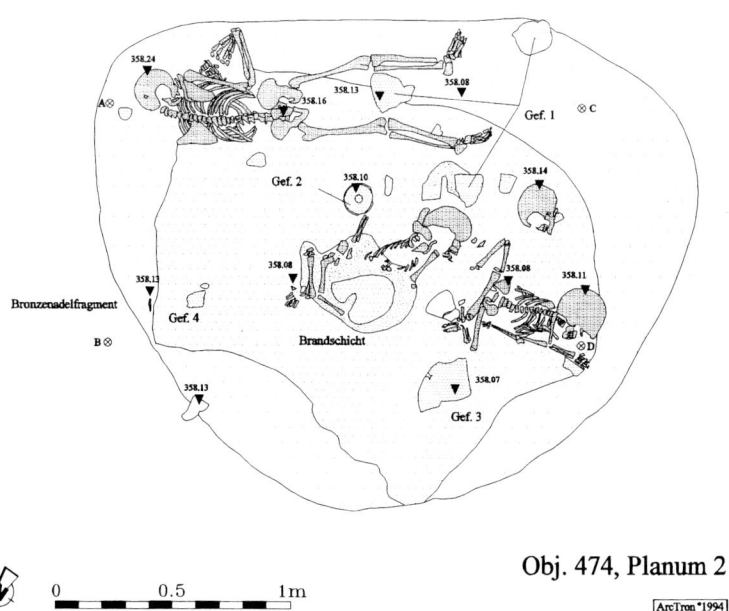

Abb. 56. Geiselhöring. Urnenfelderzeitliche Grube mit Bestattungen nach M. Schaich.

Frühbronze- und Urnenfelderzeit. Zu der frühurnenfelderzeitlichen Siedlung gehören auch drei Sonderbestattungen, von denen hier besonders Objekt 474 interessieren soll (Abb. 56). Inmitten einer Grube mit etwa 2,3 m Durchmesser lagen die Reste von fünf Individuen: Skelette einer jungen Frau und zweier Kleinkinder, der Schädel eines weiteren Kleinkindes und der Unterschenkel mit Fuß eines Jugendlichen. Die junge Frau lag auf dem Bauch, die beiden Kinder auf dem Rücken bzw. auf der Seite. Unter den typischen Siedlungsabfällen in der Grube befanden sich hauptsächlich Grobkeramik und verbrannte Lehmbrocken. Die Interpretation des Befundes steht noch aus, da die Auswertung nicht abgeschlossen ist; dennoch gibt es Ähnlichkeiten zu anderen merkwürdigen Sonderbestattungen in Siedlungen, die auf Opferhandlungen schließen lassen.

Lit.: M. Schaich, Ausgewählte Befunde der frühen Bronze- und Urnenfelderzeit. In: M. Schaich/K. Böhm/G. Meixner, Die Ausgrabungen im Baugebiet B 17 in Geiselhöring, Landkreis Straubing-Bogen, Niederbayern. In: Arch. Jahr Bayern 1994, 44–46.

Zauschwitz, Gde. Weideroda, Lkr. Borna (Sachsen)

Neben den oben erwähnten jungsteinzeitlichen Befunden kam in der etwa 30.000 m² großen Grabungsfläche im sächsischen Zauschwitz auch ein jungbronzezeitlicher Opferplatz zutage.

Es handelt sich dabei um einen Komplex unterschiedlich großer, ursprünglich ca. 2,5 m tiefer Gruben, in denen man neben Kieselsteinen, Stein- und Knochengeräten wie Hämmer und Pfrieme, Bronzeringen, Nadeln, einem Messer mit Antennengriff und Tongefäßresten auch menschliche Überreste fand. Aus etwa 25 Gruben liegen Skelettteile vor, wobei Schädelteile und Extremitäten überwiegen; offenbar hat man nur Einzelteile, vor allem Hände und Füße, in die Gruben geworfen.

Lit.: H. J. Vogt, Der jungbronzezeitliche Opferplatz von Zauschwitz, Ot v. Weideroda, Kr. Borna. In: Religion und Kult (Berlin 1989) 241–244.

Potsdam-Nedlitz (Brandenburg)

Im Quellhorizont einer brunnenartigen Anlage der Aunjetitzer Kultur von Potsdam-Nedlitz wurde das Skelett einer jungen Frau gefunden. Ein kleiner Bronzering lag in der Gegend des Brustbeines, an der linken Handwurzel fand sich ein Bronzespiralring. M. Geschwinde deutet den Befund als Menschenopfer in einer Brunnenanlage, die nach der Opferhandlung unbrauchbar war.

Lit.: Geschwinde 1988, 122. R. Hoffmann, Ein tragischer Tod in der Quellzisterne. Germanenerbe 1939, 109 ff.

Menschenopfer in Schachthöhlen

Opfer in Schachthöhlen, d. h. Höhlen mit vertikalen Einstiegsschächten, sind aus ganz Europa bekannt. Die Interpretationen der Funde und Befunde reichen von Ossuarien bis zu Kultplätzen. Der Hintergrund für die Versenkung von Opferresten in Schachthöhlen ist vermutlich die Bewahrung der an Kultplätzen anfallenden Zeremonialreste vor einer Profanierung. Das Motiv der Versenkung spielt schon bei frühesten nachweisbaren Opfern eine Rolle. Aus der klassischen Antike kennen wir die sog. „bodroi" in griechischen Tempelanlagen, aus der Spätlatènezeit sind wir über Schächte, Gruben und Brunnen zur Versenkung von Opferresten gut informiert. Sie finden sich in Heiligtümern Großbritanniens ebenso wie in spätlatènezeitlichen Kultschächten süddeutscher Viereckschanzen.

Lit.: P. Gleirscher, Hallstattzeitliche Funde aus der Schachthöhle „Durezza" bei Villach. In: Neues aus Alt-Villach (Villach 1995) 211–233. R. A. Maier, Schachthöhlen und Felstürme als urgeschichtliche Opferplätze. In: Führer zu archäol. Denkmälern in Deutschland 5, Regensburg-Kelheim-Straubing I (Stuttgart 1984) 204–211. L. Martin/A. Nourrit/A. Durand-Tullou/G. B. Arnal, Les Grottes-Citernes des Causses. Gallia Prehistoire 7, 1964, 107–177. M. Moser, Über den Stand der archäologischen Forschungen in Schachthöhlen Deutschlands unter Berücksichtigung ausländischer Parallelfundstellen. In: 5. Internat. Kongress für Speläologie (Stuttgart 1969) 11/1–11/10. Ders., Schachthöhlen als Kult- und Opferstätten. In: Die Höhle 19, 1968, 6–20. M. Geyer/M. Moser/E. Walter, Prähistorische Forschungen in Schachthöhlen Oberfrankens. Die Höhle 11, 1970, 90–105. Zusammenfassende Bibliographie in: Moser 1978 und 1979. E. Reuer/S. Fabrizii-Reuer, Anthropologischer Vorbericht über die menschlichen Skelette aus der Spaltenhöhle Durezza bei Villach. In: Neues aus Alt-Villach (Villach 1995) 235–237. M. Schneider, Höhlenfunde in Dalmatien. Wiener Prähistor. Zeitschrift 13/14, 1927, 35–40. P. Stengel, Die griechischen Kulturaltertümer (München 1920).

Kosakenberg bei Bad Frankenhausen im Kyffhäusergebirge (Thüringen)

Die verschiedenen Schachthöhlen am Kosakenberg unweit von Bad Frankenhausen gehören zu den bedeutendsten Kultplätzen der Urnenfelderzeit. Besonders interessant sind die Funde aus der Schachthöhle I im Zechsteingebiet des südlichen Kyffhäusergebirges. Im Komplex I B fand sich im Innern einer Höhle ein 5 m tiefer Schacht mit Opferresten der Urnenfelderzeit. Unterhalb des Höhlenportals entdeckte man ein menschliches Stirnbein mit Schlagspur und einen Tüllenmeißel. Aus dem Komplex I C stammt eine Feuerstelle mit einem Bronzehalsreif und einer Lanzenspitze sowie Keramik und einer aus einem Menschenschädel herausgeschnittenen Trepanationsscheibe der Urnenfelderzeit.

Das Hauptheiligtum der Urnenfelderzeit lag wohl in der völligen Dunkelheit der Höhle mit zwei Endspalten im Komplex II B. Neben Menschen-

Abb. 57. Bad Frankenhausen im Kyffhäusergebirge. Urnenfelderzeitliches Skelett eines in die Schachthöhle 7 gestürzten, enthaupteten Menschen nach G. Behm-Blancke.

knochen mit Schnitt- und Brandspuren enthielt diese Höhle Feuerstellen mit verkohltem Stroh, Reste von Fladenbrot, zerschlagene Tongefäße und Bronzeschmuck. Aus der Höhle 7 stammt ein Skelett eines enthaupteten Menschen (Abb. 57). An der Nordseite der anschließenden Kulthöhle fanden sich Breiklumpen von Speisen um eine runde Tenne. Neben einem unbrauchbar gemachten, bronzenen Lappenbeil und mehreren Spinnwirteln kamen auch organische Reste zutage: verbrannte Fackelstücke, beschnitzte Holzstäbe, eine Rindenschachtel, Gürtelteile aus Birkenrinde, rote Wollfäden und schnurartig zusammengedrehte Menschenhaare.

Lit.: Behm-Blancke 1989, 167–170.

Lupberghöhle bei Trondorf, sog. „Pumperloch", Lkr. Amberg-Sulzbach (Oberpfalz)

Das sog. Pumperloch ist ein Felsschacht bzw. eine Schachthöhle von 10 m Tiefe und 3–5 m Durchmesser, die sich nach unten flaschenartig erweitert und in einer ca. 20 × 35 m großen Halle endet. Erste Funde, darunter auch eine hallstattzeitliche Scherbe, gehen auf A. Ehrensberger (1890) und J. R. Erl (1906) zurück; Vermessung und Ausgrabung der Lupberghöhle erfolgten 1956 durch den Speläo-Club Sulzbach-Rosenberg. Die Höhle zeichnet sich durch gute Erhaltungsbedingungen mit über die gesamte Oberfläche der Höhle verstreuten Funden aus. Neben Menschenknochen fanden sich Tierknochen, Scherben und Bronzefunde. Zahlreiche Raubgrabungen in den 60er und 70er Jahren veranlaßten Sicherheitsvorkehrungen durch die Naturhistorische Gesellschaft Nürnberg, daher ist die Höhle nicht zugänglich.

Aus der horizontalen Halle stammen nach A. Stroh ausschließlich urnenfelderzeitliche Funde, nach M. Moser lag aber auf dem oberen Teil des Schuttberges auch eine Schale der späten Latènezeit (1. Jh. v. Chr.), die durch einen oberen Schachtzugang mit Leichenteilen zusammen hinuntergeworfen wurde. Aus der Privatsammlung H. Lindner liegt auch ein perforiertes urnenfelderzeitliches Schädelamulett mit 64 Löchern vor (Abb. 17), bei dem die Bronzepatina das Stück als Anhänger ausweist; das Amulett ist keine Trepanation, sondern eine postmortale Arbeit.

Lit.: M. Moser/L. Übelacker, Prähistorische Schädelamulette und chirurgischer Knochenabfall aus Höhlen des Fränkischen Jura. In: Schröter 1977, 105–112. Stroh 1975, 127–128.

Kleebergschacht, Lkr. Amberg-Sulzbach (Oberpfalz)

Die Ausgrabung des Kleebergschachtes erfolgte 1981 nach einer unautorisierten Störung im Jahre 1980. Zunächst kannte man eine nur 2,5 × 3,7 m große Öffnung mit kleiner dolinenartiger Erweiterung, die von Höhlenforschern illegal bis in 5 m Tiefe abgeteuft war. Im Schuttkegel der Schachtverfüllung fand F. Leja einen menschlichen Torso in situ (Abb. 58); die Lage der

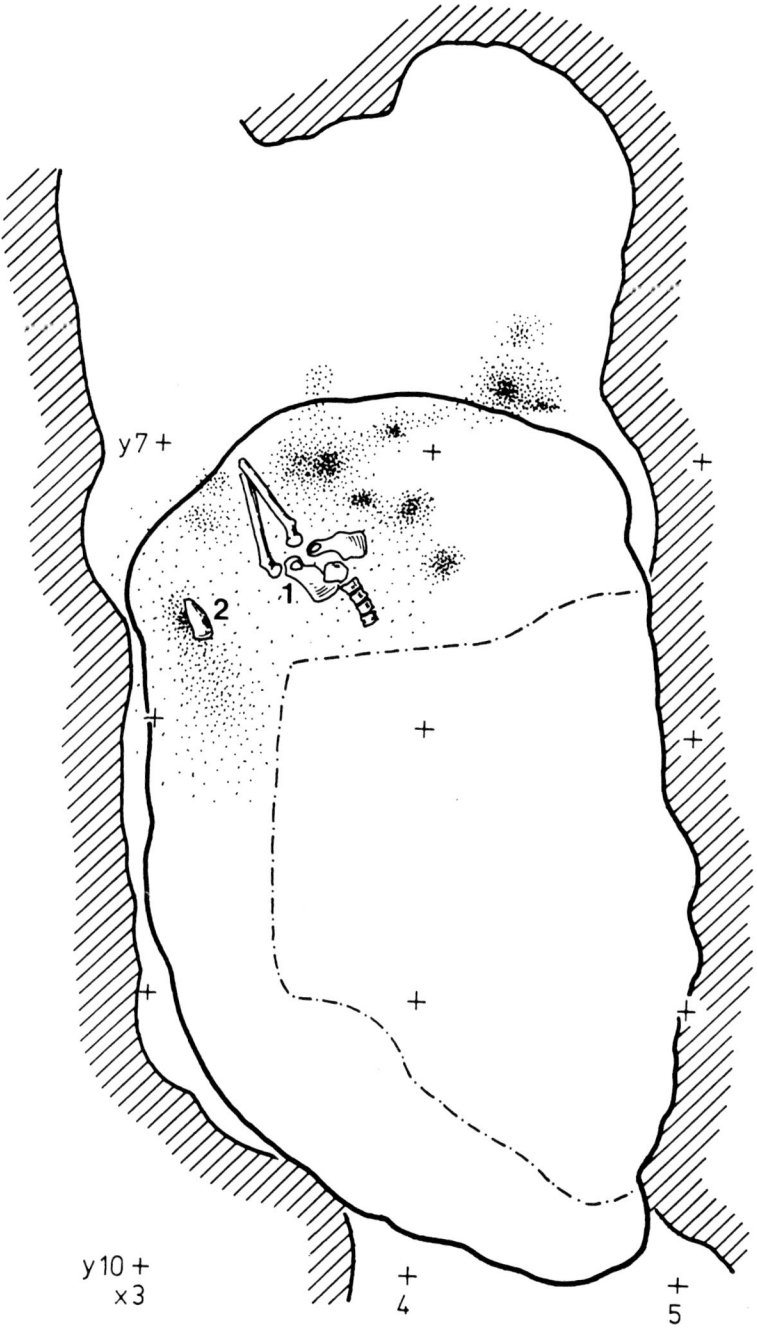

*Abb. 58. Lage der menschlichen Skelettreste im Kleebergschacht. Skelettreste (1) und Ge-
weihhammer (2) nach F. Leja (1987).*

Knochen zeigte noch den ungestörten anatomischen Zusammenhang. Auffallend ist aber das Fehlen der kopf- und fußwärts anschließenden Knochen. Man hat hier vermutlich nur ein Körperteil deponiert, das direkt unterhalb des Brustkorbs und wohl in den Kniegelenken abgetrennt war. Der Schädel wurde durch stumpfe Gewalt zertrümmert. Nach der anthropologischen Untersuchung durch P. Schröter handelt es sich um ein (früh?)adultes Individuum, wahrscheinlich um einen ca. 1,67 m großen Mann. Es bleibt unsicher, ob alle Knochen zu einem einzigen Individuum gehören. Die Funde aus dem Kleebergschacht zeigen deutliche Verbindungen von Menschen-, Tier- und Sachopfern. Den Opfervorgang rekonstruiert F. Leja wie folgt: Zuerst erfolgte das Einwerfen von Feuerbränden, dann die Deponierung des Menschen, anschließend opferte man Tier- und Sachreste. Eine Lehmlage versiegelte die Opferreste. Die Datierung läßt sich auf die urnenfelderzeitlichen Stufen Ha A2 und Ha B beschränken (11.–9. Jh. v. Chr.), wenige Funde gehören in die späte Hallstatt- bzw. frühe Latènezeit (6./5. Jh. v. Chr.).

Lit.: F. Leja, Vorgeschichtliche Funde aus dem Kleebergschacht im Bärnhofer Wald, Lkr. Amberg-Sulzbach (Opf.). Abhandl. Naturhistor. Ges. Nürnberg 41, 1987.

Klingloch bei Kirchenreinbach (Oberpfalz)

Die Untersuchung der Schachthöhle erfolgte durch M. Moser und M. Geyer 1967–72 (Abb. 59). Aus einer Schutthalde stammen ein Schädel und andere Skeletteile eines Mannes. Der synostotisch schiefe Schädel (Plagiozephalus) war von Gesteinsmassen zerdrückt und zwischen Felswand und einer Geröllhalde eingeklemmt. Der Grund für derartige Nahtverwachsungen ist in Entwicklungsdefekten des Gehirns zu suchen, wobei Erbfaktoren eine große Rolle spielen. Es ist anzunehmen, daß der Mann geistesgestört war. Die Datierung des Fundkomplexes ist fraglich, Scherben im Umkreis sind vorgeschichtlich, möglicherweise metallzeitlich. Eine interessante Sage aus dem 30jährigen Krieg berichtet über eine tragische Familiengeschichte, die im Klingloch ihr Ende gefunden hat.

Lit.: M. Moser, Plagiozephalie durch asymmetrische Nahtobliteration an einem prähistorischen Schädel aus der Schachthöhle Klingloch bei Kirchenreinbach in der Oberpfalz. In: Schröter 1977, 117–124.

„Breitensteiner Bäuerin" bei Rinnenbrunn (Oberpfalz)

Die sog. „Breitensteiner Bäuerin" ist eine Schachthöhle in der Nähe des Kleebergschachtes (Abb. 60). Die 41 m tiefe Höhle weist zwei Einstiegsschächte auf, von denen einer bei 12 m Tiefe 1,5 × 4 m groß und ein zweiter bei 10 m Tiefe 2,5 × 8 m groß ist. Beide Schächte enden in der 10 × 30 m großen sog. „Cramerhalle", wo sich ein 10 m hoher Schuttkegel gebildet hat. Die erste Ausgrabung führte 1924 J. R. Erl von der Naturhistor. Ges. durch.

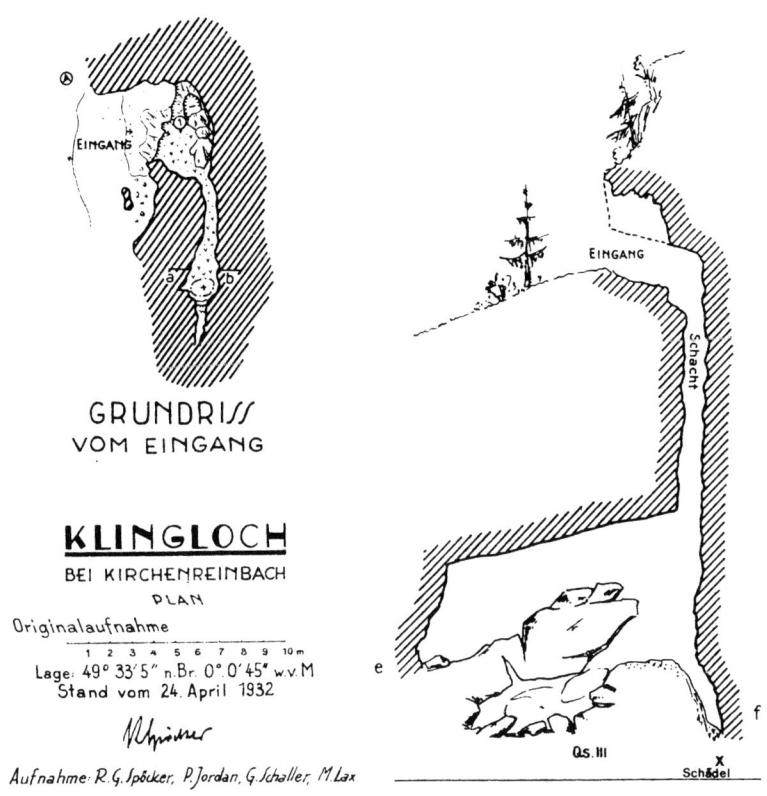

GRUNDRI**ſſ**
VOM EINGANG

KLINGLOCH
BEI KIRCHENREINBACH
PLAN
Originalaufnahme

1 2 3 4 5 6 7 8 9 10 m
Lage: 49° 33′ 5″ n.Br. 0°.0′ 45″ w.v.M
Stand vom 24. April 1932

Aufnahme·R.G.Spöcker, P.Jordan, G.Schaller, M.Lax

Abb. 59. Das Klingloch bei Kirchenreinbach nach R.G. Spöcker et al. (1932).

Im südlichen, tiefsten Teil der Cramerhalle entdeckte Erl einen kleinen, nach Osten abzweigenden Seitenraum. Dort fand man 17 überwiegend sehr gut erhaltene Schädel und weitere Skelettreste, Tierknochen und Keramik. Die Schädel sind vermutlich nicht deponiert, sondern dorthin verlagert. Ein bronzener Stöpselohrring und zwei Eisenringe sind späthallstattzeitlich. Im Westteil der Cramerhalle öffneten 1984 Höhlenforscher eine verschüttete, flache Kammer am Fuße der Südwand, wo sie an einer Stelle stark zerscherbte Reste von zwei Gefäßen fanden, die dort bewußt hingeschafft worden sein müssen; dies ließ auf einen zweiten Eingang schließen, der in der Nähe von anderen Höhlenforschern mittlerweile ausgegraben wurde. In der Südostwand der Halle befindet sich etwa im oberen Drittel des Schuttberges der tunnelartige Walterstollen, der zum Vollrathschacht und dem tiefsten Punkt der Höhle führt. Fundmaterial und Lagerungsbedingungen sprechen für eine Interpretation der „Breitensteiner Bäuerin" als Opferschacht.

Lit.: F. Leja, Die Schachthöhle „Breitensteiner Bäuerin" bei Rinnenbrunn. In: Abhandl. Naturhistor. Ges. Nürnberg 41, 1987, 66–69.

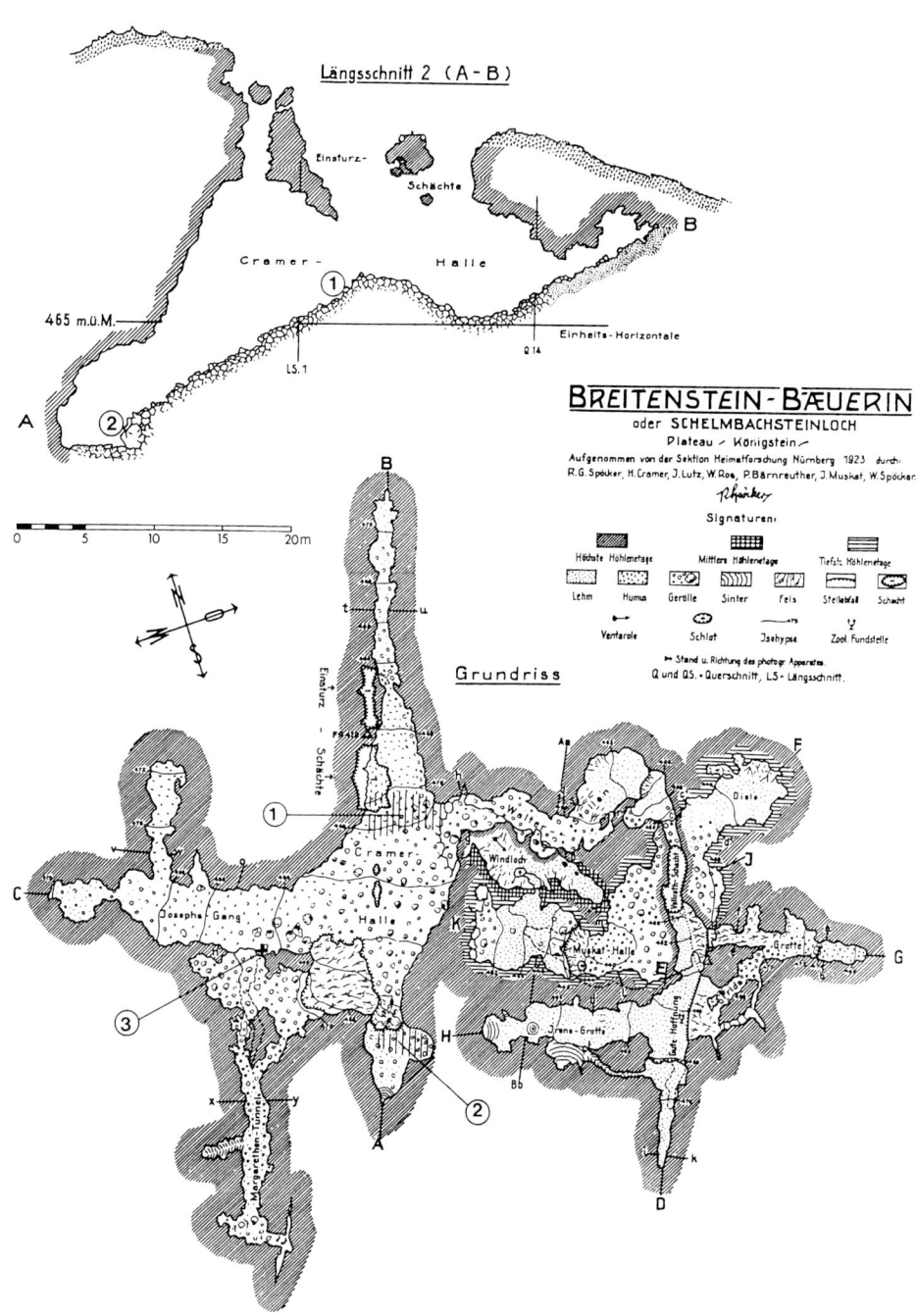

Abb. 60. Breitensteiner Bäuerin. Grundriß und Längsschnitt nach R. G. Spöcker et al. 1923.

Schachthöhle Veldensteiner Forst, sog. „Felsen-Loch", Lkr. Bayreuth (Oberfranken)

Der Schachthöhlencharakter (mit Spaltenfortsetzungen) des sog. „Felsen-Lochs" wurde durch Grabungen 1967/68 belegt. Der Hauptschacht ist 5–7 m lang und 1–4 m breit; er ist nur z.T. erforscht, die wirkliche Tiefe ist noch unbekannt. In großen Verfüllmassen fanden sich nicht stratifizierbare Skeletteile von mindestens 49 Individuen, Kulturreste und Tierknochen von Ur, Hausrind, Wild- und Hausschwein, Rothirsch, Rotfuchs und Schaf, z.T. mit Hack- u. Schnittspuren. Aus der mittleren Schicht konnten Keramikscherben und Bronzen der späten Urnenfelderzeit geborgen werden. Darunter befinden sich ein Henkelbecher, ein großes Zylinderhalsgefäß, zwei graphitierte Schalen und zwei weitmundige Gefäße. Außerdem sind zwei bronzene Noppenringe belegt. Im obersten Verfüllungsabschnitt kamen hallstatt- und frühlatènezeitliche Funde zutage: ein Schalenfragment, vier Dreiknotenringe und ein Kopfring, der unmittelbar neben Schädel- und Skelettresten eines 3–5jährigen Kindes lag.

Die Funde und Befunde lassen Rückschlüsse auf Opferungen von der Urnenfelder- bis zur Frühlatènezeit zu. Unter den Individuen befinden sich alle Altersstufen und Geschlechter, Kinder und Jugendliche kommen häufiger vor als Erwachsene. An einigen Schädelteilen lassen sich Spuren von Brandeinwirkung und Manipulationen feststellen: Schnittmarken und -kanten zeugen von Tötungsschlägen, Zuschneiden und Zurechtbrechen. Ein schalenförmiges Artefakt aus einem linken Schädelbein wird von R. A. Maier als Schädelbecher interpretiert.

Lit.: R. A. Maier, Urgeschichtliche Opferreste aus einer Felsspalte und einer Schachthöhle der Fränkischen Alb, Germania 55, 1977, 21–32.

Felsspalte im Ittlinger Bach-Tal, Gde. Schnaittach, Lkr. Nürnberger Land (Mittelfranken)

1956 wurde durch Steinbrucharbeiten zufällig eine Felsspalte im Ittlinger Bach-Tal aufgeschlossen. Die Spaltenlänge beträgt max. 7,5 m, die größte Tiefe liegt bei 3,6 m, der Durchmesser beträgt etwa 0,9 m. In der Spalte entdeckte man Skelettreste von mindestens vier Individuen, die auf eine Opferung während der Urnenfelderzeit hindeuten. An Funden kamen späturnenfelderzeitliche Keramik und ein möglicherweise jüngeres Tierzahnamulett zutage.

Lit.: R.A. Maier, Urgeschichtliche Opferreste aus einer Felsspalte und einer Schachthöhle der Fränkischen Alb, Germania 55, 1977, 21–32.

Hallstattzeit

(etwa 800–450 v. Chr.)

Menschenopfer in der Hallstattzeit

Aus der Hallstattzeit kennen wir nicht sehr viele Opferplätze mit Menschenfunden, Brandopferplätze zeichnen sich sogar meist durch das Fehlen von Menschenknochen aus. In Mitteleuropa finden sich Überreste von Menschenopfern fast ausschließlich in 43 Höhlen, Schächten und Schachthöhlen, die bisherigen Forschungsergebnisse sind am übersichtlichsten bei H. Parzinger zu finden. Beim überwiegenden Teil dieser Höhlen läßt sich kultische Nutzung nachweisen. Erstaunlich ist vor allem eine auffällige Gemeinsamkeit der dinglichen Hinterlassenschaften an diesen Plätzen, die auch auf einheitliche Opferpraktiken vom slowenischen Küstenland bis ins westfälische Sauerland schließen lassen. Zweifellos der wichtigste hallstattzeitliche Opferplatz ist die berühmte Byčískála-Höhle im Mährischen Karstgebiet (Abb. 61).

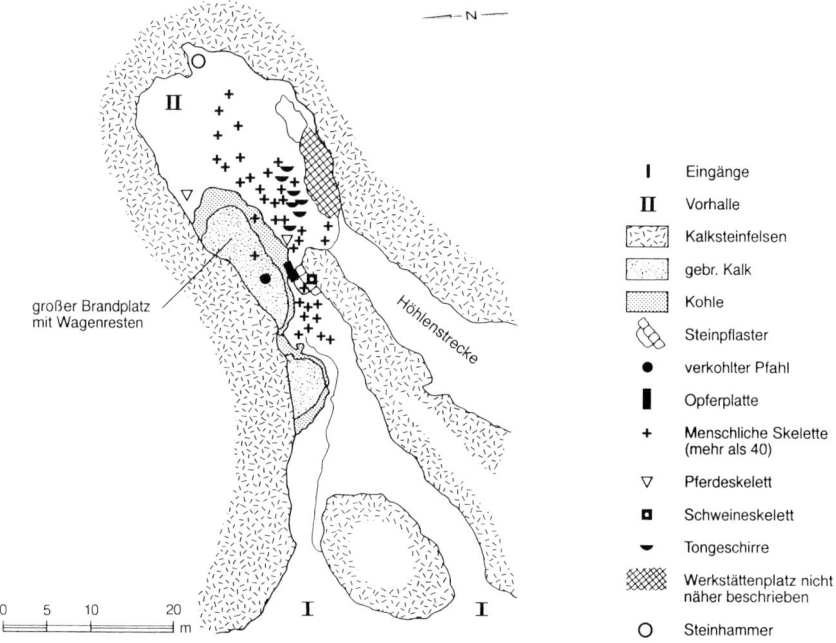

Abb. 61. Rekonstruktionsversuch des Grabungsbefundes in der Byčískála-Höhle (Mähren) nach R. Rolle et al.

140

Die Byčískála-Höhle liegt in der Nähe von Brno (Brünn) in Mähren. Der Name kommt von *byk*, der Stier, und *skala,* der Fels. Obwohl aus der Seitenhalle D auch jungpaläolithische Funde stammen, ist die Höhle vor allem wegen der keltischen Funde bekannt geworden. H. Wankel fand bereits bei seinen Ausgrabungen 1869–72 einen bronzenen Stier mit eisernem Abzeichen auf der Stirn, der mit verkohlter Hirse umhüllt in einem Tongefäß lag; der Stier mag früher einmal Griff eines Bronzegefäßes gewesen sein.

Die 50 m lange und 20 m breite Vorhalle wurde im vergangenen Jahrhundert leider in sehr kurzer Zeit schichtweise ausgegraben, daher sind die alten Grabungsberichte nicht immer hundertprozentig glaubwürdig. In der Vorhalle C lagen ca. 40 Skelette verstreut bzw. haufenweise ungeordnet im Mittelteil der Halle; einigen fehlte der Kopf, anderen die Hände und Füße. Viele Skelette trugen noch Schmuckstücke; zwischen den Toten fand man bronzene und goldene Schmuckgegenstände, die eingebettet in Häufchen von verkohltem Getreide lagen. Es besteht wohl ein Zusammenhang zu zwei großen Brandplätzen an der Nordwand des großen Raumes. Zwischen Skeletten lagen die Rumpfteile zweier Pferde, denen Schädel und Extremitäten fehlten. An der südlichen Felswand fand sich auf einer steingepflasterten Stelle neben vielen zusammengeworfenen Menschenknochen ein männliches Skelett zusammen mit dem eines jungen Schweines. Dort lagen auch in großer Zahl Gegenstände, die sich als Bronze- und Eisenschmiedezubehör entpuppten: Ambosse, Hämmer, Eisenluppen, Zangen und eine Bronzegußform. Daneben standen große Kessel, Becken und Eimer, teils mit Getreidefüllungen und einmal mit einem menschlichen Schädel.

Auf einem steinernen Altar lagen inmitten von verkohltem Getreide „zwei abgehauene Frauenhände, mit Bronzespangen und goldenen Fingerringen geziert sowie die rechte Hälfte eines in der Mitte gespaltenen Schädels". Im Mitteltrakt der Vorhalle standen zahlreiche Tongefäße und Scherben, z. T. mit verkohlten oder gedörrten Getreideresten, u. a. auch eine mit Hirse gefüllte Schale, die aus einem menschlichen Schädel gearbeitet war. Die Funde gehören in die jüngere Stufe des Osthallstattkreises (Stufe Ha D, hauptsächlich 1. Hälfte 6. Jh. v. Chr.).

Wankel interpretiert 1882 den Befund als „Begräbnisstätte eines hallstättischen Fürsten, dem seine Weiber, Knechte und Pferde geopfert wurden"; Z. Burian hat diese Interpretation auf einem Ölgemälde des 19. Jh. festgehalten (Abb. 62). Nach neueren Grabungen und Auswertung des alten Fundbestandes der Byčískála-Höhle liegt aber eine Deutung als Opferplatz nahe.

Auch aus dem höhlenreichen slowenischen Karstgebiet bei St. Kanzian bei Triest in Istrien sind mehrere Fundstellen mit Menschenopfern bekannt, darunter die Fliegenhöhle und die Knochenhöhle. Im Inneren des 58 m langen Höhlenraumes der Knochenhöhle befanden sich gewaltige Schutthalden mit Tier- und Menschenknochen, aus denen 9 beschädigte Bronzelan-

Abb. 62. Ölgemälde von Z. Burian aus dem 19. Jh. mit Darstellung des „Geschehens" in der Vorhalle der Byčískála-Höhle in Mähren.

zenspitzen sowie zahlreiche bronze- und hallstattzeitliche Metallfunde stammen, darunter eine Bronzesitula mit venetischem Alphabet.

Zu den Ausnahmen dürfen Siedlungsbefunde wie diejenigen von der befestigten Höhensiedlung Ehrenbürg gelten. In dem polnischen Erdwerk von Gzinie, Pow. Chelmno, fanden sich tiefe Gruben, die Tier- und Menschenknochen mit deutlichen Schlag- und Schnittmerkmalen enthielten.

Zahlreiche zweigeschlechtliche Doppelbestattungen unter Grabhügeln der späten Hallstattzeit belegen gelegentlich die Sitte des Witwenopfers. J. Naue stellte schon 1895 fest, daß besonders häufig in der Oberpfalz gleichzeitige Bestattungen von Mann und Frau vorkommen. J. Maringer führt zudem Belege aus dem Rheinland, aus Oberbayern, Schwaben und der Schweiz an.

Lit.: W. Angeli, Zur Deutung der Funde aus der Byči-Skála-Höhle. In: Krieger und Salzherren. Ausstellungskat. 4 des Röm.-German. Zentralmuseums (Mainz 1970) 139–150. J. Chudziakowa, Slady kanibalizmu odkryte na grodzisku Kultury luzyckiej w Gzinie, Pow. Chelmno. Wiadomošci Arch. 40, 1975, 291 ff. Geschwinde 1988, 123–124. Hallstatt a Byčí skála. Ausstellungskatalog Brno, Bratislava (Prag 1969). T. Makiewicz, Opfer- und Opferplätze der vorrömischen und römischen Eisenzeit in Polen. Prähistor. Zeitschrift 63, 1988, 81–112. Maringer 1942/43, 33–34. Meyer-Orlac 1982, 303–304. Moser 1978 und 1979. J. Nekvasil, Eine neue Betrachtung der Funde aus der Byči Skála-Höhle. Anthropologie 19 (Brno 1981) 107–110. Parzinger/Nekvasil/Barth 1995. J. Szombathy, Altertumsfunde aus Höhlen bei St. Kanzian im österreichischen Küstenlande. Mitt. der prähistor. Kommission der Akademie der Wiss. 2 (Wien 1913) 127–190. W. Torbrügge, Die Hallstattzeit in der Oberpfalz. Materialhefte zur bayer. Vorgesch. 39 (Kallmünz 1979) 44–54. H. Wankel, Bericht über die Ausgrabung der Byčí Skala-Höhle. In: Krieger und Salzherren. Ausstellungskat. 4 des Röm.-German. Zentralmuseums (Mainz 1970) 99–138.

Leichenhöhle, Karhofhöhle (Märkischer Kreis) und Veledahöhle, Hochsauerlandkreis (Nordrhein-Westfalen)

Insgesamt stammen aus mindestens 13 von 25 westfälischen Höhlen mit eisenzeitlichen Funden auch Menschenknochen oder menschliche Zähne. Inwieweit nun die einzelnen Befunde auf Menschenopfer schließen lassen, läßt sich häufig mangels detaillierter Grabungsunterlagen nicht mehr feststellen. Zumindest an drei Fundorten aber ist eine Opferhandlung höchst wahrscheinlich; dazu zählen die Leichenhöhle, die Karhofhöhle und die Veledahöhle.

Die Leichenhöhle bei Eisborn, auch Grabhöhle genannt, ist ca. 30 m lang und höchstens 1,2 m hoch. 3 m vom Eingang entfernt soll man in einer versinterten Feuerstelle angebrannte menschliche Langknochen und eisenzeitliche Keramik entdeckt haben; diese sind verschiedentlich als Überreste von Opfermahlzeiten gedeutet worden. An eine schlauchartige Verengung der Höhle schließt sich eine kleine Kammer an, in der sich Skelettreste von ca. 40 Individuen fanden. Angeblich handelte es sich ausschließlich um Schädel ohne Unterkiefer sowie Hand- und Fingerknochen. Mit gefundene Bronzeohrringe mit Glas- und Bernsteinperlen, Fingerringe und Bronzekettchen sind späthallstatt-/frühlatènezeitlich. H. Polenz deutet den Befund als bewußte Deponierung von Köpfen und Händen, wobei die mit gefundenen Schmuckstücke – nach den Verfärbungen an den Knochen zu urteilen – zum Zeitpunkt der Niederlegung offensichtlich noch an den Leichenteilen gesessen haben müssen.

Aus der Karhofhöhle, die sich im Hönnetal bei Volkringhausen befindet, kennen wir zwei Schädeldeponierungen. Von den beiden isoliert gelegenen Schädeln war einer im Boden eingesintert, beiden fehlt der Unterkiefer. Auffallend ist, daß dem Schädel, der von einem Mann stammen soll, die oberen Schneidezähne fehlen. Außerdem ließen sich mehrere Feuerstellen beobachten, in denen neben angebrannten Menschenknochen verschiedene Getreidekörner und Samen ölhaltiger Pflanzen, Teig- und Brotreste sowie Tierknochen, kleine Bronzeringlein und Keramikscherben lagen.

Ähnliche Befunde ließen sich auch in der Veledahöhle bei Velmede beobachten, durch deren unteren Raum ein Bach fließt. Vom oberen Raum zweigt in halber Höhe ein etwa 100 m langer Kriechgang ab. Auf dem Absatz des Durchganges, der den oberen vom unteren Raum trennt, konnten mehrere Feuerstellen ausgegraben werden, in denen neben eisenzeitlichen

Tonscherben und Bronzefragmenten auch zwei angebrannte Schädelkalotten sowie zahlreiche Zähne von mehreren Personen lagen. Weitere Feuerstellen mit menschlichen Zähnen und eine dicke Lage gerösteten Getreides, vermischt mit menschlichen Knochen, befanden sich im Kriechgang. Im sog. Schusterstübchen entdeckte man einen einzeln deponierten Schädel ohne Unterkiefer.

Lit.: Berg/Rolle/Seemann 1981, 121. W. Bleicher, Die Bedeutung der eisenzeitlichen Höhlenfunde des Hönnetals (Altena 1991). H. Polenz, Opferhöhlen der vorrömischen Eisenzeit im südlichen Westfalen. In: Höhlen, Wohn- und Kultstätten des frühen Menschen im Sauerland (Ausstellungskatalog Münster 1991) 33–63. W. Sönnecken, Höhlen des Sauerlandes (Lüdenscheid 1966) 51–57.

Burgwall von Lossow bei Frankfurt a. d. Oder, Lkr. Eisenhüttenstadt (Brandenburg)

Die Ausgrabungen von W. Unverzagt auf dem Burgwall von Lossow erbrachten 60 freigelegte Schächte der sog. Görlitzer Gruppe der frühen Eisenzeit. Die Anzahl der ursprünglich vorhandenen Gruben und Schächte wird auf etwa 500 geschätzt.

Schacht 54 war noch 5 m tief erhalten; auf dem Boden lag ein vollständiges Menschenskelett (Abb. 63). Auffallend war die seltsame Hockerstellung

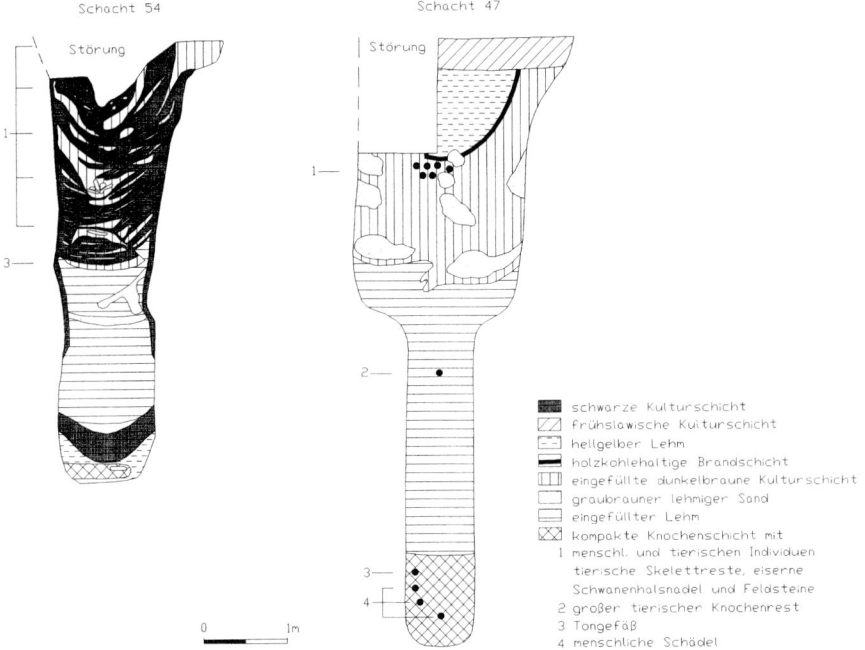

Abb. 63. Profile von Kultschächten im Burgwall von Lossow bei Frankfurt a.d. Oder.

144

des Toten mit dem Oberkörper in Bauchlage und dem Gesicht nach unten; es handelt sich um eine körperlich verwachsene, weibliche Person. Außerdem waren die Handgelenke genau übereinander fixiert, was auf Fesselung schließen läßt. Ein Armring und verschiedene Gefäße neben dem Opfer könnten Beigaben sein; Schichten darüber enthielten viele Tier- und Menschenknochen, was auf verschiedene Opferphasen schließen läßt.

Der Anfang der 80er Jahre vollständig ergrabene Schacht 47 war 8 m tief (Abb. 63). An der Trichtermündung des Schachtes ließen sich Brandspuren feststellen. Der obere Teil des Schachtes enthielt Skelettreste von Haustieren, am Schachtgrund kam eine kompakte Lage von menschlichen Skelettresten zutage. Der Schädel eines 16jährigen Jugendlichen lag neben zwei Rinderschädeln unmittelbar unter einem Gefäß der Stufe II der Görlitzer Gruppe. Es folgten drei weitere Rinderschädel und die Skelettreste von drei- bis vierjährigen Individuen, dazwischen zwei weitere menschliche Schädel sowie Extremitätenknochen und Rippen von Menschen. Darunter entdeckte man das Teilskelett eines Hundes und ein vollständiges sowie weitere Teile eines Pferdeskeletts, auf der Schachtsohle lagen die Überreste eines Schafes. An einigen Rinder- und Schafknochen sind Schnittspuren erkennbar. S. Griesa deutet den Befund als Menschen- und Tieropfer an eine chthonische Fruchtbarkeitsgottheit.

Lit.: Berg/Rolle/Seemann 1981, 122–123. H. Geisler, Notbergung auf dem Burgwall bei Lossow, Kr. Eisenhüttenstadt. Ausgrabungen und Funde 14, 1969, 132–140. H. Geisler, Die Opferschächte von Frankfurt/O.-Lossow. In: Mitteleuropäische Bronzezeit (Berlin 1978) 307–313. S. Griesa, Ergebnisse und Probleme der Feldforschungen auf dem Burgwall von Lossow. In: Beiträge zum bronzezeitlichen Burgenbau in Mitteleuropa (Berlin/Nitra 1982) 221–228. S. Griesa, Früheisenzeitliche Kultplätze. In: Religion und Kult (Berlin 1989) 251–259. E. Lehmann, Knowiser Kultur in Thüringen und vorgeschichtlicher Kannibalismus. Mannus VII (Leipzig 1929) 107–122. Rolle 1970, 46–52.

Grundfelsenschacht bei Gaisheim, Lkr. Amberg-Sulzbach (Oberpfalz)
Eine erste Ausgrabung des Grundfelsenschachtes erfolgte 1933/35 in der Schutthalde unter dem Eingang. 1967 kamen in der untersten Schicht der Spaltenverfüllung ein spätneolithischer Becher und ein Silexdolchfragment zutage. Darüberliegende Fundstücke deuten aber eine Zeitstellung in der Hallstattzeit an. Es handelt sich um ein perforiertes Schädelamulett mit drei Löchern, verschiedene menschliche, zerbrochene Skelettreste, darunter ein krankhafter, amputierter Armknochen mit zwei Sägeschnitten knapp über dem Ellenbogen, und mehrere Scherben.

Lit.: M. Moser/L. Übelacker, Prähistorische Schädelamulette und chirurgischer Knochenabfall aus Höhlen des Fränkischen Jura. In: Schröter 1977, 105–112.

Dietersberghöhle, Lkr. Forchheim (Oberfranken)

Die nordöstlich von Nürnberg gelegene Dietersberghöhle bei Egloffstein, auch „Bärenloch" genannt, gliedert sich in zwei Etagen, der untere, größte Höhlenraum hat eine Breite von max. 23 m. Im Anschluß an nicht kontrollierte Untersuchungen fand 1928 eine Ausgrabung durch J.R. Erl statt. An Funden kamen bronzene Arm- und Ohrringe, eine eiserne Lanzenspitze, mehrere Schichtaugenperlen, sechs Schädel mit Unterkiefer, darunter einer mit Lochdefekt (durch Lanzenspitze verursacht?), und zahlreiche weitere Schädel- und Skelettreste zutage. Insgesamt lassen sich Reste von mindestens 35 Erwachsenen, Kleinkindern und Foeten nachweisen, die möglicherweise einem rituellen kannibalischen Mahl zum Opfer gefallen sind. Der Grabungsbefund gibt auch Hinweise auf Feuerbrand, den man mit Absicht von oben in den Eingangsbereich der Spalte geschüttet hat. Die Funde lassen sich in die späte Hallstatt- bzw. frühe Latènezeit datieren.

Lit.: B.-U. Abels, Kannibalismus auf der Ehrenbürg. In: Arch. Jahr Bayern 1990 (Stuttgart 1991) 68–70. J.R. Erl, Die Dietersberghöhle bei Egloffstein, Abhandl. Naturhistor. Ges. Nürnberg 26, 1953, 219–310. Meyer-Orlac 1982, 302–305. Schwarz 1955, 89.

Anthropophagie in der Späthallstatt- und Frühlatènezeit

Ehrenbürg bei Schlaifhausen, Gde. Wiesenthau, Lkr. Forchheim (Oberfranken)

In der befestigten Höhensiedlung Ehrenbürg kamen zwischen 1990 und 1992 mehrere Kellergruben mit menschlichen Skelettresten zutage. Beschnittene Schädelteile könnten nach B.-U. Abels zur Herstellung für runde Amulette gedient haben.

1990 fand man in Grube 24 das Skelett eines ein bis sechs Monate alten Säuglings im Verband, dessen Arme und Beine fehlten. Abels weist auf einen makaberen Aspekt hin, denn man hatte wohl nur Arme und Beine verspeist, weil an ihnen „etwas dran" war. Dies wäre wohl einer der ersten Hinweise auf Genußkannibalismus. An weiteren Funden liegen zwei Menschenknochen mit Schnittspuren, drei Fibeln vom Frühlatèneschema, Schmelztiegelbruchstücke und zahlreiche Frühlatènescherben vor.

In Grube 19 entdeckte man 1991 ein männliches Skelett ohne Beigaben, dem das linke Bein fehlt. Der Verstorbene war in Bauchlage deponiert, den Leichnam hatte man mit einem Stein beschwert, was auf Angst vor einer Wiederauferstehung gedeutet wird. Die kallibrierte Radiokarbondatierung erbrachte ein Datum von 398–385 v. Chr.

Ein ähnlicher Befund stammt aus Grube 16. Dort lag das Unterteil eines männlichen Skeletts in Bauchlage auf dem Grubenboden. Quer zum

146

Becken hatte man den Unterarm mit der Hand gelegt, also wohl eine Teilbestattung kultischen Charakters. 30 cm über dem Skelett lag eine zusammengebogene Lanzenspitze aus der Frühlatènezeit.

Im Jahr 1992 stieß man am Boden von Grube 62 auf das Skelett einer Frau mit unnatürlich umgeknickten Beinen; auch diese Grube war mit Steinen zugedeckt. An Schmuckbeigaben fanden sich ein hohler Bronzesteigbügelarmring, ein Fingerring und zwölf Bronzeohrringe. Außerdem enthielt die Grube zerscherbte Keramik der Hallstattzeit und drei Spinnwirtel. Abels hält eine Interpretation dieses Befundes als Bauopfer zu der Befestigungsanlage für möglich.

Lit.: B.-U. Abels, Schädelbruchstücke aus Kellergruben von der Ehrenbürg, Schlaifhausen, Gde. Wiesenthau, Lkr. Forchheim, Oberfranken. In: Arch. Jahr Bayern 1989, 100–101. Ders., Kannibalismus auf der Ehrenbürg. In: Arch. Jahr Bayern 1990, 68–70. Fundbericht B.-U. Abels. In: Ausgrabungen und Funde Oberfranken 8, 1991–92 (1993/94) 26–28. Schwarz 1955, 93–95.

Mistelfeld, Lkr. Lichtenfels (Oberfranken)

In einer hallstattzeitlichen Siedlungsgrube des 6./5. Jh. v. Chr. entdeckte man 1974 einen ungewöhnlichen Befund, der von B.-U. Abels als Überrest einer rituellen Handlung mit anthropophagem Hintergrund gedeutet wird. Die Grube war etwa 0,5 m tief, bei einem Durchmesser von ca. 1,5 m. Darin lagen wahllos verstreut menschliche Skelettreste, Gefäßbruchstücke und Tierknochen (Rind, Hase, Kaninchen); leider konnten wegen einer Störung durch Baggerarbeiten nicht alle Funde vollständig geborgen werden. Die Menschenknochen von drei Individuen zeigen eindeutige Schnittspuren, z. T. waren die Knochen wohl noch im Verband, d. h. die Bänder waren bei der Deponierung noch nicht vergangen. Es handelt sich um zwei erwachsene und ein jugendliches Individuum. Auffallend ist das Fehlen von Schädelverletzungen. Keiner der Knochen weist auf Markentnahme hin, aber die Gelenke sind z. T. bewußt beschädigt, was auf Zerstückelung der Toten schließen läßt.

Lit.: B.-U. Abels, Spuren von Anthropophagie an hallstattzeitlichen Skelettresten. In: Schröter 1977, 113–116.

Pipinsburg, Lkr. Osterode (Niedersachsen)

Erste Ausgrabungsaktivitäten auf der Pipinsburg gab es zwischen 1951 und 1953, seit 1973 haben neuere Grabungskampagnen stattgefunden. In mehreren geologisch entstandenen Gipsdolinen, darunter einer 3,2 m tiefen und 14–17 m breiten Doline, fand man auch menschliche Skelettreste: z. T. angekohlte Schädelteile, Kieferbruchstücke und Langknochen neben Tierknochen, Keramik und Metallgegenständen. Die Funde lassen sich nach M. Claus in die eisenzeitlichen Stufen Hallstatt D – Latène C datieren, ein Schwerpunkt liegt in der Mittellatènezeit.

Lit.: M. Claus, Die Pipinsburg bei Osterode im Harz. In: Neue Ausgrabungen in Deutschland (Berlin 1958) 161–174. M. Claus/W. Schlüter, Die Pipinsburg bei Osterode am Harz. In: Ausgrabungen in Deutschland. Monogr. RGZM 1,1 (Mainz 1975) 253–272.

Latènezeit
(etwa 450–50 v. Chr.)

Menschenopfer bei den Kelten

Die Kelten opferten in Naturheiligtümern wie Quellen, heiligen Hainen, Höhlen und Felsspalten. Über Menschenopfer kann kein Zweifel herrschen; die den Göttern des keltischen Pantheons dargebrachten Opfer sind bei Lukanus beschrieben. Um Teutates zufriedenzustellen, ließen die Kelten Menschen in einem Wasserfaß ertrinken. Die dem Esus dargebrachten Opfer hängte man an Bäumen auf, im Kult des Taranis verbrannte man sie in hölzernen Figuren. Allein diese Aufzählung anhand literarischer Quellen zeigt die Schwierigkeit, Menschenopfer archäologisch nachzuweisen.

Ein besonders schönes Beispiel für eine keltische Opfergabe ist der erst 1981 von Speläologen entdeckte eiserne Helm mit Goldblechauflage aus dem 4. Jh. v. Chr. aus der Höhle „des Perrats" bei Agris in der Nähe der Stadt La Rochefoucauld im Dép. Charente (Südwestfrankreich). Dem Kopf kam eine zentrale Bedeutung zu, was Schädelkulte in keltischen Städten – den Oppida – belegen. An Tordurchfahrten angenagelte Schädel fand man in den Oppida von La Cloche (Südfrankreich) und Manching (Oberbayern). Neuerdings gibt es an drei verschiedenen Stellen im Oppidum von Manching auch Hinweise für Bauten sakralen Charakters.

Daneben errichteten die Kelten auch feste Kultanlagen wie die Heiligtümer des belgischen Typs und die sog. Viereckschanzen, aus denen auch Tempelgebäude bekannt sind. In solchen durch Gräben und Palisaden eingefriedeten Bezirken sind zahlreiche Menschen- und Tierknochen, Keramikdepots und künstlich deformierte Waffen gefunden worden. Aus Schächten von Viereckschanzen stammen gelegentlich auch Menschenknochen, z. B. in Vieille-Toulouse (Aquitanien), Bretignolles (Dép. Vendée) und Le Bernard (Dép. Vendée).

Die besten archäologischen Befunde keltischer Heiligtümer, in denen man Menschenopfer darbrachte, stammen aus Frankreich. Bekannt sind vor allem die Heiligtümer aus Roquepertuse, Entremont und Gournay. Der Portikus der südfranzösischen Heiligtümer diente wohl als eine Art Schleuse zwischen Sakralbereich und profaner Welt. Er erinnert in gewisser Weise an die Propyläen griechischer Heiligtümer. Strabon verwendet diesen Terminus zur Bezeichnung des Ortes, an dem die gallischen Krieger die Schädel ihrer Feinde anbrachten.

Kontinuität keltischen Kultes bis in die späte Kaiserzeit läßt sich an einigen nordkeltischen Fundplätzen beobachten. In Nordfrankreich und Großbritannien sind alte gallische bzw. keltische Opferplätze häufig mit gallo-römischen Tempeln überbaut.

Funde menschlicher Knochen in mehreren Oppida scheinen zudem Menschenopfer in den Siedlungen anzudeuten. In zahlreichen spätkeltischen Siedlungsgruben finden sich Menschenknochen, z.B. in Manching insgesamt ca. 200 Individuen, ähnliche Beispiele gibt es am Fundplatz Basel-Gasfabrik. Auch aus dem namengebenden Fundort La Tène selbst liegen sieben Schädel vor, die auf Anthropophagie schließen lassen.

Keltische Opfergruben und Schächte sind im linksrheinischen Gallien bisher aus folgenden Fundstellen bekannt: Paris, Toulouse, Pommern, Biel-Bardenbach, Bierbach und Bliesbruck; aus dem rechtsrheinischen Gebiet sind sie in Donnstetten, Pforzheim, Wiesbaden-Schierstein, Obernburg und Frankfurt-Schwanheim belegt. Allerdings sind nur in seltensten Fällen auch Menschenopfer in solchen Gruben und Schächten zu finden; zwei dieser Ausnahmen gibt es in Nida und am Mainufer bei Frankfurt, in Frankreich sind dies je ein Schacht in Allones, Bordeaux, Chartres und Dourges sowie vier wiederbenutzte Wasserschächte mit mehreren Skeletteilen in der Fundstelle „Ateliers Municipaux" in Saintes. Wasser scheint auf die opfernden Kelten eine besondere Anziehungskraft ausgeübt zu haben. Vor allem aus der Schweiz kennt man zahlreiche Opferplätze an Brückenstellen, z.B. in La Tène, Port und auf der Berner Engehalbinsel.

Offensichtlich gab es bei den Kelten auch Witwenopfer, jedoch waren diese lediglich dem Adel vorbehalten. J. Maringer führt als Beispiel französische Gräberfelder der frühen und mittleren Latènezeit an. Allein in Thuizy kamen auf 64 Gräber 28 Doppelbestattungen verschiedenen Geschlechtes. Frauen fanden sich stets in gestreckter Rückenlage, Männer daneben, mit dem Gesicht jedoch auf dem der Frau, die Hände oft beim Kopf der Gefährtin. Auch aus Deutschland liegen Belege für Witwenopfer aus Fürstengräbern vor. Waldalgesheim, Rodenbach, Kleinaspergle, Hundersingen, Dühren und Dürkheim seien hier genannt.

Neben diesen archäologischen Quellen sind uns keltische Menschenopfer auch durch literarische Quellen bekannt. So berichtet Caesar über sein sechstes Kriegsjahr im sechsten Buch des berühmten „De bello Gallico" über Ereignisse in keltischen Heiligtümern, sog. *nemeta* (Kap. 16): „Wenn jemand schwer krank wird oder Gefahren und Kämpfen entgegengeht, so pflegt er Menschenopfer zu geloben, deren Durchführung natürlich Sache der Druiden ist. Diese nämlich verkünden, daß die Götter nur dann besänftigt werden könnten, wenn ihnen als Ersatz ein Menschenleben dargebracht wird. Auch von Staates wegen finden dergleichen Opfer statt. Zu ihrer Durchführung macht man riesige Götterfiguren aus Stroh und Reisig, die mit lebenden Menschen gefüllt werden. Dann wird das Ganze angezündet, so daß die Menschen in den Flammen umkommen." (Abb. 64).

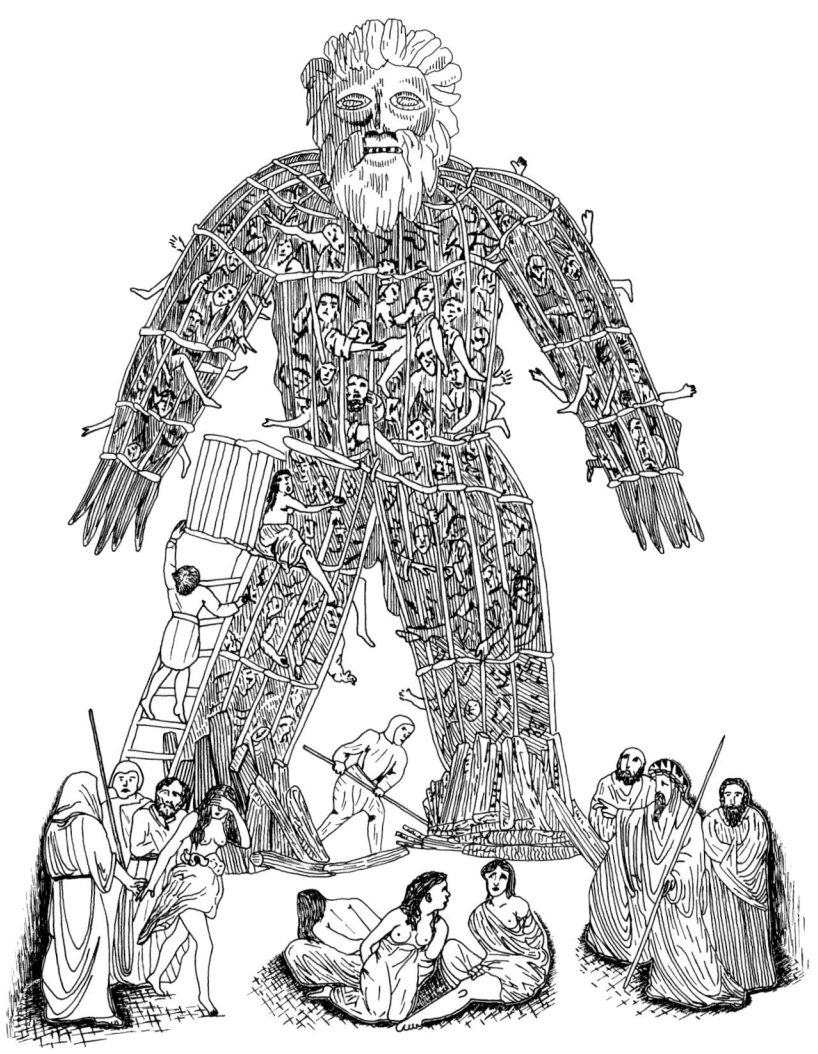

Abb. 64. Menschenopfer der Kelten nach dem Bericht in Caesars „De bello gallico". Historische Darstellung des Themas in Britannia Antiqua Illustrata 1676.

Cicero hat im Senat über solche Menschenopfer gewettert. Die Kaiser Tiberius und Claudius haben sie zum Anlaß genommen, um den von ihnen als unheimlich empfundenen Druidenkult zu verbieten.

Tacitus schreibt in seiner Germania (Kap. 39, 2–5): „Zu einer festgesetzten Zeit versammeln sich alle Gesandtschaften des Volkes, die dasselbe Blut haben, in einem Wald, der durch die Weissagungen der Väter und durch alte Furcht geheiligt ist, und nachdem vor aller Augen ein Mensch getötet worden ist (caesoque publice homine), feiern sie den schrecklichen Beginn des Festes nach barbarischem Ritus". Nur mit Fesseln durfte man sich in einem solchen Hain bewegen, um sein Gefühl der Unterwerfung den Gottheiten gegenüber augenfällig zu bekunden.

Die Kelten sollen auch Schädelbecher hergestellt haben. Livius berichtet folgende Einzelheiten dazu: „… nachdem die Bojer den Kopf ausgenommen hatten, legten sie den Schädel nach ihrer Sitte mit Gold aus. Der Schädelbecher diente ihnen dann als heiliges Gefäß, als Opferschale, aus der die Priester tranken" (n. Livius, Röm. Geschichte 23).

Allgemeine Lit. zuletzt: The Celts 1991. Siehe auch Kimmig 1993. Müller 1993. Spezielle Lit.: J.-L. Brunaux, Les Gaulois. Sanctuaires et rites (Paris 1986). H. Dannheimer/R. Gebhard, Das keltische Jahrtausend. Ausstellungskatalog München (Mainz 1993) 338–344. Furger-Gunti 1984, 67–74. J. Gomez de Soto, The Agris Helmet. In: The Celts 1991, 292–293. H.W. Haussig, Wörterbuch der Mythologie 2. Götter und Mythen im Alten Europa (Stuttgart 1973) 153–156; 778–780. G. Lange, Die menschlichen Skelettreste aus dem Oppidum von Manching. Ausgrabungen in Manching 7 (Wiesbaden 1983). Maringer 1942/43, 30–34. Meyer-Orlac 1982. J.-P. Petit, Puits et fosses rituels en Gaule d'après l'exemple de Bliesbruck (Moselle) (Bliesbruck 1988). E. F. Petres, On celtic animal and human sacrifices. Acta Archaeologica Academiae Scientiarium Hungaricae 24 (Budapest 1972) 365–383. L. Pauli, Keltischer Volksglaube. Münchner Beitr. Vor- u. Frühgesch 28 (München 1975) 163–186. J. Webster, Sanctuaries and Sacred Places. In: M. J. Green (Hrsg.), The Celtic World (London/New York 1995) 445–464. R. Wyss, Sépultures, sanctuaires, sacrifices et leur relation avec l'habitat en Suisse à l'époque celtique. In: P. M. Duval/V. Kruta (Hrsg.), L'habitat et la nécropole à l'âge du Fer en Europe occidentale et centrale (Paris 1975) 75–86.

Menschenopfer in keltischen Heiligtümern

Das Heiligtum von Roquepertuse (Dép. Bouches-du-Rhône, Frankreich)

In der zweiten Hälfte des vergangenen Jahrhunderts entdeckte man bei Velaux, Dép. Bouches-du-Rhône, nordwestlich von Marseille in Südfrankreich, die Überreste von zwei lebensgroßen Kriegerstatuen. In mehreren Grabungskampagnen von 1919 bis 1927 kamen dann aufsehenerregende Architekturteile eines keltisch-ligurischen Heiligtums aus dem 3./2. Jh. v. Chr. zutage. Berühmt geworden sind vor allem drei monolithische Pfeiler mit totenkopfförmigen Nischen, in denen die heute leider verschollenen menschlichen Schädel steckten (Abb. 65). Am Portikus zeigen drei Pfeiler noch Spuren von Bemalung; auf der Oberschwelle sitzt ein 62 cm hoher, flugbereiter Vogel. Außerdem fand sich ein Architrav mit eingemeißeltem Schädelmotiv, ein Fries zeigt vier Pferdeköpfe und Kopfskulpturen. An der Identifikation einer doppelköpfigen Gottheit als Hermes bzw. Janus besteht kaum Zweifel. Sitzfiguren und andere Steinplastiken lassen ein Ahnenhei-

Abb. 65. Portikus des kelto-ligurischen Heiligtums von Roquepertuse (Frankreich). Neuer Rekonstruktionsversuch nach J.-M. Gassend.

ligtum vermuten. Basierend auf den Altfunden setzte sich im Laufe der vergangenen Jahrzehnte die Meinung durch, Roquepertuse sei ein Stammesheiligtum der Saluvier bis zur Unterwerfung durch die Feldzüge des Fluvius Flacus und des Sextius Calvinius in den Jahren 125 bzw. 124 v. Chr. gewesen.

1987 wurde auf Initiative von Mme. Lescure ein Forschungsprogramm eingerichtet, das sich hauptsächlich mit der ikonographischen Interpretation und der Chronologie der Fundstelle auch anhand neuerer Ausgrabungen seit 1991 auseinandersetzt. Bei den bisher durchgeführten Untersuchungen stellte sich heraus, daß die Abstände der Steinpfeiler nicht wie bisher angenommen nur 70 cm, sondern 2,10 m betragen hatten. Außerdem ließ sich belegen, daß die Totenschädel nicht als apotropäische Symbole außen am Bauwerk zur Schau gestellt wurden, sondern das Innere des Gebäudes zierten. Neu hinzugekommene Fragmente lassen nun auch Motive der Bemalung genauer erkennen: eine Schlange und ein Pferd mit Fischschwanz; letzteres Bildmotiv ist wohl aus dem etruskischen Siedlungsgebiet der Ligurer entlehnt. Untersuchungen von Farbpigmenten erwiesen, daß für das Grün eine Erdfarbe namens Celadon aus Verona benutzt wurde. Fluoreszenzuntersuchungen erbrachten zudem zwei gemalte und zwei gravierte Pferde sowie verschiedene geometrische Ornamente.

Wie die Ausgrabungen von etwa 20 Grubenhäusern, zwei Brunnen und den Fundamenten eines Randwalles belegen, gab es auf dem oberhalb des Heiligtums liegenden Felsmassiv ein kleines Oppidum mit einer vorgelagerten Siedlung am südlichen Fuß.

Durch die Arbeiten L. F. Gantès' von 1977 läßt sich die dritte Phase der Siedlung nun genauer datieren. Die Hauptblütephase der Siedlung mit großem Wachstum und starker Intensivierung kultureller Kontakte, die sich in massaliotischem Tafelgeschirr und italischer Schwarzfirniskeramik widerspiegeln, begann am Ende des 4. und endete am Ende des 3. Jh. v. Chr.

Lit.: J.-M. Gassend, Roquepertuse. In: Documents d'Archéologie Méridionale 14, 1991, 22–35. H. de Gérin-Ricard, Le sanctuaire pré-romain de Roquepertuse (Marseille 1928). B. Lescure, The Hillfort and Sanctuary at Roquepertuse. In: The Celts 1991, 362–363. B. Lescure, Das Kelto-ligurische „Heiligtum" von Roquepertuse. In: Haffner 1995 (75–84).

Das Heiligtum von Entremont (Dép. Bouches-du-Rhône, Frankreich)

Das keltisch-ligurische Heiligtum von Entremont liegt im Dép. Bouches-du-Rhône, 2 km vom südfranzösischen Aix-en-Provence entfernt. Das Heiligtum gehört zu einem Oppidum, einer Stadtanlage mit Häusern in Trockenmauerwerktechnik. Es befindet sich im Zentrum der Salluvier im Gebiet von Massilia und wird in das 3./2. Jh. v. Chr. datiert. In den Ruinen des Heiligtums fanden sich viereckige Kalksteinsäulen mit eingemeißelten Menschenköpfen, die ehemals ein Teil des „Saales der Köpfe" waren; herausragend ist vor allem eine Säule mit 12 Köpfen. In diesem Kultsaal waren in Nischen der Steinsäulen auch echte Menschenschädel mit großen Nägeln befestigt, der Raum war sozusagen eine Glyptothek von Statuen und Torsos. Leider sind die Befunde wegen der Zerstörung der Stadt durch die Römer im Jahre 123 sehr schlecht erhalten. Ähnliche abgeschnittene Köpfe an Stelle echter Schädel, sog. „têtes coupées" gibt es z. B. in Chartres (Frankreich), Gloucester und Norfolk (Großbritannien).

Lit.: F. Benoit, Entremont. Capitale celto-ligure des Salyens de Provence (Aix-en-Provence 1957).

Das Heiligtum von Gournay-sur-Aronde (Dép. Oise, Frankreich)

Im Jahre 1977 begann die Erforschung keltischer Heiligtümer Nordfrankreichs mit diesem vollständig freigelegten Kultplatz. Der Fundplatz liegt im Tal der Aronde oberhalb eines großen Sumpfgebietes. Etwa 100 m entfernt befindet sich eine ca. 3 ha große Befestigungsanlage des 5. und 1. vorchristlichen Jahrhunderts. Diese Einfriedung und das Heiligtum werden von einer ca. 12 ha großen Befestigungsanlage umschlossen.

Das Heiligtum weist eine viereckige, 45 auf 38 m lange Umwehrung mit einem Eingang im Osten auf. Das Begrenzungssystem der sakralen Einfriedung wurde über mehrere Jahrhunderte genutzt, der Grabungsbefund läßt sechs Bauphasen erkennen (Abb. 66):

Phase 1 (4. Jh. v. Chr.): Umgrenzung des Kultplatzes mit min. 2 m breitem und etwa 2 m tiefem Graben.

Phase 2 (4./3. Jh. v. Chr.): Monumentaler Ausbau des Heiligtums, der Graben wird mit Holz verschalt. Vor den Graben baut man eine Palisade mit einem weiteren Graben; der innere Graben dient nun als Deponierungsort für Opferüberreste und Trophäen. Im Inneren des heiligen Bezirks legt man eine zylindrische Opfergrube an, die später erweitert wird.

Phasen 3 und 4 (2. Hälfte 3. und 2. Jh. v. Chr.): Die im Zentrum der Anlage liegenden Opferstellen des 3. Jahrhunderts werden im Verlauf des 2. Jahrhunderts überdacht bzw. durch einen Tempel mit quadratischem Grundriß ersetzt, wobei die Interpretation des Bauwerkes als Tempel im Sinne der Wohnstätte einer Gottheit noch nicht hinreichend belegt ist. Der Eingang wird erweitert und mit einem monumentalen Portalvorbau versehen. Funde aus den Gräben beiderseits des Eingangs belegen, daß man Trophäen (Schwerter, Lanzenspitzen, Schwertscheiden, Schilde), Rinder- und Menschenschädel an der Fassade befestigt hat.

Phase 5 (1. Jh. v. Chr.): Im Verlauf des 1. Jahrhunderts wird das Heiligtum erneut genutzt. Man opfert an einer von einem Gebäude überdachten Feuerstelle genau über der großen Grube.

Phase 6 (4. Jh. n. Chr.): In der jüngsten Phase besteht das Heiligtum aus einem klassischen, gallo-römischen Umgangstempel.

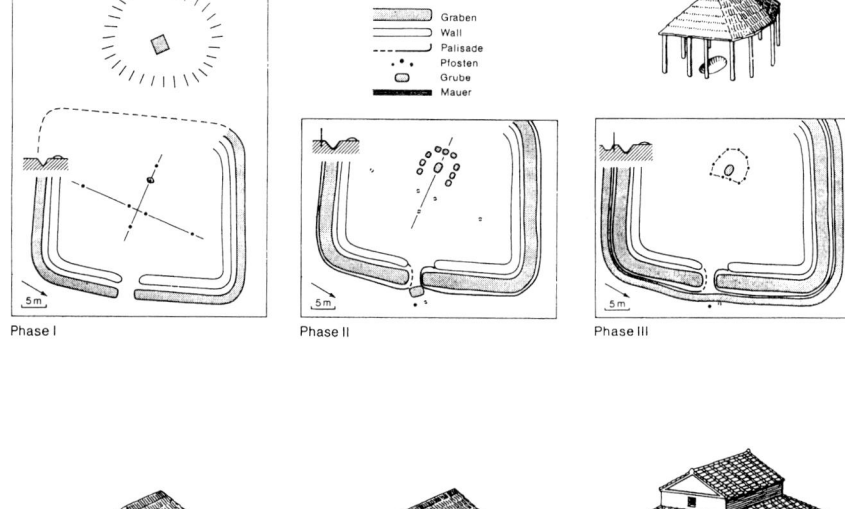

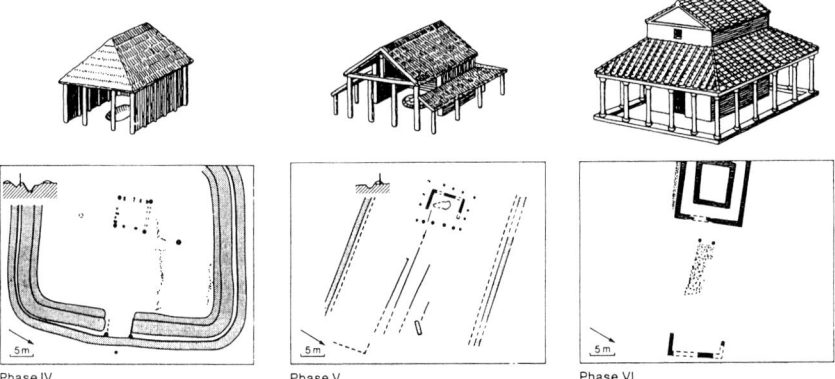

Abb. 66. Phasengliederungsversuch des Heiligtums von Gournay (Frankreich). Phase I:
4. Jh. v. Chr., II: 4./3. Jh. v. Chr., III und IV: 3./2. Jh. v. Chr., V: 1. Jh. v. Chr., VI: 4. Jh. n. Chr.

Lit.: J.-L. Brunaux/F. Patrice-Meniel, Gournay I, Les fouilles sur le sanctuaire de l'oppidum (1975–1984) (Paris 1985). J.-L. Brunaux/A. Rapin, Gournay II, Boucliers et lances dépôts et tropées (Paris 1988). J.-L. Brunaux, The Celtic Sanctuary at Gournay-sur-Aronde. In: The Celts 1991, 364–365. J.-L. Brunaux, Die keltischen Heiligtümer Nordfrankreichs. In: Haffner 1995, 55–66.

Das Heiligtum von Ribemont-sur-Ancre (Frankreich)

Etwa 50 km östlich von Gournay liegt der bisher am besten erhaltene latè-nezeitliche Kultplatz des keltischen Europa. Aussehen und Größe des Hei-ligtums von Ribemont-sur-Ancre lassen sich noch nicht genau ermitteln, da erst ein Teil des Areals, auf dem sich ein ausgedehnter gallo-römischer Komplex erstreckt, ausgegraben ist. Luftbilder vermitteln aber ein ungefähres Bild von der Kultanlage. Das Heiligtum erscheint als ein komplexes Ensemble verschachtelter Einfriedungen, das von einem ovalen Palisadengraben mit einem Durchmesser von 150 bzw. 180 m umgrenzt wird. Im Mittelpunkt des großen Areals befindet sich eine für spätkeltische Kultbezirke typische quadratische Einfriedung mit einer Seitenlänge von etwa 40 m, ähnlich derjenigen in Gournay; sie besteht aus einem 2,8 m tiefen und etwa 3 m breiten Graben mit Palisade. An die Ostseite dieser Anlage schließt ein zweiter, etwas größerer Bezirk mit einem 1,5 m tiefen Graben an. Beide Anlagen stoßen an die Ostseite der nur zu einem Drittel ergrabenen Haupteinfriedung. Westlich der zentralen Einfriedung, an dem Platz des Monumentaltempels aus dem 2. und 3. Jh. n. Chr., befindet sich eine dritte vergleichbare Anlage.

Der Grundriß des im 3. und 2. vorchristlichen Jahrhundert angelegten Heiligtums wurde in augusteischer Zeit und dann im 1. und 2. Jh. n. Chr. minutiös wieder aufgegriffen. In der jüngeren Anlage fand man eine etwa 15 × 40 m große Verbrennungsfläche, deren Lage mit einem mittel- bis spätlatènezeitlichen Gebäude korrespondiert und das sich unter Vorbehalt als Portalvorbau des Heiligtums ansprechen läßt. Dafür sprechen auch die dort aufgefundenen einzigen Fragmente menschlicher Schädel. Zu den Besonderheiten von Ribemont gehören die sakralen Strukturen und Votivdepots außerhalb der Umhegungen, sowie auch ein Befund ganz eigener Art: eine Ansammlung menschlicher Knochen und Waffen auf mindestens 60 m². Dieses Depot enthält mehr als 10.000 Menschenknochen und etliche hundert Waffen, die z.T. noch in funktionalem Zusammenhang lagen. Eine Interpretation als Massengrab scheidet wohl aus, da man keine Schädel fand, es handelt sich bei den noch im Verband angetroffenen Skeletteilen ausschließlich um obere oder untere menschliche Körperhälften. Völlig ungewöhnliche Körperpositionen und extrem verdrehte Haltungen sprechen für ein Zufallsprodukt, das darauf hindeutet, daß die z.T. mumifizierten Leichenteile aus mehreren Metern Höhe herabfielen. J.-L. Brunaux rekonstruiert aufgrund des ungewöhnlichen Befundes ein überdachtes Podest, auf dem kopflose Krieger mit ihren Waffen dicht gedrängt in der Art einer Kriegerformation aufgestellt wurden (Abb. 67). Demnach hätten hier am Rande des Heiligtums die Besiegten nicht als anthropomorph nachempfundene Trophäen gestanden, sondern als halbverweste bzw. mumifizierte, kopflose Körper.

Lit.: J.-L. Brunaux, Die keltischen Heiligtümer Nordfrankreichs. In: Haffner 1995, 66–74.

Abb. 67. Ribemont-sur-Ancre (Frankreich). Rekonstruktionsversuch des Gebäudes mit der „Wacht der kopflosen Krieger" nach J.-L. Brunaux.

Menschenopfer in keltischen Oppida

Oppidum Altenburg-Rheinau, Lkr. Waldshut und Kanton Zürich (Deutschland/Schweiz)

Am Südende des Walles im spätkeltischen Oppidum Altenburg-Rheinau lagen Gruben, die aufgeschlagene menschliche Knochen, Keramik, Eisenschlacke und Tierknochen (Schwein, Rind) enthielten. Die Funde deuten wie in Manching und anderen Oppida auf Menschenopferpraktiken in den Siedlungen hin.

Lit.: F. Fischer, Untersuchungen im spätkeltischen Oppidum von Altenburg-Rheinau. In: Ausgrabungen in Deutschland. Monogr. RGZM 1,1 (Mainz 1975) 312–323. Furger-Gunti 1984, 53–58.

Oppidum Manching, Lkr. Pfaffenhofen a.d. Ilm (Oberbayern)

Bei den Ausgrabungen am Osttor des keltischen Oppidums von Manching bei Ingolstadt entdeckte man 1962/63 eine Kinderbestattung und zwei Schädel, die als Menschenopfer angesehen werden. Die Kinderbestattung lag im Bereich des Torhauses in der südlichen Durchfahrt quer zur Fahrtrichtung. Anthropologische Untersuchungen erbrachten keine Hinweise auf die Ursache der Tötung des Kindes, wegen der exponierten Lage des Grabes interpretiert D. van Endert den Befund als Bauopfer. Ein vergleichbares Bauopfer stammt aus dem böhmischen Oppidum von Závist.

In der sog. Holzkastensperre der Periode 2 des Torhauses fanden sich zwei Schädel, die sich unter Vorbehalt als Trophäenschädel ansprechen lassen. D. van Endert bringt die beiden Schädel mit Flechtwerkschächten in Verbindung. Einer der Schädel besitzt eine Durchbohrung in der Mitte des Schädeldaches, die aufgrund der anthropologischen Untersuchungen nach dem Tod des Mannes vorgenommen wurde. Es handelt sich bei beiden Stücken mit großer Wahrscheinlichkeit um Trophäenschädel, die wohl an einem Pfahl im Flechtwerkschacht A in der Mitte der äußeren Torgasse des Oppidums aufgehängt bzw. aufgespießt waren und von dort vielleicht bei der Demontage des Pfahles in den Holzkasten gekommen sind.

Für die in zahlreichen Siedlungsgruben des Manchinger Oppidums angetroffenen Menschenknochen kommen neben einer Interpretation als Menschenopfer auch andere Erklärungen in Frage: kriegerische Auseinandersetzungen, Ahnenkult, mehrstufige Bestattungen, Tierfraß und Verschleppung von Knochen durch Menschen und Tiere.

Lit.: D. van Endert, Das Osttor des Oppidums von Manching. Die Ausgrabungen in Manching 10 (Stuttgart 1987). L. Jansová, Památky Arch. 65, 1974, 28. G. Lange, Die menschlichen Skelettreste aus dem Oppidum von Manching. Die Ausgrabungen in Manching 7 (Stuttgart 1983). Peter-Röcher 1994, 108–114.

Oppidum Alkimoennis, Lkr. Kelheim (Niederbayern)

Am inneren Wall des keltischen Oppidums Alkimoennis fand man 1971 eine leicht in die alte Oberfläche eingetiefte, menschliche Schädelkalotte eines 50–60jährigen Mannes, der durch einen Schwerthieb auf die linke Hinterhauptseite ums Leben gekommen ist. Die Schädelkalotte ist offensichtlich in skelettiertem Zustand etwa 0,6 m von der jüngeren Mauer entfernt deponiert worden.

Lit.: F. R. Herrmann, Die Grabung am inneren Wall im Oppidum von Kelheim im Jahre 1971. Germania 51, 1973, 133–146.

Opferschächte aus Nida und Frankfurt am Main-Schwanheim (Hessen)

Aus der römischen Stadt Nida (ca. 69–260 n. Chr.) sind seit langem 11 Militärlager und dazugehörige Lagerdörfer bekannt. Die Stadt war Mittelpunkt für Wirtschaft, Handel und Religion. Neben dem römischen Mithraskult wurden aber auch keltische Götter verehrt und entsprechende Kultbräuche ausgeübt. Erst vor kurzem wurden Opfergruben und Opferschächte auf dem südlichen Mainufer und in Nida erkannt, in denen auch Menschenopfer dargebracht worden sind.

In Schwanheim hat man am Südufer des Mains einen 1975 als Brunnen publizierten Befund ausgegraben, der außer Keramik, Tierknochen und einer in zwei Hälften geteilten Steinstatuette eines dreigehörnten Stieres auch das Skelett eines etwa 20jährigen Mannes enthielt (Abb. 68). Das Skelett lag zwischen zwei Steinpackungen, es fehlten zahlreiche Hand- und nahezu alle Fußknochen. Der Schädel zeigt Spuren von Gewalteinwirkung.

Bereits 1889 entdeckte man im Südteil von Nida einen ähnlichen, ca. 6 m tiefen Schacht, der in etwa 4 m Tiefe ein Skelett enthielt (Abb.68). Leider sind keine weiteren Funde aus diesem von I. Huld-Zetsche neuerdings als Opferschacht interpretierten Befund bekannt.

Lit.: I. Huld-Zetsche, Nida – eine römische Stadt in Frankfurt am Main. Schriften des Limesmuseums Aalen 48 (Stuttgart 1994) 36–39.

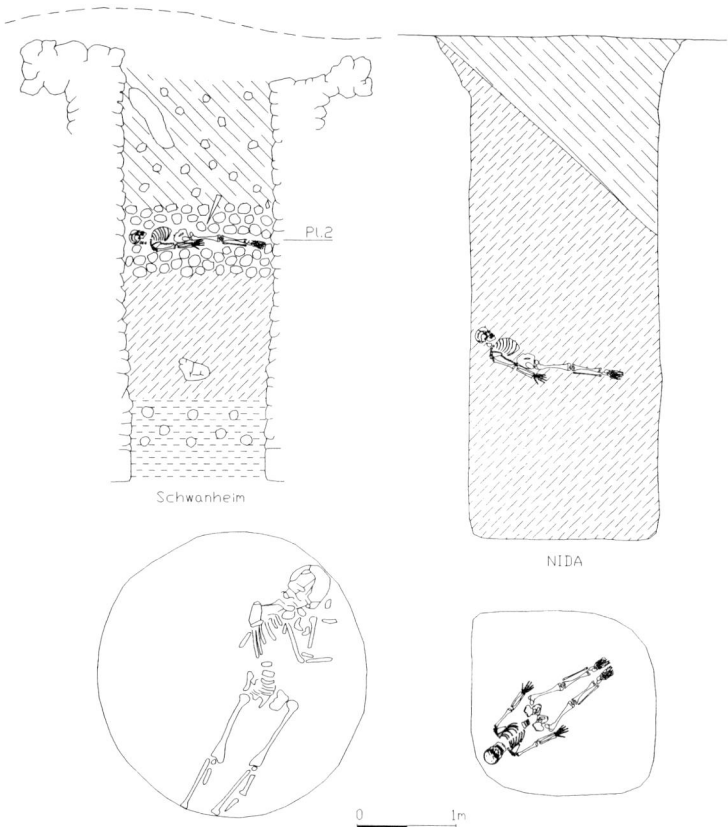

Abb. 68. Opferschächte in Schwanheim (links) und Nida (rechts).

160

Das Gräberfeld von Wallertheim (Rheinhessen)

Am Südrand des spätlatènezeitlichen Gräberfeldes von Wallertheim lagen dicht beieinander zwei Gruben, die H. Schermer als Opfergruben anspricht. Beide Gruben hatten kreisförmige Gestalt mit flachem Boden und waren bis zu 1,5 m tief. Grube 1 enthielt eine eiserne Fibel, Ringhaken, Keramik, z.T. angebrannte Tierknochen und stark kalzinierte Knochen eines oder mehrerer Menschen. In Grube 2 fand man ein ähnliches Inventar: kleine Eisenteile, einige Keramikstückchen, verbrannte Knochen von Schaf oder Ziege und stark kalzinierte Knochen eines Menschen. Außerdem enthielt die Grube zwei größere Steine, darunter einen mit vier schalenförmigen, künstlichen Vertiefungen.

Lit.: H. Schermer, Zwei Opfergruben der Spätlatènezeit von Wallertheim, Rheinhessen. Germania 29, 1951, 252–253.

Römische Kaiserzeit, Merowingerzeit und Frühmittelalter
(etwa Chr. Geb. – 10. Jh. n. Chr.)

Menschenopfer bei den Germanen

Hinweise auf Menschenopfer bei den Germanen liegen vor allem aus schriftlichen Quellen vor.

Ob es Menschenopfer auch als Bestrafung für Verbrechen gegeben hat, ist umstritten. Seit langer Zeit wird die Moorleiche des sog. Tollundmannes aus Mitteljütland (Dänemark) als Beleg für ein an einem Verbrecher vollstrecktes Todesurteil aus der Zeit um 200 v. Chr. angesehen. Es läßt sich nicht klären, ob die Deposition der Leiche im Moor nicht doch für ein Menschenopfer spricht. Die 1950 entdeckte Moorleiche war nackt bis auf eine Lederkappe, einen Ledergürtel und eine um den Hals gewundene Lederschnur (Abb. 69). Der Mann wurde entweder gehängt oder erdrosselt. Das kurzgeschnittene Haar, das glattrasierte Gesicht und die Untersuchung des Mageninhalts lassen vermuten, daß der Mann während eines Opferrituals

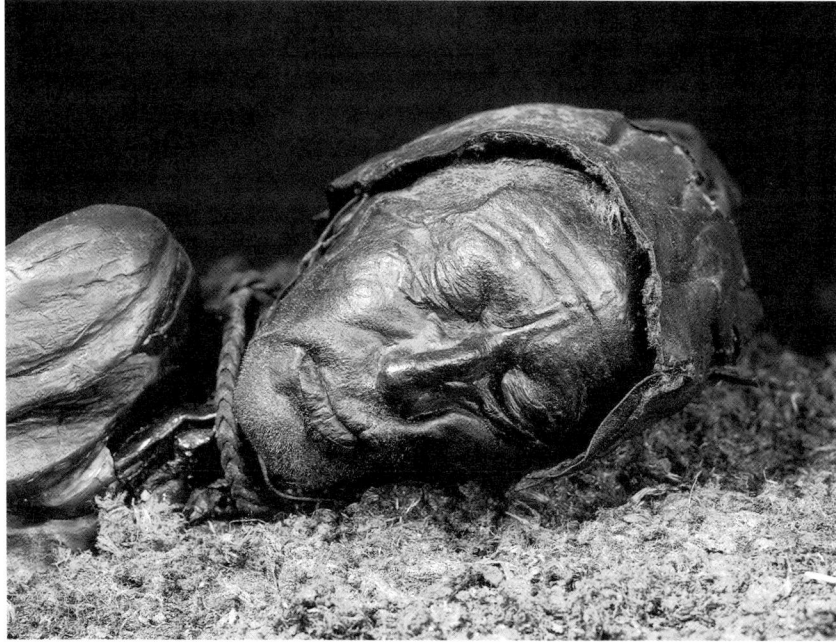

Abb. 69. Moorleiche des sog. Tollundmannes (Dänemark), um 200 v. Chr. Opfer oder Strafakt?

162

starb. Ob dieser Fund nun als Beispiel für eine Todesstrafe im Sinne eines Sühneopfers für die ob der Tat erzürnten Götter angesehen werden kann, läßt sich nicht klären. Es gibt in der Literatur nur einen einzigen Hinweis, der bezeugt, daß ein Rechtsakt auch ein Kultakt gewesen sein kann: Im Additamentum XI zur Lex Frisionum heißt es: „Wer ein Heiligtum erbrochen und dort etwas von den Weihegegenständen geraubt hat, wird ans Meer geführt, und auf dem Sande, den die Flut regelmäßig bedeckt, werden ihm die Ohren geschnitten und er wird entmannt und den Göttern geopfert, deren Heiligtum er geschändet hat."

Ähnliches gilt auch für die Moorleiche von Osterby in Schleswig-Holstein (Abb. 70). Der gut erhaltene Schädel war gewaltsam vom Rumpf getrennt und mit einem Schulterumhang aus Fell bedeckt im Moor deponiert worden. Die Haartracht ist nach Art des von Tacitus überlieferten Suebenknotens gebildet. O. Höfler schreibt dazu: „Im Land der Sueben herrschte in alter Zeit die kultische Einrichtung, daß eine Frau aus edlem Geschlecht, die als Priesterin ein übermenschlich-göttliches Wesen verkörperte, einen Helden zum Verlobten wählte und ihn zum Geweihten erhob, dem damit eine erhabene Stelle im Lande zufiel. Nach einer bestimmten Zeit aber wurde dieser Geweihte als Opfer getötet. Diese Handlung vollzog sich im Fesselhain der Semnonen, des Hauptvolkes der Sueben, von dem uns Tacitus berichtet hat."

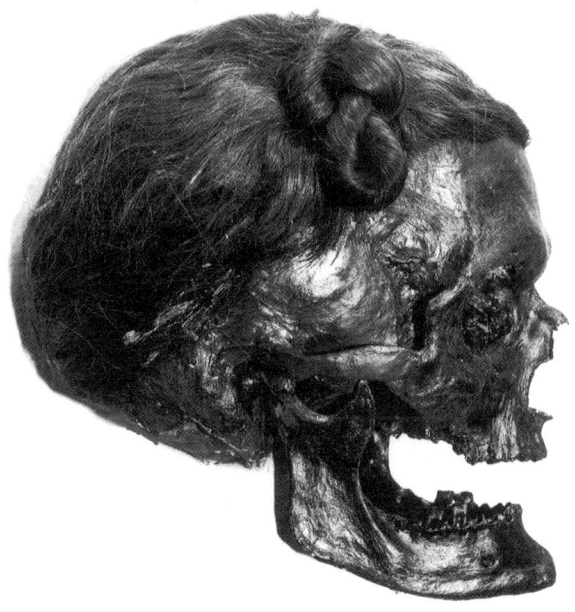

Abb. 70. Schädel der Moorleiche von Osterby mit Suebenknoten. Opfer oder Hinrichtung?

E. Mogk faßt die Menschenopfersitten der Germanen und Wikinger wie folgt zusammen: „Wo wir bei den Germanen das Menschenopfer finden, erklärt es sich aus Furcht vor dem Tode, vor den dämonischen Gewalten, die dem Menschen das Leben rauben können. Es ist eine Vergeltungsgabe, durch die man sich selbst aus der Macht dieser Mächte zu lösen sucht."

In diesem Zusammenhang ist bemerkenswert, daß K. v. Amira die Sitte erwähnt, nach altem friesischem und niedersächsischem Recht den Mörder unter seinem Opfer zu begraben; die gleiche Bestimmung findet sich merkwürdigerweise auch in einem alten chinesischen Recht. Das Mitbegraben des Mörders bedeutete dadurch eine Fortführung des Strafaktes.

Lit.: H. Beck, Germanische Menschenopfer in der literarischen Überlieferung. In: Vorgeschichtliche Heiligtümer und Opferplätze in Mittel- und Nordeuropa. Abh. Akad. Wiss. (Göttingen 1970) 246. R. Hachmann, Die Germanen. Archaeologia Mundi (Genf 1971). O. Höfler, Das Opfer im Semnonenhain und die Edda. In: Edda, Skalden, Saga. Festschr. F. Genzmer (Heidelberg 1952) 25. Maringer 1942/43, 86–88. Mogk 1909, 606–643.

Villa rustica von Regensburg-Harting (Oberpfalz)

In dem Brunnen eines römischen Gutshofes bei Regensburg-Harting kam 1983 ein Befund zutage, der an einer Interpretation als Überreste von Menschenopfern kaum Zweifel läßt. Es handelt sich um einen ca. 5,5 m tiefen Brunnen, in den nebst zahlreichen Opfergaben auch Tier- und Menschenknochen hineingeworfen worden sind (Abb. 71). Anhand der anthropologischen Untersuchung läßt sich feststellen, daß man einige Personen mit stumpfen und scharfen Gegenständen niedergeschlagen und z.T. skalpiert hat. Das Geschehnis rekonstruiert S. Rieckhoff-Pauli wie folgt: Um die Mitte des 3. Jahrhunderts n.Chr. überfielen Germanen das römische Anwesen, töteten die Bewohner mit Schwert- oder Axthieben und skalpierten die Frauen. Mehrere Personen erhielten – tot oder gefesselt auf dem Boden liegend – einen stumpfen Schlag quer über die Stirn. Im Verlauf einer anschließenden Zeremonie (verbunden mit kultischem Kannibalismus?) zerstückelten die Germanen mindestens 13 Personen und warfen Teile der Leichen in die beiden Brunnen des Hofes.

Die Brunnenfüllung enthielt auch wertvolles Gerät: Sensen, eine Hacke, eine Mistgabel, eine Herdschaufel, ein Messer, die Hälfte einer Schere, einen Schreibgriffel, eine Glocke, einen Topf, einen Krug, einen Teller und eiserne Teile von Fenstergittern, Türbeschlägen und Nägeln (als Symbol des niedergebrannten Hauses?). Diese Opfergaben zeigen, daß die Römer nicht im Blutrausch niedergemetzelt, sondern nach vorgeschriebenem Ritual den Göttern der Germanen dargebracht wurden.

Lit.: U. Osterhaus, Zwei römische Brunnen aus einer villa rustica in Regensburg-Harting, Stadt Regensburg, Oberpfalz. In: Arch. Jahr Bayern 1984, 115–118. S. Rieck-

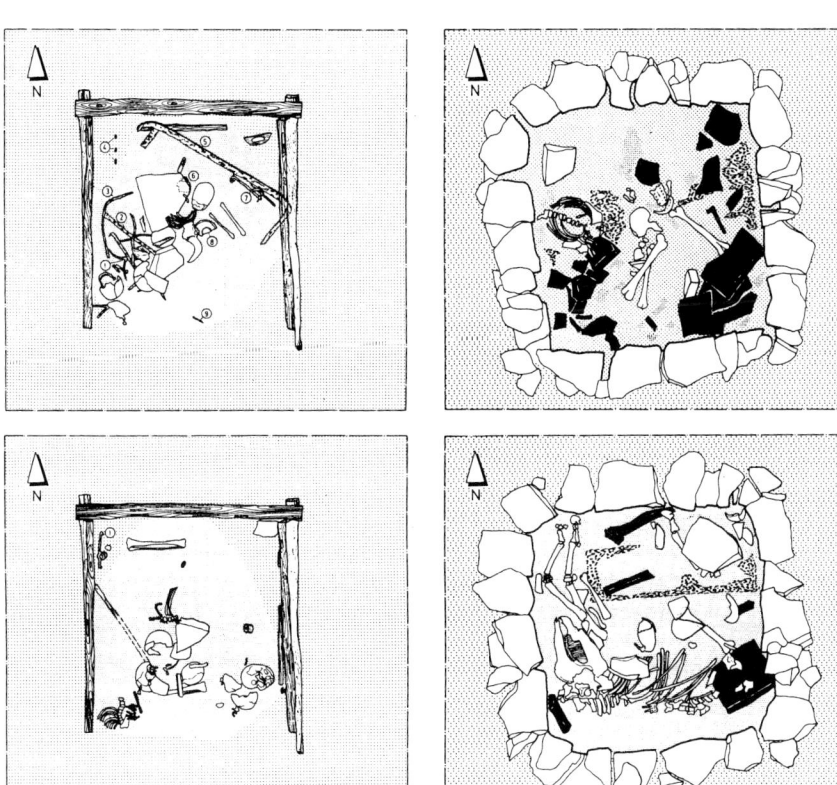

Abb. 71. Regensburg-Harting. Verschiedene Grabungsphasen des Holz- (links) und des Steinbrunnens (rechts). In dem Brunnen fanden sich die von Germanen erschlagenen und vermutlich geopferten Römer des Gutshofes aus dem 3. Jh. n. Chr.

hoff-Pauli, Archäologisches Museum im BMW-Werk Regensburg (Regensburg 1987) 78–81 bzw. 119–125. P. Schröter, Skelettreste aus zwei römischen Brunnen von Regensburg-Harting als archäologische Belege für Menschenopfer bei den Germanen der Kaiserzeit. In: Arch. Jahr Bayern 1984, 118–120.

Wurt Feddersen Wierde (Niedersachsen)
Auf der Feddersen Wierde entdeckte man insgesamt vier Kinderskelette, die allesamt in Gruben niedergelegt wurden. Die erste Bestattung lag an der Längswand von Haus 2, die zweite zwischen den Häusern 7 und 14, die dritte unter dem Herd von Haus 10 und die vierte zwischen dem Herrenhaus und einem Zaun. Besonders interessant ist das Kinderskelett unter der Herdplatte von Haus 10 im Siedlungshorizont 2 (Abb. 72). Es lag in einer

165

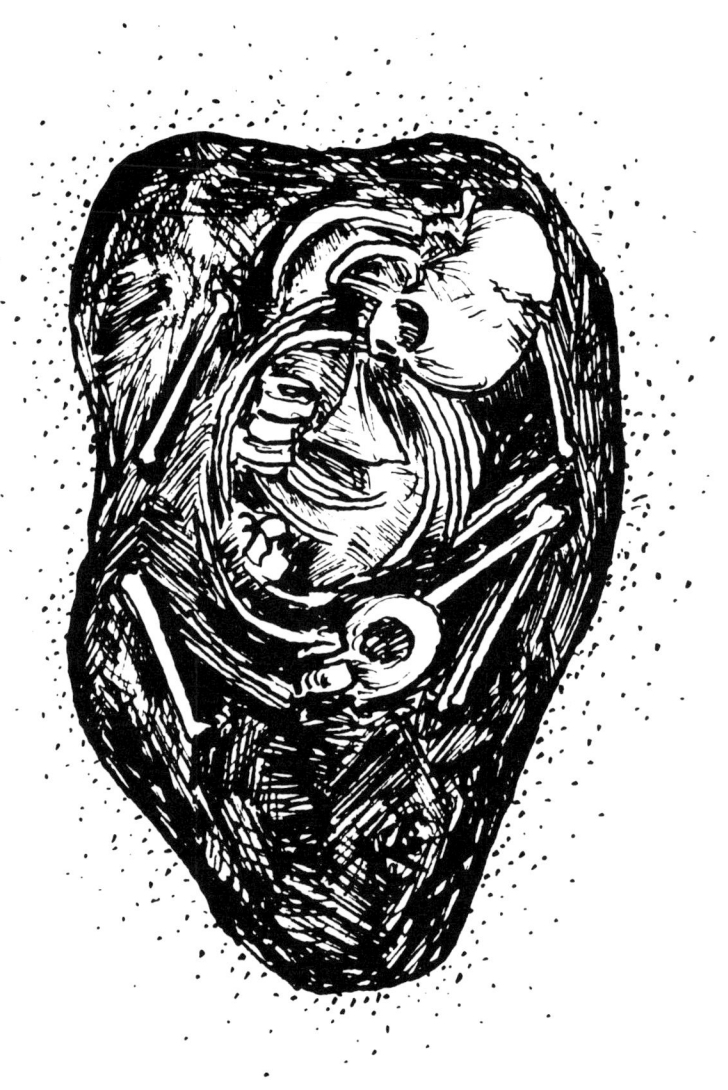

Abb. 72. Wurt Feddersen Wierde. Skizze von der Lage des Kinderskeletts in der Aufsicht.

rundlichen Grube mit 0,5–0,6 m Durchmesser. Die Befundsituation läßt vermuten, daß man das Kind in sitzender Stellung beigesetzt hat; die Knochen sind äußerst schlecht erhalten, das Kind war wohl nicht einmal ein Jahr alt.

Ob die Kinder eines natürlichen Todes starben oder getötet wurden, läßt sich wegen der schlechten Erhaltung der filigranen Knochen nicht sagen. Der Fund des Kinderskeletts unter dem Herd läßt W. Haarnagel vermuten, daß es sich um eine Opferbeisetzung handelt. Neuere paläopathologische

166

Untersuchungen an den Kinderskeletten 2 und 3 durch W.-R. Teegen und M. Schultz haben ergeben, daß die Kinder vermutlich eines – krankheitsbedingten – natürlichen Todes gestorben sind.

Lit.: W. Haarnagel, Die Grabung Feddersen Wierde. Feddersen Wierde 2 (Wiesbaden 1979) 223–238. W.-R. Teegen/M. Schultz, Paläopathologische Untersuchungen an den Kinderskeletten der Wurt Feddersen Wierde. Unpubl. Manuskript der Tagung des Südwestdt. Verbandes für Altertumsforschung in Hanau 1994.

Wurt Hessens (Niedersachsen)

In der Wurtengrabung Hessens bei Wilhelmshaven wurde 1950 in einem gut erhaltenen Hausgrundriß des 6./7. Jh. n. Chr. eine Kinderbestattung entdeckt, die von K. Schlabow und W. Haarnagel als Hausopfer angesprochen wird. Im hinteren Wohnraum des Hauses lag unter der Herdstelle in der Mitte des Raumes ein Kleinkind in einem sorgfältig verschnürten, ca. 50 cm langen Zeugbündel (Abb. 73). Unmittelbar daneben stand ein als Urne interpretiertes Tongefäß, das wohl eher eine Beigabe für Wegzehrung war. Die nackte Kinderleiche hatte man in einen braunen Wollstoff gewickelt und mit einem Bandgewebe verschnürt. Das etwa 3 Monate alte Kind ruhte in leicht gekrümmter Haltung auf der linken Seite mit schwach angewinkelten Beinen (Abb. 74). Um den Hals soll sich noch eine enganliegende, 5–6fach gezwirnte Wollschnur in Schlingenform befunden haben; das Kind ist vermutlich damit erdrosselt worden. Außerdem zeigen einige Rippenknochen Spuren einer Stichverletzung, die wohl von einem Herzstoß mit

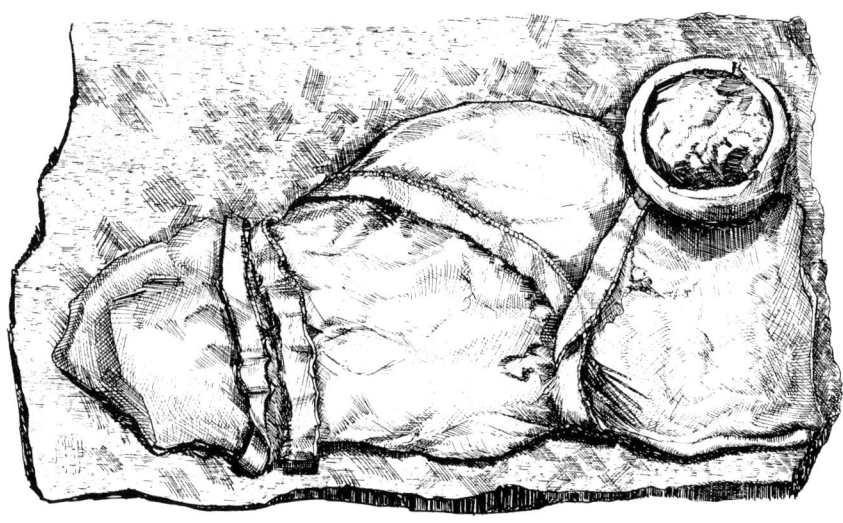

Abb. 73. Wurt Hessens. Eingewickeltes Kinderopfer (?) unter dem Herd.

Abb. 74. Wurt Hessens. Kinderbestattung unter der Herdstelle des Hauses.

einem dolchartigen Gerät verursacht wurde. Für die von K. Schlabow aufgestellte Hypothese einer Erdolchung und Erdrosselung des Kindes ergaben sich nach neuen Untersuchungen keine Hinweise. Demnach soll das
Kind an einer natürlichen Todesursache gestorben sein.

Lit.: K. Schlabow, Leichtvergängliche Stoffe aus der Wurtengrabung Hessens. In:
Probleme der Küstenforschung im Gebiet der südlichen Nordsee 5 (Hildesheim 1953)
26–43. W.-R. Teegen/M. Schultz/A. Vettel, „Hausopfer" oder „Hausbestattung"? Das
Kind aus der Wurt Hessens (Rüstringen, Lkr. Wilhelmshaven). Prähistorische Zeitschrift (zum Druck eingereicht).

Wurt Tofting bei Tönning (Schleswig-Holstein)

Am Grunde der Wurt Tofting konnte A. Bantelmann einen etwa 0,85 m
langen Holztrog neben einem Tongefäß ausgraben. Der Holztrog hatte
keinen Deckel und war vollständig mit Kleierde gefüllt. Eine Anhäufung
von Gräsern deutet auf eine ursprüngliche Füllung mit Heu. Der sorgfältigen Präparation im Labor ist es zu verdanken, daß in dem trogförmigen
Holzbehälter das Skelett eines Kindes dokumentiert werden konnte
(Abb. 75). Auf dem Boden des Holztroges ruhte das Kind mit leicht ange-
zogenen Knien auf der rechten Seite; der Schädel war durch den Erddruck
flachgedrückt. Aufgrund des Zustandes der Halswirbel vermutet man, daß
der Kopf abgetrennt wurde. Der aus Birkenholz geschnitzte Holztrog weist
zwei große, flache Handgriffe an den Schmalseiten auf, die durchbohrt sind;
in der Mitte des Bodens befindet sich eine Reihe von sechs Löchern. A. Bantelmann vermutet, daß es sich bei dem sekundär als Sarg benutzten Holztrog um eine Wiege handelt. Die Kinderbestattung lag unter dem Mittelgang
eines Wohnstallhauses. Eine Neuuntersuchung der Skelettreste des Kindes
von Tofting ergab ein Alter von 4–6 Monaten. Hinweise auf eine gewaltsame Tötung ergaben sich nicht. Aufgrund der paläopathologischen Untersuchung erscheint eine natürliche Todesursache wahrscheinlich.

Lit.: A. Bantelmann, Tofting, eine vorgeschichtliche Warft an der Eidermündung.
Offa-Bücher 12 (Neumünster 1955) 97. W.-R. Teegen/M. Schultz, Kinderskelette von
der ausgehenden Spätlatènezeit bis zum frühen Mittelalter im südlichen Nordsee-
gebiet (Feddersen Wierde, Tofting, Hessens und Elisenhof). Vorbericht – vervielfältig-
tes Manuskript (Göttingen 1992).

Menschenopfer bei den Wikingern

Archäologische Belege für Menschenopfer in der Wikingerzeit sind erwartungsgemäß sehr selten. Zumindest an folgenden Fundstellen hat man Reste
von Tier- und Menschenknochen gefunden, die für einen Opferplatz sprechen: Gane, Gudingssåkrarna, Lillmyr und Möllgårds (Gotland).

Reichhaltiger als die archäologischen sind die literarischen und bildlichen
Quellen. Adam von Bremen hat uns die Beschreibung des Tempels von

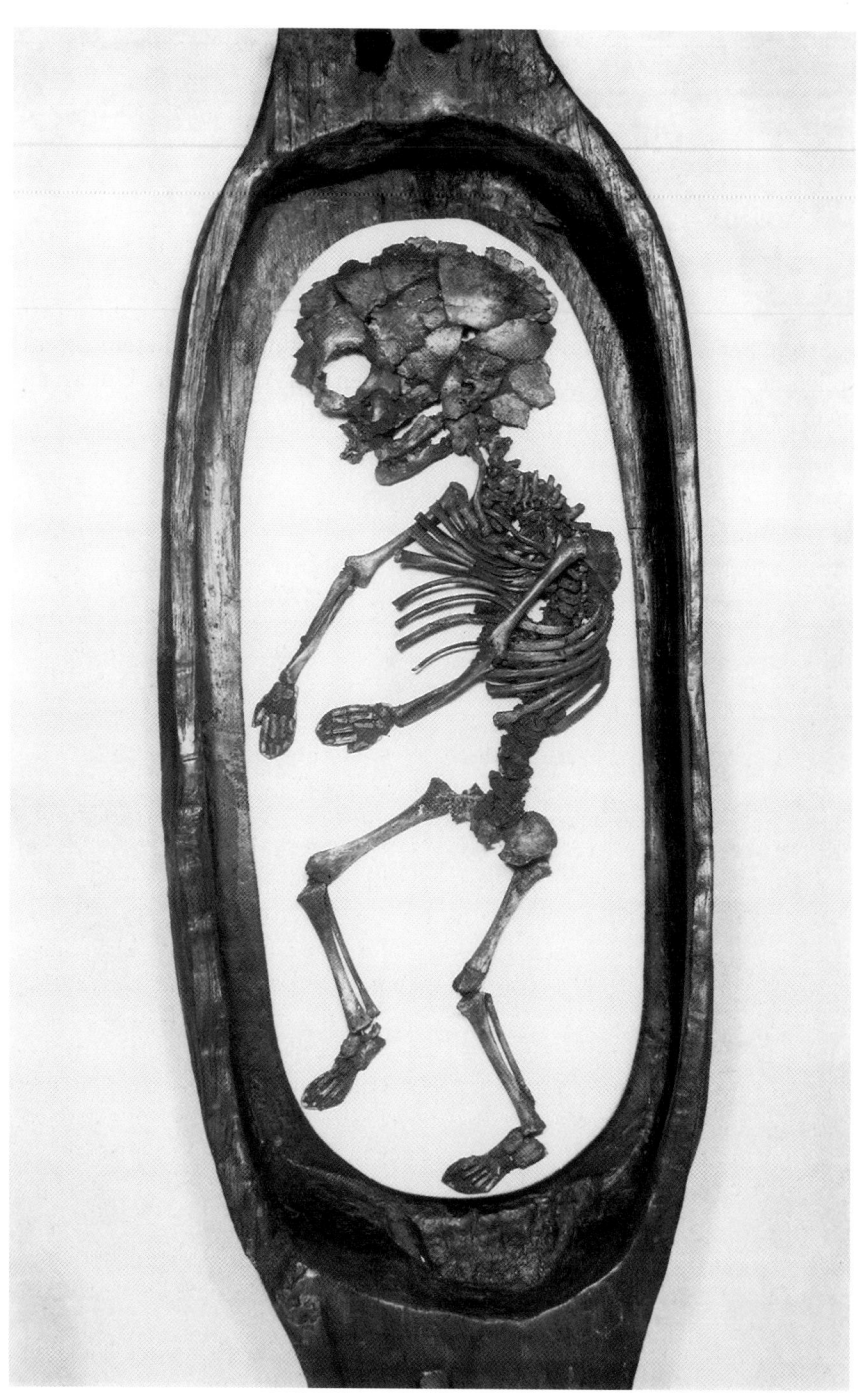

Abb. 75. Kinderbestattung von der Wurt Tofting bei Tönning.

Altuppsala in Schweden überliefert und die mittelalterliche Gutasaga berichtet von einer heiligen Stätte *vi*, in der eine Kirche auf einem heidnischen Heiligtum errichtet worden ist und die sich mit dem gotländischen Visby in Verbindung bringen läßt. Auch aus dem dänischen Lejre sind blutige Menschen- und Tieropfer erwähnt.

Die in der Ragnars Saga beschriebene Rollentötung beim Stapellauf eines Schiffes ist oben bereits erwähnt. Nach einer Überlieferung von Dudo, dem Dekan von St. Quintin, der um 1000 die Geschichte der Nordgermanen in der Normandie schrieb, sollen die Normannen dem Thor Menschenopfer gebracht haben, wenn sie auf Wikingerfahrten ausgingen. Zu diesem Zweck sollen sie sich aus den noch zuckenden Herzen den Ausgang des Unternehmens voraussagen lassen und sich mit dem Blut des Geopferten bestrichen haben.

Tempel von Gamla Uppsala (Uppland, Schweden)

Aus dem Tempel des 11. Jh. von Altuppsala (Gamla Uppsala) im mittelschwedischen Uppland sind uns Opferhandlungen überliefert, bei denen alle neun Jahre im Rahmen schauriger Kulthandlungen Menschenopfer stattgefunden haben (Abb. 76). Neun Tage lang werden Gelage und solche Opfer gefeiert, an jedem Tag opfern die Schweden einen Menschen und Tiere. Dieses Opfer findet um das Frühjahrsaequinoktium statt. Der Tempel selbst ist uns nur durch ausführliche Beschreibungen Adams von Bremen bekannt, archäologisch lassen sich bisher nur monumentale Grabhügel und Steinsetzungen nachweisen. Demnach handelt es sich um einen aufwendigen Bau „aus Gold verfertigt, mit den Bildern der drei Götter Thor, Wodan und Freyr". Bei diesem Fest um die Frühlingstagundnachtgleiche opferte man jeweils neun Tiere und Menschen männlichen Geschlechts. In den sicherlich religionshistorisch gefärbten Berichten christlicher Missionare wird erklärt, wie die Opferfeier im Tempel ablief: „Von jeder Gattung männlicher Geschöpfe werden neun dargebracht; mit deren Blut es Brauch ist, die Götter zu sühnen. Die Körper aber werden in dem Haine aufgehängt, der zunächst am Tempel liegt. Dieser Hain ist nämlich den Heiden so heilig, daß jeder einzelne Baum durch den Tod oder die Verwesung der Geopferten geheiligt erachtet wird. Dort hängen auch Hunde und Rosse neben den Menschen, und von solchen vermischt durcheinanderhängenden Körpern habe er, erzählte mir ein Christ, zweiundsiebzig gesehen. Übrigens sind die Trauerlieder, die bei der Vollziehung eines solchen Opfers gesungen zu werden pflegen, vielerlei und unehrbar, und darum besser zu verschweigen" (Adam von Bremen, IV. Buch, Kap. 27).

Adam v. Bremen beschreibt in seinem Uppsala-Bericht in der Nähe des Tempels auch eine Quelle, an der die Heiden zu opfern und in der sie einen lebenden Menschen zu versenken pflegten. In späteren Berichten, z. B. der

Abb. 76. Rekonstruktionen des Heidentempels in Uppsala nach O. Magnus, 16. Jh. (oben),
O. Rudbeck, Anfang 20. Jh. (Mitte), und S. Lindqvist, 20. Jh. (unten).

172

Edda – einer Sammlung altisländischer Dichtungen des 13. Jh. – wird die Änderung des Rituals deutlich: Es finden keine Massenopfer mehr statt, wie sie antike Autoren überliefern.

Lit.: Adam von Bremen, Hamburgische Kirchengeschichte. In: G. H. Pertz/ J. Grimm / K. Lachmann / L. Ranke / K. Ritter (Hrsg.), Die Geschichtsschreiber der deutschen Vorzeit (Berlin 1850) 213–214. Adam von Bremen, Bischofsgeschichte der Hamburger Kirche. Ausgewählte Quellen der deutschen Geschichte des Mittelalters 11 (Darmstadt 1961) 471. Beck 1970, 244–245. W. Holmqvist, Die „Ketten" des Tempels in Uppsala. Offa 37, 1980, 115–121. S. Lindqvist, Gamla Uppsala fornminnen. Svenska fornminnesplatser 13 (Stockholm 1949). Mogk 1909, 618–619. Müller-Wille 1984, 187–221. M. Olsson, En forntida brunn vid Gamla Uppsala. Upplands fornminnesförenings tidskrift XXVIII (Uppsala 1912). M. Stenberger, Vorgeschichte Schwedens (Berlin 1977) 349–352.

Gamle Lejre (Seeland, Dänemark)

Das seeländische Lejre (Lederun), der sagenhafte Sitz des Skjöldungsgeschlechts, Hauptort des dänischen Reiches, ist vor allem durch die schiffsförmigen Steinsetzungen des 10. Jh. bekannt. Von dort werden Menschenopfer erwähnt, die ähnlich wie in Uppsala alle neun Jahre stattgefunden haben. Th. von Merseburg berichtet von blutigen Menschen- und Tieropfern (Pferde, Hunde, Hähne). Auch hier gibt es noch keinen archäologischen Nachweis für die historische Überlieferung.

Lit.: Th. von Merseburg, Chronik. In: R. Buchner (Hrsg.), Ausgewählte Quellen zur deutschen Geschichte des Mittelalters 9 (Darmstadt 1970) 21. Müller-Wille 1984, 217.

Menschenopfer im Frühmittelalter
(9./10. Jh. n. Chr.)

Goldberg bei Türkheim, Lkr. Unterallgäu (Oberbayern)

Das Grab 4 im frühmittelalterlichen Gräberfeld des 9. und 10. Jh. bei Türkheim enthielt eine Frau im vierten Lebensjahrzehnt mit erhobenen Unterarmen, deren Tod durch Verletzung der Bauchhöhleneingeweide gewaltsam herbeigeführt worden war. Im rechten Darmbein findet sich ein 1 cm langer, 3 mm tiefer Einstich mit einem Eisenfragment, das als Waffe oder Messer gedeutet wird. Am Schädel ist das Hinterhauptsloch in Richtung Hinterhauptbein ungleichmäßig erweitert; außerdem ist der zweite Halswirbel schadhaft. Der artifizielle Eingriff ist vom Nacken her erfolgt. Ein Eingriff mit therapeutischem Ziel ist auszuschließen, ebenso die Hirnentnahme, für die das Loch zu klein ist. Die Frau litt höchstwahrscheinlich an Epilepsie. Die Stichverletzung im Bauch deutet auf rituellen Mord. Vermutlich wurden der Schädel oder Teile davon genutzt, um Amulette oder magisches Pulver gegen Hirnstörungen, Epilepsie, Kopfschmerzen, abnormes Verhalten oder Besessenheit durch Dämonen herzustellen (in Sardinien soll solch magischer Brauch vom Neolithikum bis heute belegt sein!).

Lit.: L. Pauli / G. Glowatzki, Frühgeschichtlicher Volksglaube und seine Opfer, Germania 57, 1979, 143–152.

Abgekürzte Literatur

Andronikos 1968:
M. Andronikos, Totenkult. Archaeologia Homerica 3 (Göttingen 1968).

Arens 1979:
W. Arens, The Man-Eating Myth (Oxford 1979).

Beck 1970:
H. Beck, Vorgeschichtliche Heiligtümer und Opferplätze in Mittel- und Nordeuropa. Abhandl. Akademie Wiss. Göttingen 74 (Göttingen 1970).

Berg/Rolle/Seemann 1981:
St. Berg / R. Rolle / H. Seemann, Der Archäologe und der Tod (München/Luzern 1981).

Behm-Blancke 1958:
G. Behm-Blancke, Höhlen, Heiligtümer, Kannibalen (Leipzig 1958).

Behm-Blancke 1989:
G. Behm-Blancke, Heiligtümer, Kultplätze und Religion. In: J. Herrmann (Hrsg.), Archäologie in der Deutschen Demokratischen Republik (Leipzig/Stuttgart 1989) 166–176.

Burkert 1984:
W. Burkert, Anthropologie des religiösen Opfers. Die Sakralisierung der Gewalt. Carl Friedrich von Siemens Stiftung. Themen 40 (München 1984) 15–49.

Capelle 1980:
T. Capelle, Bildzeugnisse frühgeschichtlicher Menschenopfer. Offa 37, 1980, 97–100.

Davies 1981:
N. Davies, Opfertod und Menschenopfer (Düsseldorf/Wien 1981).

Ebert 1927:
M. Ebert, Reallexikon der Vorgeschichte (Berlin 1927).

Frei/Krahe 1988:
H. Frei / G. Krahe, Archäologische Wanderungen im Ries. Führer zu archäol. Denkmälern in Bayern, Schwaben 2 (Stuttgart/Aalen 1988).

Furger-Gunti 1984:
A. Furger-Gunti, Die Helvetier. Kulturgeschichte eines Keltenvolkes (Zürich 1984).

Geschwinde 1988:
M. Geschwinde, Höhlen im Ith – Urgeschichtliche Opferstätten im südniedersächsischen Bergland. Veröffentlichungen der urgeschichtlichen Sammlungen des Landesmuseums zu Hannover 33 (Hildesheim 1988).

Gladigow 1984:
B. Gladigow, Die Teilung des Opfers. In: K. Hauck (Hrsg.), Frühmittelalterliche Studien 18, 1984, 19–43.

Gladigow 1986:
B. Gladigow, Homo publice necans. Kulturelle Bedingungen kollektiven Tötens. Saeculum 37, 1986, 150–165.

Green 1975:
A. R. W. Green, The role of human sacrifice in the ancient Near East (Missoula 1975).

Haffner 1995:
A. Haffner (Hrsg.), Heiligtümer und Opferkulte der Kelten (Stuttgart 1995).

Hassler 1992:
P. Hassler, Menschenopfer bei den Azteken? (Bern 1992).

Hauck 1984:
K. Hauck (Hrsg.), Frühmittelalterliche Studien 18. Jahrbuch des Inst. für Frühmittel-alterforschung der Universität Münster (Berlin/New York 1984).

Helfrich 1973:
K. Helfrich, Menschenopfer und Tötungsrituale im Kult der Maya (Berlin 1973).

Herrmann 1989:
J. Herrmann (Hrsg.), Archäologie in der Deutschen Demokratischen Republik (Leipzig/Stuttgart 1989).

Hoffmann 1971:
E. Hoffmann, Spuren anthropophager Riten und von Schädelkult in Freilandsiedlungen der sächsisch-thüringischen Bandkeramik. Ethnologisch-archäologische Zeitschrift 12, 1971, 1–27.

Hogg 1958:
G. Hogg, Cannibalism and Human Sacrifice (London 1958).

Horst/Keiling 1991:
F. Horst / H. Keiling, Bestattungswesen und Totenkult in ur- und frühgeschichtlicher Zeit (Berlin 1991).

Hughes 1991:
D. D. Hughes, Human sacrifice in ancient Greece (London/New York 1991).

James 1933:
E. O. James, Origins of Sacrifice (London 1933).

Jankuhn 1974:
H. Jankuhn, Vorgeschichtliche Heiligtümer und Opferplätze. Abhandl. Akad. Wiss. Gött. (Göttingen 1974).

Kimmig 1993:
W. Kimmig, Menschen, Götter und Dämonen – Zeugnisse keltischer Religionsaus-übung. In: Das keltische Jahrtausend. Ausstellungskatalog München 23 (Mainz 1993) 170–176.

Klusemann 1919:
K. Klusemann, Das Bauopfer (Graz/Hamburg 1919).

Kunkel 1955:
O. Kunkel, Die Jungfernhöhle bei Tiefenellern. Münchner Beiträge zur Vor- und Frühgeschichte 5 (München 1955).

Kusch 1993:
H. Kusch, Vom Zufluchtsort zur Kultstätte. Wissenschaftliche Beihefte zur Zeitschrift „Die Höhle" 46 (Wien 1993).

Mader 1909:
E. Mader, Die Menschenopfer der alten Hebräer und der benachbarten Völker. Ein Beitrag zur alttestamentlichen Religionsgeschichte. In: O. Bardenhewer, Biblische Studien 14 (Freiburg 1909).

Maringer 1942/43:
J. Maringer, Menschenopfer im Bestattungsbrauch Alteuropas, Anthropos 37/38, 1942/43, 1–112.

Meyer-Orlac 1982:
R. Meyer-Orlac, Mensch und Tod: Archäologischer Befund – Grenzen der Interpretation. Diss. Freiburg (Hohenschäftlarn 1982).

Mogk 1909:
E. Mogk, Die Menschenopfer bei den Germanen. In: Abhandl. der Königlich-Sächsischen Ges. der Wissenschaften 57 (Leipzig 1909).

Moser 1968:
M. Moser, Schachthöhlen als Kult- und Opferstätten. In: Die Höhle 19, 1968, 6–20.

Moser 1978:
M. Moser, Künstliche Opferschächte. Eine archäologisch-religionsgeschichtliche Bibliographie mit Einführung – 1. Teil: Europa. In: Der Erdstall 4 (Roding 1978) 94–120.

Moser 1979:
M. Moser, Künstliche Opferschächte. Eine archäologisch-religionsgeschichtliche Bibliographie – 2. Teil: außereuropäische Länder. In: Der Erdstall 5 (Roding 1979) 108–125.

Müller 1993:
F. Müller, Kultplätze und Opferbräuche. In: Das keltische Jahrtausend. Ausstellungskatalog München 23 (Mainz 1993) 177–188.

Müller-Karpe 1966:
H. Müller-Karpe, Handbuch der Vorgeschichte 1, Altsteinzeit (München 1966).

Müller-Karpe 1968:
H. Müller-Karpe, Handbuch der Vorgeschichte 2, Jungsteinzeit (München 1968).

Müller-Karpe 1974:
H. Müller-Karpe, Handbuch der Vorgeschichte 3, Kupferzeit (München 1974).

Müller-Karpe 1980:
H. Müller-Karpe, Handbuch der Vorgeschichte 4, Bronzezeit (München 1980).

Müller-Wille 1984:
M. Müller-Wille, Opferplätze der Wikingerzeit. In: Hauck 1984, 187–221.

Narr 1961:
K. J. Narr, Urgeschichte der Kultur (Stuttgart 1961).

Narr 1966:
K. J. Narr, Handbuch der Urgeschichte I, Ältere und mittlere Steinzeit (Bern/München 1966).

Narr 1975:
K. J. Narr, Handbuch der Urgeschichte II, Jüngere Steinzeit und Steinkupferzeit (Bern/München 1975).

O'Connor-Visser 1987:
E. A. M. E. O'Connor-Visser, Aspects of human sacrifice in the tragedies of Euripides (Amsterdam 1987).

Parzinger/Nekvasil/Barth 1995:
H. Parzinger / J. Nekvasil / F. E. Barth, Die Byčískála-Höhle. Ein hallstattzeitlicher Höhlenopferplatz in Mähren. Römisch-Germanische Forschungen 54 (Mainz 1995).

Peter-Röcher 1994:
H. Peter-Röcher, Kannibalismus in der prähistorischen Forschung. Universitätsforschungen zur prähistorischen Archäologie 20 (Bonn 1994).

Preuß 1966:
J. Preuß, Die Baalberger Gruppe in Mitteldeutschland. Veröff. d. Landesmus. f. Vorgesch. Halle 21 (Berlin 1966).

Probst 1991:
E. Probst, Deutschland in der Steinzeit (München 1991).

Rech 1980:
M. Rech, Bauopfer und Deponierungssitten in Mesoamerika. Beitr. z. Allgemeinen und Vergleichenden Archäologie 2 (Bonn 1980) 505–528.

Rolle 1970:
R. Rolle, Zum Problem der Menschenopfer und kultischen Anthropophagie in der vorrömischen Eisenzeit. In: Neue Ausgrabungen und Forschungen in Niedersachsen 6, 1970, 46–52.

Sartori 1898:
P. Sartori, Über das Bauopfer. Zeitschrift für Ethnologie 30, 1898, 1–54.

Schauer 1981:
P. Schauer, Urnenfelderzeitliche Opferplätze in Höhlen und Felsspalten. In: H. Lorenz (Hrsg.), Studien zur Bronzezeit, Festschrift W. A. v. Brunn (Mainz 1981) 403–418.

Schlette/Kaufmann 1989:
F. Schlette / D. Kaufmann, Religion und Kult in ur- und frühgeschichtlicher Zeit (Berlin 1989).

Schoch 1954:
A. Schoch, Rituelle Menschentötungen in Polynesien (Ulm 1954).

Schröter 1977:
P. Schröter (Hrsg.), 75 Jahre Anthropologische Staatssammlung München 1902–1977 (München 1977).

Schwarz 1955:
K. Schwarz, Die vor- und frühgeschichtlichen Geländedenkmäler Oberfrankens. Materialhefte zur Bayerischen Vorgeschichte 5 (Kallmünz 1955).

Schwenn 1915:
F. Schwenn, Die Menschenopfer bei den Griechen und Römern. Religionsgeschichtliche Versuche und Vorarbeiten 15 (Gießen 1915).

Spiel 1974:
C. Spiel, Menschen essen Menschen (Frankfurt 1974).

Stroh 1975:
A. Stroh, Die vor- und frühgeschichtlichen Geländedenkmäler der Oberpfalz. Materialhefte zur Bayerischen Vorgeschichte B 3 (Kallmünz 1975).

The Celts 1991:
The Celts. Ausstellungskatalog Palazzo Grassi, Venedig (Mailand 1991).

Tierney 1989:
P. Tierney, Zu Ehren der Götter – Menschenopfer in den Anden (München 1989).

Volhard 1939:
E. Volhard, Kannibalismus. Studien zur Kulturkunde 5 (Stuttgart 1939).

Weißmüller 1986:
W. Weißmüller, Postmesolithische Funde aus Höhlen und Abris am Beispiel des Südlichen Riesrandgebiets. BAR International Series 279 (Oxford 1986).

Literatur zu den einzelnen Kapiteln

Menschenopfer – Vom Kult der Grausamkeit

Andronikos 1968, 82–84. Arens 1979. F. Arnau, Jenseits der Gesetze. Kriminalität von den biblischen Anfängen bis zur Gegenwart (München 1966) 54–58. G. Behm-Blancke, Zur Funktion bronze- und früheisenzeitlicher Kulthöhlen im Mittelgebirgsraum. Ausgrabungen und Funde 21, 1976, 80–88. Behm-Blancke 1958. Berg/Rolle/Seemann 1981, 120. K. Beth, Menschenopfer. In: Handwörterbuch des Deutschen Aberglaubens 6 (Berlin/Leipzig 1934/35) 156–174. J. M. Blázquez, Sacrificios humanos y representaciones de cabezas en la Península Ibérica. Latomus 17, 1958, 27–48. W. Burkert, Homo necans. Interpretationen altgriechischer Opferriten und Mythen (Berlin 1972). Ders., The Problem of Ritual Killing. In: R. G. Hamerton-Kelly (Hg.), Violent Origins (Stanford 1987) 149–176. M. Camay/U. Schier-Oberdorffer, Albanische Märchen (Düsseldorf/Köln 1974) 249 ff. Capelle 1980. Davies 1981. Chr. Daxelmüller, Zauberpraktiken. Eine Ideengeschichte der Magie (Zürich 1993) 147–152. Ebert 1927, 143–154. F. Frank, Der Ritualmord vor den Gerichtshöfen der Wahrheit und Gerechtigkeit (Regensburg 1901). Geschwinde 1988, 91–127. Gladigow 1984 und 1986. G. Graichen, Das Kultplatzbuch (Hamburg 1988). Green 1975. J. Grimm, Deutsche Mythologie 1 (Darmstadt 1965) 35–37. Ders., Deutsche Mythologie 3 (Darmstadt 1965) 25–27. G. Gusdorf, L' Expérience humaine du sacrifice (Paris 1948). Hassler 1992. Hauck 1984. Th. Hauschild / H. Staschen / R. Troschke (Hrsg.), Hexen. Ausstellungskatalog (Hamburg 1979). Helfrich 1973. F. Henschen, Der menschliche Schädel in der Kulturgeschichte (Berlin 1966). Hogg 1958. Hughes 1991. H. Jahnkuhn, Archäologische Beobachtungen zu Tier- und Menschenopfer bei den Germanen in der römischen Kaiserzeit. Nachr. Akad. Wiss. Göttingen 1, 1967, 118–147. James 1933, 78–100. H. Jankuhn, Spuren von Anthropophagie in der Capitulatio de partibus Saxoniae? Nachr. Akad. Wiss. Göttingen 1968, 59–71. Klusemann 1919. Kusch 1993, 27–36; 72–88. B. Kötting, Opfer in religionsvergleichender Sicht. In: Hauck 1984, 44–47. Mader 1909. T. Makiewicz, Zur Frage der Menschenopfer in der vorrömischen und römischen Eisenzeit. Folia Praehistorica Posnaniensia 3, 1988, 180–187. M. E. Marien, Massacre et Sacrifice Humain: Deux cas d'Interpretation. In: Valcamonica Symposium 72. Actes du Symp. Internat. sur les Religions de la Préhistoire (Capo di Ponte 1975) 253–261. Maringer 1942/43, 9–13. H. E. R. Martin, Die Kunst Tibets (Regensburg 1977) 129–132. Meyer-Orlac 1982. Mogk 1909, 604–605. M. Moser, Opferhöhlen. Der Zwiebelturm 1969, 276–280. Moser 1978 und 1979. Müller-Karpe 1974, 684. Narr 1961, 236. G. Radbruch/H. Gwinner, Geschichte des Verbrechens (Stuttgart 1951) 242–246. A. Raszmann, Die Deutsche Heldensage und ihre Heimat (Hannover 1863) 212–246. A. Rives, Notes on the existence of human sacrifice from archaeological excavations of the aboriginal inhabitants of Cuba. In: Boletin Sociedad Venezolana de Espeleologia 7, 1976, 47–56. F. Schlette/S. Kirschke, Religion und Kult in der frühen Menschheitsgeschichte. In: Schlette/Kaufmann 1989, 11–24. G. R. Schroubek, Zur Frage der Historizität des Andreas von Rinn. In: Das Fenster 38, 1985, 3766–3774. Ders., Zur Verehrungsgeschichte des Andreas von Rinn. In: Das Fenster 39, 1986, 3845–3855. Spiel 1974, 20; 98–102. H. L. Strack, Der Blutaberglaube in der Menschheit, Blutmorde und Blutritus. Schriften des Institutum Judaicum in Berlin 14 (München 1892). Ph. M. Taylor, Confessions of a Thug (Oxford 1986). Tierney 1989. Thomsen 1983, 49–76. E. Vlček / J. Kukla, Halštatské kultovní masky z lidskych lebek z Hraškovy jeskyně v Jihoslovenském Krasu (Die hallstattzeitlichen Kultmasken aus Menschenschädeln aus der „Hraška" Höhle im südslowakischen Karst). Památky Archeologické 50, 1959, 507–556. Ph. Vogel, Opfer durch Selbstenthauptung, dargestellt in indischen Höhlentempeln. In: Bull. of the School of Orient Studies 6, 1931, 539–543. G. Wilke, Die Heilkunde in der europäischen Vorzeit (Leipzig 1936) 12–16.

Kannibalismus:

Arens 1979. F. Barth, Ritual and Knowledge among the Baktaman of New Guinea (Newhaven 1975). I. Brady, The Myth-Eating Man. Rezension von W. Arens (The Man-Eating Myth). In: American Anthropologist 84, 1982, 595–611. Davies 1981, 231–273; 316–318. Chr. Daxelmüller, Folklore vor dem Staatsanwalt. In: Stereotypvorstellungen im Alltagsleben. Münchner Beiträge zur Volkskunde 8 (München 1988) 20–32. J. Delumeau, Angst im Abendland. Die Geschichte kollektiver Ängste im Europa des 14. bis 18. Jahrhunderts (Reinbek 1985) 412–455. J. Filip, Handbuch zur Ur- und Frühgeschichte Europas (Prag 1966) 36. Hoffmann 1971. Hogg 1958. M. D. McLeod, The Asante (London 1981) 37. Narr 1961, 57; 162–163. Peter-Röcher 1994, bes. 207–211. R. Rieder, Leserbrief zum Artikel von S. Striegl, Der Menschenfressermythos. In: Die Zeit 2 vom 5.1.1996. Rolle 1970, 47. H. Schedel, Buch der Chroniken und Geschichten (Nürnberg 1493) 254. M. Schmidt, Ritualmordbeschuldigungen und exemplarisches Wissen. In: Stereotypvorstellungen im Alltagsleben. Münchner Beiträge zur Volkskunde 8 (München 1988) 44–56. W. Schneider, Wir Neandertaler (Hamburg 1988) 71–94. Schoch 1954, 82–83. Spiel 1974, bes. 183–186. S. Striegl, Der Menschenfressermythos. In: Die Zeit 51, 1995, 42. Chr. W. Thomsen, Menschenfresser (Wien 1983). H. Ullrich, Kannibalismus im Paläolithikum. In: Schlette/Kaufmann 1989, 51–71. P. Villa/J. Courtin et al., Un cas de Cannibalisme au Neolithique. Gallia Prehistoire 29, 1986, 143–171. Volhard 1939. A. Wendt, Kannibalismus in Brasilien – Eine Analyse europäischer Reiseberichte und Amerika-Darstellungen für die Zeit zwischen 1500 und 1654. Europäische Hochschulschriften Reihe 19, Band 15 (Frankfurt 1989).

Bauopfer:

Berg/Rolle/Seemann 1981, 123–124. K. Beth, Menschenopfer. In: Handwörterbuch des Deutschen Aberglaubens 6 (Berlin/Leipzig 1934/35) 156–174. Chr. Boulotis, Ein Gründungsdepositum im minoischen Palast von Kato Zakros – Minoisch-Mykenische Bauopfer. Arch. Korrespondenzblatt 12, 1982, 153–166. Chr. Daxelmüller, Bauopfer. In: Lexikon des Mittelalters (München 1980) 1669–1670. Ebert 1927, 146–150. Helfrich 1973, 28–31. H. Hinz, Bauopfer. In: Reallexikon der germanischen Altertumskunde 2 (Berlin/New York 1976) 111–112. Klusemann 1919. M. Krafeld-Daugherty, Wohnen im Alten Orient. Eine Untersuchung zur Verwendung von Räumen in altorientalischen Wohnhäusern. Altertumskunde des Vorderen Orients 3 (Münster 1994) 174–235. Rech 1980. Sartori 1898.

Machtopfer:

Allgemein: Ebert 1927, 145–150. Mogk 1909, 614–628. O'Connor-Visser 1987, 217.
Kopfjagd, Schädelopfer und Trophäen: Anno 80, 125–126. Davies 1981, 196–230; 312–326. A. Dieck, Archäologische Belege für den Brauch des Skalpierens in Europa.

In: Neue Ausgrabungen und Forschungen in Niedersachsen 4, 1969, 359–371. Ebert 1927, 146–154. Chr. von Fürer-Haimendorf, Die nackten Nagas (Wiesbaden 1946). M. Harner, The Jivaro: People of the Sacred Waterfalls (New York 1972). R. von Heine-Geldern, Kopfjagd und Menschenopfer in Assam und Birma und ihre Ausstrahlungen nach Vorderindien. Mitt. Anthropol. Ges. Wien 47, 1917, 1–165. James 1933, 101–112. C. A. Schmitz, Kopfjäger und Kannibalen (Basel 1962). L. Schott, Schädelbestattung und Schädelkult im Lichte archäologischer Zeugnisse. In: Beitr. z. Ur- und Frühgesch. Teil II. Arbeits- und Forschungsberichte zur Sächsischen Bodendenkmalpflege, Beiheft 17 (Berlin 1982) 461–469. H. v. Vallois, Le crâne-trophée capsien de Faïd Souar II, Algérie (Fouilles Laplace, 1954). L'Anthropologie 75, 1971, 191–220; 397–414.

Schädelbecher: R. Andree, Menschenschädel als Trinkgefäße. Zeitschr. Ver. Volkskunde 22, 1912, 1–33. L. Hansmann / L. Kriss-Rettenbeck, Amulett und Talisman (München 1966) 105. H. Klose, Religiöse Anschauungen und Menschenopfer in Togo. Globus 81, 1902, 187–194. K. Krenn, Schädelbecher, Sudeta 5, 1929, 73–122. A. Rieth, Schädelbecher und Schädeltrunk in ur- und frühgeschichtlicher Zeit, Antike Welt 1, 1971, 47–51. J. Wahl, Manipulierte Menschenknochen. In: Archäologie in Deutschland 1/1995, 32–33.

Trepanationsscheiben: B.-U. Abels, Zwei neue frühlatènezeitliche Amulette aus Oberfranken. Arch. Jahr Bayern 1987, 78–80. A. Albu, Die Geschichte der Trepanation und ihrer Indikationen für die Jetztzeit (Diss. Berlin 1889). D. Campillo, La trepanation en la prehistoria. Informacion Arqueologica 19, 1976, 3–7. I. A. England, Trephining through the ages. In: Radiography 28, 1962, 301–314. J. P. J. Eymann, Kurzer Abriss der Geschichte der Trepanation (Diss. Würzburg 1836). H. Grimm, Ein neuer Beleg für die Herstellung von Knochenscheiben aus menschlichen Hirnschädelknochen durch postmortale Trepanation. In: Zeitschr. f. Morph. Antropol. 56, 1964, 60–62. L. Karolyi, Die vor- und frühgeschichtliche Trepanation in Europa. Homo 14, 1963, 231–237, und 15, 1965, 200–218. O. Katz, Steinzeit und Gegenwart in der Chirurgie. In: Süddeutsche Zeitung Nr. 131 vom 2.6.1967. M. Kunter, Die Schädeltrepanation in vor- und frühgeschichtlicher Zeit und bei außereuropäischen Völkern. Ber. Oberhess. Ges. f. Nat.- u. Heilkde. Gießen NF 37, 1970, 149–159. J. Lucas-Championnière, Les origines de la trépanation décompressive (Paris 1912). H. F. Moll, Crânes nèolithiques trèpanés. Rondelles crâniennes. Bull. de la Sociéte d'Etudes et de Recherches Préhistoriques 27, 1977, 98–116. M. Moser, Prähistorische Schädelamulette und chirurgischer Knochenabfall aus Höhlen des Fränkischen Jura. In: Schröter 1977, 105–112. L. J. J. Muskens, Prähistorische Trepanatie. In: Bijdragen Geschiedenis Geneesk 9, 1929, 237–244. E. R. Rightmyer, Prehistoric trephining. In: Connecticut Medicine 29, 1965, 239–242. H. Schadewaldt, Schädeltrepanation in Afrika. Medizinhistorisches Journal Hildesheim 5, 1970, 289–298. G. Schröder, Radiologische Untersuchungen an trepanierten Schädeln (Neolithikum-Mittelalter). Zeitschr. f. Morphol. und Anthropol. 48, 1957, 298–306. H. Ullrich, Entstehung und Ausbreitung der Trepanation in der europäischen Vorgeschichte. Kongreßbericht VII und VIII (Prag 1965/66). O. H. Urban, Die latènezeitlichen Gräberfelder von Katzelsdorf und Guntramsdorf, Niederösterreich. Ein Beitrag zur Kenntnis der Trepanation bei den Kelten. Archaeologia Austriaca 69, 1985, 13–104. E. A. Walker, Primitive trepanation. The beginning of medical history. Transactions Stud. Coll. Phys. Philadelphia 26, 1958, 99–102. D. J. Wölfel, Die Trepanation. Studien über Ursprung, Zusammenhänge und kulturelle Zugehörigkeit der Trepanation. Anthropos 20, 1925, 1–50.

Opferung von Kriegsgefangenen:

A. Dubois, Hindu Manners, Customs and Ceremonies (Oxford 1972). Ebert 1927, 146–151. Hassler 1992, 33; 245–249. Homer, Ilias, 23. Gesang, Vers 180–184. Hughes 1991, 49–56. Maringer 1942/43, 82–85. Mogk 1909, 619. A. Schnapp-Gourbeillon, Les Funérailles de Patrocle. In: La mort, les morts dans les sociétés anciennes (Cambridge 1982) 77–88. G. Schwab/R. Seewald, Die schönsten Sagen des klassischen Altertums (Freiburg 1965) 346–351. Cabeza de Vaca, The Commentaries. In: U. Schmidt, The Conquest of the River Plate. Hakluyt Society 81, 1891, 129–130.

Ahnenverehrung:

Allgemein: E. Camerling, Über Ahnenkult in Hinterindien und auf den großen Sunda Inseln (Zürich 1928). H. Nachtigall, Die erhöhte Bestattung in Nord- und Hochasien. Anthropos 48, 1953, 44–70. Narr 1966, 162; 195 und Taf. IV. W. Schmidt, Völkerkunde und Urgeschichte in gemeinsamer Arbeit an der Aufhellung ältester Menschheitsgeschichte. In: Mitt. d. Naturforsch. Ges. Bern 1941 (1942) 27–72. H. Tischner, Dokumente verschollener Südsee-Kulturen. Abhandl. der Naturhistor. Ges. Nürnberg 38, 1981.

Totenfolgen, Kollektivbestattungen, Totenhochzeiten und Witwenopfer:
Berg/Rolle/Seemann 1981, 133–143. Tê-K'un Chêng, Archaeology in China (Cambridge 1959, 1960, 1963 und 1966). C. Fontinoy, Le Sacrifice Nuptial de Polyxène. In: L' Antiquité Classique 19, 1950, 383–396. Geiger, Totenhochzeit. In: Handwörterbuch des Deutschen Aberglaubens 8 (Berlin/Leipzig 1936/37) 1068–1071. Gold der Skythen aus der Leningrader Eremitage. Ausstellungkatalog (München 1984) 42–47; 260–261. W. Kubach, Der Weg ins Totenreich – Bestattungs- und Beigabensitten. In: A. Jockenhövel/W. Kubach (Hrsg.), Bronzezeit in Deutschland (Stuttgart 1994) 48–53. Maringer 1942/43, 14–28; 46–47; 102–107. H. Meyer, Die Barundi (Leipzig 1916) 186. B. Mörner, Tinara. Die Vorstellungen der Naturvölker vom Jenseits (Jena 1924) 150. Müller-Karpe 1974, 701–702. R. Rolle, Totenkult der Skythen (Berlin/New York 1979). Schoch 1954, 83–84. O. Schrader, Totenhochzeit (Jena 1904). G. Schwab/R. Seewald, Die schönsten Sagen des klassischen Altertums (Freiburg 1965) 408–411. H. B. Walters, On some Black-figured Vases recently acquired by the British Museum. The Journal of Hellenic Studies 18, 1898, 281–286. C. L. Woolley, Ur Excavations II (London 1934). H. und P. Yang, Kaogu-Archaeology 1 (Peking 1977).

Menschenopfer im Spiegel der Literatur:

Allgemein: Beck 1970, 244. F. J. Dölger, Sacramentum infanticidii. Die Schlachtung eines Kindes und der Genuß seines Fleisches und Blutes als vermeintlicher Einweihungsakt im ältesten Christentum. In: Antike und Christentum 4 (Münster 1934) 188–228. D. Ebener, Euripides: Tragödien 6 (Berlin 1980) Vers 350–375, 1460–1610. Euripides, Iphigenia bei den Tauriern. Gladigow 1984. Green 1975. H. Grünert, Ur- und frühgeschichtliche Bestattungssitten in der Sicht antiker und mittelalterlicher Autoren. In: Horst/Keiling 1991, 285–316. Hassler 1992. Heliodor, Die äthiopischen Abenteuer von Theagenes und Charikleia (Stuttgart 1972) 171–175; 275. J. Herrmann (Hrsg.), Griechische und lateinische Quellen zur Frühgeschichte Mitteleuropas bis zur Mitte des 1. Jahrtausends unserer Zeitrechnung (Berlin 1990). Homer, Odyssee. Neunter Gesang, Vers 287–298. Th. Hopfner: Stichwort Nekromantie. In: Paulys Real-Encyclopädie der Classischen Altertumswissenschaft (Stuttgart 1935) 2218–2233.

Hughes 1991, 71–138. Kunkel 1955, 122–133. M. A. Lucanus, Bellum Civile, Buch 6, Verse 413–830, und Buch 3, Verse 399–425. Lukian – Sämtliche Werke (München/Leipzig 1911) 303–379. Mader 1909, 23–34. T. Mihailovici, Der Kult und kretische Mythos vom Minotaurus. Altertum 20, 1974, 199–205. Mogk 1909, 610. O'Connor-Visser 1987. G. Perl, Tacitus – Germania. Griechische und lateinische Quellen zur Frühgeschichte Mitteleuropas (Berlin 1990) 158–159; 236–240. Peter-Röcher 1994, 117–120. E. Peterich/P. Grimal, Götter und Helden (München 1971) 75. R. von Ranke Graves, Griechische Mythologie (München 1955). Schwenn 1915. F. Schwenn, Stichwort Menschenopfer. In: Paulys Real-Encyclopädie der Classischen Altertumswissenschaft (Stuttgart 1932) 948–956.

Menschenopfer im Alten und Neuen Testament:
James 1933, 142–183. Mader 1909. Peter-Röcher 1994, 120–122. 3. Buch Mose 26, 27–31; 5. Buch Mose 28, 53–57.

Archäologische Bildzeugnisse von ur- und frühgeschichtlichen Menschenopfern:
Allgemein: Capelle 1980. W. B. Emery, Ägypten. Geschichte und Kultur der Frühzeit (Wiesbaden 1964) 34–44. Geschwinde 1988, 102–109; 121–124. B. Hrouda, Der alte Orient (München 1991) 352–355. A. Lorenzini, Assyrische Skulpturen (Recklinghausen 1975) 68. Müller-Karpe 1968, 345; 407–409.
Gundestrupkessel: A. Bergquist/T. Taylor, The origin of the Gundestrup cauldron. Antiquity 61, 1987, 10–24. J.-J. Hatt, Eine Interpretation der Bilder und Szenen auf dem Silberkessel von Gundstrup. In: Die Kelten in Mitteleuropa (Salzburg 1980) 68–75. W. Kimmig, Zur Interpretation der Opferszene auf dem Gundestrup-Kessel. Fundber. Schwaben N.F. 1965, 135–143. F. Mayer, Das Kultbäumchen von Manching. Ein Zeugnis hellenistischer und keltischer Goldschmiedekunst aus dem 3. Jahrhundert v. Chr. Germania 68, 1990, 129–165.
Oseberggrab: S. Krafft, Pictorial Weavings from the Viking Age (Oslo 1956) 35.
Bildstein Lärbro St. Hammars I: S. Lindqvist, Gotlands Bildsteine I und II (Stockholm 1941/42) 83–89 und Taf. 27.
Gallehushorn: J. Brøndsted, Guldhornene (Kopenhagen 1954). E. Graf Oxenstierna, Die Goldhörner von Gallehus (Lidingö 1956).

Menschenopfer in der klassischen Antike:
Andronikos 1968, 82–84. L. Bonfante, Human Sacrifice on an Etruscan funerary urn. American Journal of Archaeology 88, 1984, 531–539. S. Brown, Late Carthaginian child sacrifice and sacrificial monuments in their Mediterranean Context (Sheffield 1991). Davies 1981, 47–66. A. M. Eckstein, Human Sacrifice and fear of military disaster in Republican Rome. American Journal of Ancient History 7, 1982, 69–95. J. Hastings (Hrsg.), Encyclopedia of Religion and Ethics 6 (New York 1951) 861. A. Henrichs, Human Sacrifice in Greek Religion: Three Case Studies. In: J. Rudhardt/O. Reverdin (Hg.), Le Sacrifice dans l'antiquité (Genf 1981) 195–235. Hughes 1991, bes. 13–48. W. Huss, Die Karthager (München 1990) 375–381. V. Karageorghis, Excavations in the Necropolis of Salamis I, Salamis Vol. 3 (Nicosia 1967) 6–24. Maringer 1942/43, 28–30. A.W. Persson, The Royal Tombs of Dendrá near Midea (Lund/London 1931) 68–70. W. Radt, Pergamon (Köln 1988) 52–55. E. und Y. Sakellarakis,

Drama of Death in a Minoan Temple. In: National Geographic 159, 1981, 204–222. Schauer 1981, 404–405. Schwenn 1915. E. Vermeule/S. Chapman, A Protoattic Human Sacrifice? American Journal of Archaeology 75, 1971, 285–293. F. O. Waage, An Early Helladic Well near Old Corinth. In: Hesperia 8, 1949, 415–422. S. M. Wall/J. H. Musgrave/P. M. Warren, Human Bones from a Late Minoan IB House at Knossos. The Annual of the British School at Athens 81, 1986, 333–388. P. Warren, Myrtos. An Early Bronze Age Settlement in Crete (Oxford 1972) 81–83.

Menschenopfer im Vorderen Orient, in Afrika, Indien, China und Japan:

B. M. Boal, The Konds. Human sacrifice and Religions Change (Warminster 1982). D. O. Edzard (Hrsg.), Reallexikon der Assyriologie und Vorderasiatischen Archäologie 8 (Berlin/New York 1993) 60–61. R. S. Ellis, Foundation Deposits in Ancient Mesopotamia (Yale 1968). H. Freydank/W. F. Reineke/M. Schetelich/Th. Tilo, Erklärendes Wörterbuch zur Kultur und Kunst des Alten Orients (Hanau o. J.) 293–294. F. Fülleborn, Das Deutsche Njassa- und Ruwuma-Gebiet (Berlin 1906) 322–323. H. von Glasenapp, Heilige Stätten Indiens (München o. J.) 120–121. J. J. M. de Groot, The Religious System of China, Vol II (Leyden 1894) 721–769. M. Hermanns, Das National-Epos der Tibeter (Regensburg 1965) 223 und 316. Hogg 1958, 81–192. A. E. Jensen, Die getötete Gottheit (Stuttgart 1966). P. Klose, Das Grab des Königs Cuo von Zhongshan. In: Beiträge z. allgem. u. vergl. Archäologie 7 (München 1985) 1–93. Maringer 1942/43, 102–107. C. K. Meek, The Northern Tribes of Nigeria (London 1925). Ders., Tribal Studies in Northern Nigeria (London 1931). A. Merensky, Erinnerungen aus dem Missionsleben in Südost-Afrika (Bielefeld/Leipzig 1888) 250–251. Müller-Karpe 1980, 365–366; 708–715. H. Schaerer, Das Menschenopfer bei den Katinganern. Tijdschrift voor Indische Taal-, Land- en Volkenkunde 78, 1938, 536–578.

Menschenopfer in mesoamerikanischen Hochkulturen:

P. Fr. Jorge Ayala Q., Chalma (Chalma 1963) 41–42. I. Bernal, Teotihuacán (Mexiko 1963). E. H. Boone (Hrsg.), Ritual Human Sacrifice in Mesoamerica. A Conference at Dumbarton Oaks (Washington 1984). B. de Bourbourg/Ch. Etienne, Histoire des nations civilisées du Mexique et de l'Amerique-centrale 3 (Paris 1858) 18–23. W. R. Coe, Piedras Negras Archaeology: Artifacts, Caches and Burials Univers. Museum of Pennsylvania (Philadelphia 1959). C. C. Coggins/O. C. Shane (Hrsg.), Cenote of Sacrifice: Maya Treasures from the Sacred Well at Chichén Itzá (Austin 1984). M. Gaida, Die kulturelle und politisch-ökonomische Stellung Copans im Maya-Gebiet in der Klassischen Zeit (300–900 n. Chr.). In: Beiträge zur Allgemeinen und Vergleichenden Archäologie 9–10, 1990, 415–424. Th. L. Grigsby, In the Stone Warehouse: The Survival of a Cave Cult in Central Mexico. Journal of Latin American Lore 12, 1986, 161–179. J. Gussinger, Una base para brasero ceremonial tenocha. Bol. Inst. Nac. Antr. Hist., época 2,3, 1972, 17 ff. Hassler 1992. Helfrich 1973. Hogg 1958, 41–80. E. A. Hooton, Skeletons from the Cenote of Sacrifice at Chichén Itzá. In: The Maya and their Neighbours (New York/London 1962) 272–280. I. M. Ingham, Human Sacrifice at Tenochtitlan. In: Comparative Studies in Society and History 26, 1984, 379–400. L. L. Minelli, La Caverna Nicoa: Un Cenote Sagrado en Costa Rica. In: Informe Semestral 26, 1980, 55–76. W. Krickeberg, Felsplastik und Felsbilder bei den Kulturvölkern Altamerikas mit besonderer Berücksichtigung Mexicos 1 und 2 (Berlin 1949/1969). Ders., Altmexikanische Kulturen (Berlin 1956). Kunkel 1955, 123. G. Kutscher, Nordperuanische Keramik. Monumenta Americana 1 (Berlin 1954) bes. Taf. 25 B, 78–79. O. La Farge, Santa Eulalia – the Religion of a Cuchumatán Indian Town (Chicago 1947). S. K. Lothrop, Altamerikanische Kunst (Olten-Freiburg 1956). P. Martinez del Rio, La Cueva Mortuoria de la Candelaria, Coahuila. In: Cuadernos Americanos 4 (Mexiko 1953) 177–204. H. C. Mercer, The Hill-Caves of Yucatan (Teaneck 1975). Chr. L. Moser, Human Decapitation in Ancient Mesoamerica. Studies in Pre-Columbian Art and Archaeology 11 (Washington 1973). T. B. Motilinia, Historia de los Indios de la Nueva España (Mexico 1941). M. Pohl/J. Pohl, Ancient Maya Cave Rituals. Archaeology 36, 1983, 28–51. Rech 1980, bes. 519 und 523–525. L. Schele, Human sacrifice among the Classic Maya: Ritual Human Sacrifice in Mesoamerica. In: E. H. Boone (Hrsg.) (Washington D.C. 1984). E. Seler, Codex Vaticanus Nr. 3773 (Berlin 1902). M. Stingl, Auf den Spuren der ältesten Reiche Perus (Leipzig 1990). G. E. Stuart, The timeless vision of Teotihuacan. In: National Geographic 188, 1995, 8–35. D. Stone, Pre-Columbian Man finds Central America (Cambridge 1972). J. E. S. Thompson, The Role of Caves in Maya Culture. Mitt. a. d. Museum für Völkerkunde in Hamburg 25, 1959, 122–129. Tierney 1989. A. M. Tozzer, Chichén Itzá and its Cenote of Sacrifice. Mem. Peabody Mus. Arch. Ethn., Harvard Univ. XI, 1957, 185 ff. M. Uhle, Die Ruinen von Cochasquí. Ibero-Am. Archiv 7, 1933–34, 130 Abb. 5.6.

Glossar

Additamentum – Anhang, Ergänzung zu einem Buch
Aequinoktium – Tagundnachtgleiche
Andamaner – Ureinwohner der Andamaninseln im Golf von Bengalen (Indien)
Anthropophagie – Kannibalismus
apotropäisch – übelabwehrend
Basuto – Volk in Südafrika
Capsien – Zeitstufe zwischen Paläolithikum und Neolithikum in Nordafrika
Cella – Hauptraum im antiken Tempel
Cenote – Brunnen der Azteken
Chthonische Gottheiten – in der Erde lebende und wirkende Götter
Columbarium – Wandnische für Aschenurnen in römischen Grabstätten
Despotismus – schrankenlose Gewaltherrschaft
Dromos – Zugangspassage zur Kammer eines größeren Grabes
Durga – hinduistische, als „Große Mutter" verehrte Göttin, Gattin des Shiva
Fetisch – Gegenstand, Götze oder Götzenbild mit magischer Kraft
Florentiner Codex – Bilderhandschrift der Azteken auf Ledertafeln oder Rinden-
    papier (Florenz)
Hallstattzeit – Frühe Eisenzeit (etwa 800–450 v. Chr.)
Initiation – Rituelle Einführung von Jugendlichen in den Kreis der Erwachsenen
Jivaro – Oberbegriff für fünf Stämme der ecuadorianischen und peruanischen
    Montaña (Anden)
Kanope – Krug zur Bestattung von Eingeweiden
Kaschiri – berauschendes Getränk der Indianer aus Wurzelknollen des Mandioka
Katingan – Fluß im Süden Borneos
Kenotaph – Schein- bzw. Leergrab
Kline – antikes Liegemöbel
Konquistadoren – Spanische Eroberer Südamerikas im 16. Jh.
Kosakenhetman – Hauptmann, Oberhaupt der Kosaken
Kurgan – Hügelgrab
Latènezeit – Späte Eisenzeit, Keltenzeit (etwa 450–Chr. Geb.)
Libation – Trankspende für Götter und Verstorbene
Mandioka – (auch Maniok) tropische Kulturpflanze
Manen – (lat. Di Manes) Gesamtheit abgeschiedener Seelen (meist Gottheiten der
    Unterwelt)
Mesolithikum – Mittelsteinzeit
Munduruku – Gruppe brasilianischer Indianer vom Ausläufer der Mato-Grosso-
    Hochebene
Nagas – Gruppe mongolider Stämme aus dem Grenzgebirge zwischen Indien und
    Birma
Narmerpalette – Schminkpalette des Königs Narmer (um 3200 v. Chr.)
Nekromantie – Weissagung mit Hilfe heraufbeschworener Toter
Neolithikum – Jungsteinzeit
okkult – verborgen, geheim, heimlich
Oppidum – keltische Stadt
Ossuarium – Beinhaus (meist auf Friedhöfen)

Paläolithikum – Altsteinzeit
Primitialopfer – Erstlingsopfer
Raja – Titel indischer Hindufürsten (bis zur Unabhängigkeit)
Rusen – Vorfahren der Russen
Sirionó – Tupissprachiges Volk in Ostbolivien
Tantrische Rituale – zauberhafte Riten in der indischen Religion
Theokratie – Herrschaftsform, bei der die Staatsgewalt religiös legitimiert wird
Tholos – rundliches Grab aus Steinen, Vorform des Kuppelgrabes
Thug – Indische Raubmörderkaste
Thyesteische Mahlzeiten – (von Thyestes, Sohn des Pelops) kannibalistische Mahl-
    zeiten
Totenfolge – Mitbestattung von Dienern oder Angehörigen eines Verstorbenen
Totenhochzeit – Am Grab vollzogene Hochzeit eines verstorbenen Junggesellen
Transzendenz – Überschreiten der Erfahrungs- bzw. Bewußtseinsgrenzen
Trepanation – Schädelöffnung mittels Trepan (Schädelbohrer)
Viereckschanze – Keltisches Heiligtum, dessen Wall eine viereckige Form aufweist

Abbildungsnachweis

Abb. 1: Umzeichnung nach Sahagúns Florentiner Codex.

Abb. 2,1 und 2,2: Photo Herzig/Kelheim nach Slg. Moser/Regensburg; Abb. 2,3: Umzeichnung nach Vorlage Hassler 1992.

Abb. 3 und 13: Reproduktionen von Photos in Chr. v. Fürer-Haimendorf 1947, Abb. 57 und 58.

Abb. 4: Umzeichnung nach Vorlage E. Vlček/J. Kukla 1959, 551.

Abb. 5 und 6: Nach Chr. W. Thomsen 1983, 14 und 66.

Abb. 7: Nach Th. Hauschild/H. Staschen/R. Troschke 1979, 73.

Abb. 8 und 10: Photo Bildarchiv Preuß. Kulturbesitz 344 a.

Abb. 9: Vorlage Kantonsbibliothek Vadiana St. Gallen, Sign. Inc. 787.

Abb. 11: Reproduktion nach Photo Sygma/Paris. In: W. Schneider 1988, 82.

Abb. 12: Photo Süddeutscher Verlag – Bilderdienst.

Abb. 14: Reproduktion eines Photos nach G. H. v. Koenigswald 1977, Abb. 1. In: Schott 1982, 462.

Abb. 15: Umzeichnung nach Photo von Hutton 1921, 383. In: H. v. Vallois, L'Anthropologie 75, 1971, fig. 9.

Abb. 16: Photo M. Krammer/Ebersberg.

Abb. 17: Photo M. Moser/Regensburg.

Abb. 18: Nach W. H. Roscher 1902–09, 1710.

Abb. 19: Photo nach Radcliffe-Brown; Vorlage nach K. J. Narr 1966, Taf. IV.

Abb. 20: Nach C. L. Woolley 1934, Pl. 71.

Abb. 21: Umzeichnung nach Vorlage in: Gold der Skythen (Katalog München 1984) 44–45.

Abb. 22: Umzeichnung nach W. H. Roscher 1902–09, 2737/38.

Abb. 23: Original im Histor. Museum Moskau. Nach Schrader 1904, 35.

Abb. 24: Nach W. Kubach 1994, 49.

Abb. 25: Nach W. H. Roscher 1902–09, 299–300.

Abb. 26: Umzeichnung nach Emery 1964, 41.

Abb. 27: Umzeichnung nach H. Müller-Karpe 1968, Taf. 41,7.

Abb. 28 und 29: Photo M. Harnest nach Vorlage in B. Hrouda 1991, 354/355, und A. Lorenzini 1975, 68.

Abb. 30: Umzeichnung nach Photovorlage in Niemeyer/Pörtner 1993, 639.

Abb. 31: Photo Nationalmuseet København.

Abb. 32: Umzeichnung nach J. R. Paullis Zeichnung von 1734. In J. Brøndsted 1954, pl. II.

Abb. 33: Umzeichnung nach S. Lindqvist 1941/42, Taf. 27.

Abb. 34: Nach S. Krafft 1956, 35.

Abb. 35: Nach P. Warren 1972, 82.

Abb. 36: Nach H. Müller-Karpe 1980, Taf. 583 g.

Abb. 37: Nach J. C. Harrington. In: Moser 1969, Abb. 6.

Abb. 38: Original im Museo Nacional de Anthropologia, Mexiko. Nach Lothrop 1952, fig. 1. In: K. Helfrich 1973, Taf. 25.

Abb. 39: Nach G. Kutscher 1954, Taf. 25 b, 78 und 79 b und d.

Abb. 40: Nach Narr 1966, Taf. IV.

Abb. 41 und 42: Nach H. Müller-Karpe 1966, Taf. 120,1.2 und 105,1.

Abb. 43: Nach A. Birkmaier 1908 in R. R. Schmidt 1912.

Abb. 44: Reproduktion nach Photo A. Czarnetzki in Probst 1991, 216 oben.

Abb. 45: Photo J. Prammer, Stadtarchäologie Straubing.

Abb. 46: Photo L. Kreiner, Kreisarchäologie Dingolfing-Landau.

Abb. 47: Photo M. Rind, Kreisarchäologie Kelheim.

Abb. 48: Photo Kurpfälzisches Museum Heidelberg.

Abb. 49 und 50: Nach Vorlage J. Wahl, Konstanz (Landesdenkmalamt Baden-Württemberg).

Abb. 51: Photo: Städt. Kunstsammlungen, Römisches Museum Augsburg.

Abb. 52: Photo Landesamt für archäol. Denkmalpflege Sachsen-Anhalt. Landesmuseum für Vorgeschichte, Neg.Nr. 33338.

Abb. 53: Nach Schlette/Kaufmann 1989, 172.

Abb. 54: Nach A. Berger 1994, 48.

Abb. 55: Umzeichnung nach Geschwinde 1988, 32.

Abb. 56: Nach Vorlage M. Schaich, Fa. ArcTron.

Abb. 57: Photo Thüring. Landesamt f. archäol. Denkmalpflege.

Abb. 58: Nach F. Leja 1987, 23.

Abb. 59: Nach M. Moser 1977, 119.

Abb. 60: Nach F. Leja 1987, 67.

Abb. 61: Parzinger/Nekvasil/Barth 1995, 186.

Abb. 62: Nach Berg/Rolle/Seemann 1981, 118.

Abb. 63: Umzeichnung nach H. Geisler 1969, 133, und Griesa 1989, 255.

Abb. 64: In: F. Delaney, The Celts (London 1986) 93.

Abb. 65: Nach J.-M. Gassend, Institut de Recherche sur l'Architecture antique. CNRS Aix-en-Provence.

Abb. 66 und 67: Nach J.-L. Brunaux 1995, 61 und 70.

Abb. 68: Umzeichnung nach Huld-Zetsche 1994, Abb. 50 und 51.

Abb. 69: Photo Silkeborgmuseum (Dänemark).

Abb. 70 und 75: Archäol. Landesmuseum der Christian-Albrechts-Universität Schleswig.

Abb. 71: Nach U. Osterhaus 1984, 117.

Abb. 72 und 74: Niedersächs. Inst. f. histor. Küstenforschung Wilhelmshaven.

Abb. 73: Nach K. Schlabow 1953, Abb. 1.

Abb. 76: Nach Vorlage W. Holmqvist 1980, Abb. 1,3,5.